우리는 어떻게 서로를 돌볼 수 있는가

우리는 어떻게 서로를 돌볼 수 있는가
지역사회 공공 돌봄을 위한 커뮤니티 케어 새판 짜기

ⓒ 김진석 남기철 김승연 장숙랑 임준 서종균 하경환 이태수, 2025

펴낸날   1판 1쇄 2025년 5월 16일

지은이   김진석 남기철 김승연 장숙랑 임준 서종균 하경환 이태수
펴낸이   윤미경

펴낸곳   (주)헤이북스
출판등록   제2014-000031호
주소   경기도 성남시 분당구 황새울로 234, 607호
전화   031-603-6166
팩스   031-624-4284
이메일   heybooksblog@naver.com

책임편집   김영회
디자인   류지혜
찍은곳   한영문화사

ISBN   979-11-88366-91-0 03330

이 책은 저작권법에 따라 보호받는 저작물이므로 무단 전재와 복제를 금합니다.
이 책의 일부 또는 전부를 이용하려면 저작권자와 헤이북스의 동의를 받아야 합니다.
책값은 뒤표지에 적혀 있습니다. 잘못된 책은 구입하신 곳에서 바꾸어 드립니다.
이 도서는 2025 경기도 우수출판물 제작지원 사업 선정작입니다.

우리는 어떻게
서로를 돌볼 수 있는가

지역사회 공공 돌봄을 위한 커뮤니티 케어 새판 짜기

김진석

남기철

김승연

장숙랑

임 준

서종균

하경환

이태수

헤이북스

머리말

"인간이라는 존재는 인생에서 수년 동안 의존적이고, 이러한 의존인이 필요로 하는 돌봄에 대한 도덕적 요구는 절박한 것이며, 인간의 생존과 성장을 가능하게 만드는 돌봄 관계의 발전에는 매우 중요한 도덕적 특징이 존재한다는 점을 '돌봄 윤리'는 인식한다. 모든 사람은 적어도 생의 진입에 있어 돌봄을 필요로 한다. (중략) 많은 사람들은 허약한 고령 시기를 포함한 노년기 동안 쇠약한 돌봄 의존 상태가 되며, 일생을 장애와 함께 사는 사람들은 평생 동안 돌봄을 필요로 한다. 비의존적이고 자율적이며 합리적인 개인이라는 이미지에서 시작하는 도덕률은 인간의 돌봄 의존성이라는 현실과 이러한 현실이 요구하는 도덕을 간과한다."

- 버지니아 헬드 Virginia Held, 『돌봄: 돌봄 윤리』[1] 중에서

돌봄은 절박하다. 있어도 그만, 없어도 그만인 것이 아니다. 모든 인간이 평생에 걸쳐 지속적으로 필요로 하는 것은 아니지만, 최소한 생애 주기의 어느 특정한 시기(영유아기, 노인기 등) 혹은 특정한 조건(사고, 질병, 장애 등)에서 돌봄은 생존을 위한 필수 조건이 된다. 이는 모든 인간에게 동일하게 적용된다. 그런 의미에서 돌봄은 누구에게나 절박한 그 무엇이 된다.

우리 사회는 기대와 달리 돌봄에 절박하게 대응하지 않고 있다. 그 무게에 비해 대하는 방식은 전혀 절박하지 않다. 돌봄은 절박한 것이 아니라는 듯, 아니 절박한 돌봄과는 일상을 공유하지 않겠다는 단호한 의지를 가진 듯 행동해왔다. 돌봄을 존재의 조건으로 받아들이고 그에 맞는 돌봄 관계를 중심으로 일상을 재구조화하려는 노력이 좀처럼 보이지 않는다.

오히려 어느 특정한 시점과 조건에서 돌봄이 필요한 사람이 생기면 일상의 공간에서 '지우기'에 바쁘다. 양육시설이나 요양시설, 복지시설, 병원, 심지어 일부 종교시설에 이르기까지 일상과 분리된 낯선 공간으로 이들의 돌봄 필요를 '치우기'가 지금까지의 과정이다. 더불어서 그 사람의 존재 자체도 남아 있는 사람들의 일상과 기억으로부터 지워져왔다.

이 책은 우리가 직면하고 있으나 외면하고 싶은 돌봄의 절박함을 사회적으로 복원시키고자 하는 기획에서 비롯됐다. 돌봄

---

1 버지니아 헬드 (2017). 김희강·나상원 옮김. 『돌봄: 돌봄 윤리』. 서울: 박영사.

관계를 중심으로 일상을 재구조화하려는 노력의 일환이다. 즉 새판 짜기를 위한 키워드로 이 책은 '공공 중심의 커뮤니티 케어 community care'를 제안한다.

커뮤니티 케어의 핵심은 돌봄이 필요한 주민 누구나 낯선 공간의 '시설'이 아닌 익숙한 주거 공간, 즉 '집'에 살면서 건강하고 존엄한 삶을 유지하는 데 필요한 서비스들—보건·의료와 주거, 돌봄, 일상생활 지원 등—을 받을 수 있는 것이다. 그러나 지금까지 우리나라에서는 이러한 주요 사회서비스가 주민의 복리를 책임지는 공적 기관에 의해 돌봄 필요자에게 적절하게 제공되기보다는, 돌봄 필요자나 그 가족이 일일이 제공 여부를 확인하고 제공 기관의 문을 두드려가며 서비스를 구해야 했다. 그런 와중에 서비스를 받지 못하거나 제때에 적절한 서비스를 찾지 못하는 이들은 가족, 특히 그중에서도 여성의 몫으로 남겨져 버리거나 버틸 수 없는 지경이 되면 사비를 털어서라도 시설에 입소시키고 한켠의 죄책감을 억누르며 지내는 악순환이 반복되고 있다.

1인당 국내총생산이 4만 달러를 눈앞에 두고 있고, 산업화와 민주화를 성공적으로 이루어낸 유일한 식민지 해방 국가인 대한민국이다. K-팝, K-컬쳐, K-푸드로 전 세계에서 부러움을 사고 있는 지금의 대한민국에서 절박한 돌봄의 부담을 다 같이 공유하여 돌봄을 우리 일상의 삶 속에 자연스럽게 품어낼 방법은 없는가? 돌봄 필요자에게도 돌봄이 권리가 되며, 사회적 돌봄을 통해 존엄한 삶을 살 수는 없는 것인가? 당연히 그 해결책은 있다. 다만 정부가, 사회가 그리고 우리들 스스로가 그 방법을 실현할 의지를 발동하고 있지 않을 뿐이다.

 이 책은 현재 대한민국의 돌봄 현실에 대한 실태와 그 구조적 원인 그리고 진정한 커뮤니티 케어 체계의 구축 방안 등을 논리적으로 밝혀낸 최초의 대중서라고 자부한다. 이를 통해 우리가 어디에서 어떻게 시작하여 마침내 대한민국에도 돌봄 사회가 실현될 수 있는지 그 나침반을 제공하고자 한다. 그리하여 아직 발동하고 있지 않는 우리 스스로의 의지부터 깨어나게 하고자 한다.

 이 책을 집필한 저자 여덟 명은 커뮤니티 케어와 관련하여 함께 작업한 경험이 있고, 그 방향과 구체적인 모델에 대해 거의 일치하는 공감대를 갖게 된 독특한 인연을 갖고 있다. 그것은 문재인 정부 시절 행정안전부와 보건복지부가 주관하여 실시한 화성시와 춘천시 두 곳의 '어르신 통합돌봄 시범사업'(2020~2022년)에 참여한 경험을 말한다. 이를 통해 확인된 커뮤니티 케어의 이론적·현실적 해법을 시민들에게 좀 더 알기 쉽게 소개하고, 돌봄 당사자이기도 하며 돌봄 책임자 또는 돌봄 제공자이기도 한 시민들이 우리 사회가 바람직한 돌봄 사회로 가는 데 스스로 주체가 되어주실 것을 바라는 마음으로 이 책의 집필과 출간에 모두가 흔쾌히 동의하여 작업을 시작했다.

 집필자 모두가 오랫동안 함께한 경험이 있다고 책자를 만드는 작업이 용이했던 것은 아니다. 무엇보다 돌봄의 무게에 고통받고 있는 시민들이 이 책을 통해 현재 한국 사회의 돌봄 위기가 어디에 뿌리를 두고 있고 어떻게 해결의 실마리를 찾을 수 있는

지 정확히 이해하고 향후 법과 제도를 통해 아를 실현하는 데 있어 스스로 참여하고 바꿔나가는 주체가 될 수 있도록 시민의 눈높이에서 서술하는 것은 결코 간단한 작업은 아니었다. 따라서 각자의 전공 영역을 살려 초기 원고를 작성한 뒤 수없이 많은 수정과 보완을 거쳤으며, 심지어는 서술 체계를 몇 번이나 갈아엎기도 했다.

애초 초기 원고의 내용과 형태가 최종 책자에서는 많이 달라져 있기는 하지만, 마지막으로 정리된 목차와 세부 내용을 기준으로 책의 구성과 그에 기여한 초고 집필자가 누구였는지 밝히자면 다음과 같다.

'1장 지금, 돌봄의 풍경'에서는 남기철 교수가 우리 사회 현재 돌봄의 일그러진 풍경을, 김진석 교수가 돌봄 당사자·돌봄 책임자·돌봄 제공자 등 돌봄 관계자들 모두가 불행한 현실과 그 이유를 기술했다.

'2장 돌봄의 주체'에서는 여전히 가족이 돌봄의 몫을 짊어져야 하는 현실 진단을 한 부분과 국가·시장·가족·공동체의 4개 돌봄 주체 간의 관계 정립에 대한 부분의 애초 서술은 이태수 교수가, 돌봄의 부담이 여성에게 집중되고 있는 현실이 젠더 관점에서 어떻게 바라봐져야 하고 어떻게 그 해법을 가질 수 있는지는 김진석 교수가, 특별히 잘 알려져 있지는 않지만 마을공동체가 돌봄의 주체로서 어떤 의의가 있고 바로 이 시점 우리 주변에서 어떤 사례가 쌓이고 있는지에 대해서는 마을 만들기와 복지 현장 경험, 행정 추진 경험을 두루 갖춘 하경환 전 행정안전부 주민복지서비스개편추진단장이 초를 잡았다.

'3장 돌봄의 카르텔 깨기'는 오랫동안 보건의료정책에 관여하고 정책 대안 제시능력이 탁월한 임준 교수와 장숙랑 교수가 주가 되어 초고를 마련했다. 그중에서도 요양병원을 둘러싼 침묵의 카르텔은 임준 교수가, 병원에서는 돌봄을 가족에게 떠넘기고 있는 현실은 간호사의 일상을 생생히 알고 있는 장숙랑 교수가 각기 초고를 맡았다. 집으로 의사와 간호사가 찾아올 수 없는 우리나라 의료 현실을 고발하고 마침내 보건의료의 새판 짜기에 대한 대안 제시를 하는 부분은 두 교수가 공동으로 작업하여 초기 원고를 작성했다.

'4장 공공 돌봄 체계 만들기'에서는 자치단체 중심으로 돌봄을 책임지는 모습은 남기철 교수가, 주거와 관련된 혁신적인 개혁의 상은 서종균 박사와 남기철 교수가 함께, 통합돌봄을 위해 통합재정이 마련되어야 하는 당위성과 그 구체 모형은 김승연 박사가 담당했다.

마지막 '5장 돌봄의 미래: 다시, 커뮤니키 케어'에서는 한국판 커뮤니티 케어의 종합적인 상은 김진석 교수가, 이를 시민들이 자신에게 어떻게 작동될 것인지라는 관점에서 달라진 미래의 돌봄 풍경을 제시한 것은 이태수 교수가 담당했다. 끝으로 우리 모두가 다짐하고 실행해나가야 할 열 가지 약속은 모두의 생각을 모으고 모아 작성했다.

누가 초고를 작성했는지는 중요하지 않다. 8인은 각각의 내용은 물론이고, 궁극적으로 한국의 커뮤니티 케어가 돌봄 국가

안에서 어떻게 정착되어야 하는지에 대해 거의 일치된 생각을 하고 있기 때문에 여기에 적힌 모든 내용은 결국 공동 작품이라고 감히 말할 수 있다.

사실 책을 기획할 때에는 한 명의 연구자가 더 있었다. 그는 22대 국회로 입성한 김윤 의원(전 서울대학교 의과대학 교수)이다. 모델 구축이나 초기 책자 기획에 적극 참여하고 영감을 많이 주었으나 의정활동으로 인해 집필 과정에 본격적으로 참여하지 못하게 되었다. 우리들에겐 너무나 아쉬운 일이 아닐 수 없었다. 그가 의정활동을 통해 한국의 커뮤니티 케어 모델이 정착될 수 있도록 입법을 포함한 다양한 정책 활동을 할 것이라 믿어 의심치 않는다.

한편, 한국 커뮤니티 케어 정책의 향후 향방을 위해서 매우 중요한 지금 이 시기에 이 책이 세상에 모습을 드러낼 수 있었던 것은 헤이북스 윤미경 대표가 아니었으면 불가능했다. 8인이 마무리하여 건넨 원고를 받은 지 며칠 지나지 않아 주저 없이 책의 출간을 결정해준 윤 대표는, 본인 역시 돌봄의 굴레에서 자유롭지 못하다는 이유도 있었지만, 책을 통해 한국 사회에 빛과 희망을 던지고자 하는 출판인으로서의 소명에 비추어 시민 모두가 새로운 돌봄 세상에서 살아가야 한다는 연대의 꿈을 가지고 있었다. 어려운 출판사 사정에도 불구하고 책의 출간을 결심해준 고마운 분이다. 더불어 대중들에게 좀 더 편하게 다가가도록 문장을 다듬어준 김영희 편집장에게도 감사의 말씀을 전한다.

모쪼록 우리 사회가 절박한 돌봄의 무게를 받아들이고, 돌봄의 가치에 걸맞는 인정에 대한 사회적 합의를 만들어내는 데 우리의 노력이 조금이나마 기여하기를 바라는 마음이다. 이 책을 읽는 독자들이 각자의 삶 도처에 깔려 있는 돌봄 관계를 기꺼이 받아들이고, 그것을 중심으로 자신의 일상을 재구조화하는 데 일말의 단서를 제공할 수 있기를 바란다.

　마침 이 책의 서문을 쓰고 있는 이 시각, 우리나라 민주주의 역사 발전에 영원히 기록될 또 하나의 중요한 결정이 헌법재판소에 의해 이루어졌다. 돌봄 사회도 민주주의의 성숙도와 비례하여 발전한다. 새롭게 시작되는 정치와 정책의 장에서 돌봄이 제 위치를 잡아나가길 기대한다. 이 책이 그 과정에서 자그마한 역할을 할 수 있길 바라는 희망을 하나 더 추가해본다.

2025년 새봄을 맞이하며
집필자 일동

목차

머리말　　　　　　　　　　　　　　　　　　　　　　　　　　　004

1 지금, 돌봄의 풍경

대한민국에서 늙어간다는 것은?　　　　　　　　　　　　　　016
죽는 것보다 늙는 것이 두렵다 | 집에서 늙고 죽을 권리는 어디에? |
지역사회는 위험하다? | 돌봄의 참혹한 현실 | 피할 수 없는 숙명일까?

돌봄은 왜 모두를 불행에 빠뜨리는가?　　　　　　　　　　　032
돌봄 관계자들 | 너무나 멀고 부족한 돌봄 | 여러 개의 접시 돌리기 |
저임금과 고용 불안의 늪 | 모두 행복하게 살아갈 수 없을까?

2 돌봄의 주체

돌봄은 왜 가족의 문제로 남겨질까?　　　　　　　　　　　　050
잘못된 '자립 신화' | 잘못된 '돌봄 경제학' | 왜곡된 '돌봄 사회학' | 무기력한
'돌봄 정치학' | '돌봄 사회'로 가는 길

돌봄은 왜 여성의 일이 되었는가?　　　　　　　　　　　　　064
아무도 책임지지 않기 | 사회적 인정의 문제 | 돌봄 책임의 전환 과정 | 돌봄
책임 사회

돌봄의 주체는 누구인가?　　　　　　　　　　　　　　　　　077
돌봄 생태계 | 돌봄 국가의 주체들

마을공동체도 주체가 될 수 있는가?　　　　　　　　　　　　089
마을공동체란? | 마을공동체형 돌봄의 사례들 | 마을공동체형 돌봄의 특징 |
서비스 전달 체계 너머의 돌봄

3 돌봄의 카르텔 깨기

돌봄을 둘러싼 '침묵의 카르텔' 108
입원과 입소를 부추기는 사회 | 돌봄 요구에 따른 적절한 서비스 | 카르텔의 실체는? | 간병비 보장의 딜레마 | 공공성 강화의 첫 단추

돌봄은 몰라라 하는 병원 127
대한민국 병원의 풍경 | 나는 해당되지 않는다? | 티슈 노동자, 간호 인력의 문제 | 간호·간병 통합 서비스 | 간병 걱정 없는 돌봄 사회

내 집에 오지 않는 이들 144
방문 서비스, 왜 안 되나? | 방문 수가 손질부터

돌봄을 위한 새판 짜기 150
노인이 우선이다 | 지역사회에서 일차 의료를 | 보건·의료 체계의 대수술 | 지역 보건기관의 대변혁 | 요양병원의 구조 조정 | 존엄한 삶과 존엄한 죽음

4 공공 돌봄 체계 만들기

지방자치단체와 돌봄 168
왜 지방자치단체는 보이지 않는가? | 돌봄의 사회화에 맞지 않는 지자체 역할 | 사회적 돌봄의 주체로서의 지자체

국토교통부, 바뀌어야 한다 184
지역사회 돌봄에서 가장 결정적인 주거 | 돌봄에 신경 쓰지 않는 국토교통부 | 주택 개조 지원과 유니버설 디자인 | 주택과 서비스의 결합 | 지방자치단체의 역할 강화

재정을 바꿔야 돌봄이 산다 205
심각한 '간병 파산' | 한 지붕 세 가족 | 돌봄의 재정 여력 없는 지자체 | 통합돌봄재정의 새판 짜기

5 돌봄의 미래: 다시, 커뮤니티 케어

한국판 커뮤니티 케어　　　　　　　　　　　　　　　224
퍼즐로 이해하는 돌봄 체계 | 지방분권과 돌봄 | 권리로서의 돌봄 보장 | 공공의 돌봄 공급 주도권 | 돌봄 공간으로서의 지역사회 | 마지막 퍼즐: 세 개의 기둥

돌봄의 새로운 풍경　　　　　　　　　　　　　　　240
미래의 커뮤니티 케어 | '원스톱' 돌봄 서비스 | '나'를 위한 세 개의 동심원 | 돌봄 세상에서 살아가기

돌봄 사회를 위한 '열 가지 약속'　　　　　　　　　252
약속 1: 국가는 돌봄에 관계하는 모든 주체가 존중받는 돌봄 국가를 만들어야 한다 | 약속 2: 지방자치단체가 돌봄에 대해 최종 책임자가 되도록 정부 조직과 재정 구조를 개혁해야 한다 | 약속 3: 현대판 고려장을 조장하는 요양병원이 과잉 공급되는 카르텔을 깨야 한다 | 약속 4: 돌봄 서비스 제공 관련 기관의 공공성을 확보해야 한다 | 약속 5: 지역사회 돌봄을 위한 지역 보건·의료 체계를 확립해야 한다 | 약속 6: 돌봄 친화적 주거 환경을 위해 중앙정부와 지방자치단체 간의 협력 체계를 만들어야 한다 | 약속 7: 돌봄 관련 공공 재원의 통합적 운용을 위한 재정 구조의 전면 개혁을 실행해야 한다 | 약속 8: 병원에서의 돌봄 걱정을 해소해야 한다 | 약속 9: 돌봄 서비스 제공의 주체로 마을공동체가 적극 나서도록 해야 한다 | 약속 10: 시민 모두 돌봄에 참여하고 돌봄 국가를 만드는 데 기여할 일원임을 자각해야 한다.

1

지금, 돌봄의 풍경

대한민국에서
늙어간다는 것은?

죽는 것보다 늙는 것이 두렵다

언제부터인가 언론에 돌봄 관련 기사가 자주 등장하고 있다. 대부분은 희망보다는 비극에 가깝다. 돌봄을 주고받는 일은 '사회적 존재'인 인간에게는 너무나 당연하고 자연스러운 모습이다. 그런데 왜 요즘 비극적인 돌봄 문제에 대한 보도가 많아졌을까?

평균수명이 길어졌다고 하지만 노인들이 그만큼 행복을 누리면서 살고 있는 것은 아니다. 몸이 아프면 돌봐줄 사람이 마땅치 않고, 가족이 아닌 누군가에게 도움을 구하려면 비용이 많이 들고, 병원이나 시설에 들어가자니 다시는 원래 살던 곳으로 돌아오지 못하는 경우가 많다. 몸이 아픈 노인을 돌보는 가족도 하루하루 궁지에 몰린다. 그러다 보니 '간병 살인, 영 케어러young carer, 돌봄 독박, 고독사' 등 노인 돌봄의 새로운 문제적 양상들도 늘어나고 있다.

돌봄을 필요로 하는 노인뿐 아니라 돌봄 책임자, 돌봄 노동자 모두가 힘들다. 돌봄을 필요로 하는 노인은 자기가 원하는 형태의 돌봄을 받지 못하고 있다. 일상생활도 힘든데 여차하면 요양병원이나 노인요양시설(또는 노인요양원)에 들어가야만 한다. 돌봄 책임자도 일상을 유지하기 위해 수많은 역할의 고통을 초인적으로 감내하고 있다. 그럼에도 죄책감과 부담감은 점점 더 해간다. 돌봄 노동자도 열악한 보수 수준과 낮은 자긍심 때문에 고통을 받는다. 모두가 피해자다.

2024년 EBS에서 다큐 프라임 <내 마지막 집은 어디인가>를 방송했다. 프로그램 3부의 제목이 '죽는 것보다 늙는 게 두려운, 요양시설에서 맞이하는 노년의 현실과 대안'이었다. 언뜻 선정적으로 보이지만 대단히 현실적이다. 이 방송에서는, 나이가 들면 요양시설로 향해야 하는 노인 그리고 온갖 죄책감과 미안함을 가지고 부모를 요양시설로 보내야 하는 자녀의 딜레마를 보여준다.

치매에 걸린 노모를 부양하는 가족이 있다. 노모의 병세가 깊어지면서 24시간 돌봄의 부담이 현실적으로 감당하기 어려워졌다. 방문 요양 서비스 등 공공 지원을 받기도 했지만, 중증 치매로 집에서는 안전 문제가 생겼다. 결국 지속적인 간병을 위해 전문 인력이 상주하는 시설에서 의료 케어를 받는 편이 낫다고 판단해 노모를 노인요양원으로 모셨다. 노모는 날이 갈수록 '집에 가고 싶다'는 말을 반복하며 낯선 시설에서의 생활에 불안을 드러냈다. 가족들은 그런 노모를 보며 죄책감과 안타까움에 눈물을 흘리지만, '이게 최선의 방법'이라며 자신들을 위로했다. 정말 노인과 가족 모두에게 고통일 수밖에 없다. 많은 노인들은 이러한 현실을 잘 알기에 죽는 것보다 오히려 늙어가는 것 자체를 두려워하고 있다.

집에서 늙고 죽을 권리는 어디에?

요양병원이나 요양시설에서 임종하는 것은 노인들 스스로가 원하는 방식일까? 혹은 돌봐줄 사람이 있는 전문 시설에서 임종하는 것이니, 복을 받았다고 해야 할까? 간혹 노인 학대 사건이 언론에 보도되면 불안하고, 입원해 있는 내내 만만치 않은 돈을 내야 하는 걱정이 없지는 않다. 하지만 최소한 이러한 곳들에서는 그래도 고독사는 없다. 간병에 지쳐 사랑하는 사람을 죽이는 일도 없다. 직업적으로 돌봐주는 사람들에게 전문적인 케어를 받는다. 그러니 '돌봄'을 구매한 노인들은 복 받은 것일 수 있다. 그렇지만 과연 그 노인들은 복 받은 것일까?

　노인 대상의 여러 설문 조사 결과에서, 노인이 임종하고 싶은 장소의 1순위는 늘 '집'이다. 요양병원이나 요양시설이 1순위가 되는 경우는 없다. 사실 이 이야기는 '생물학적으로 죽는 시점에 그 장소가 어디인가'보다는 '죽음에 이르기 전까지 어디에서 생활하고 싶은가'의 이슈다. 노인들은 몸이 불편해서 필요한 도움을 받더라도 병원이나 시설이 아니라 원래 살던 곳, 살던 집에서 생활하는 것을 원한다. 한국보건사회연구원이 실시한 2023년 노인 실태 조사에서도 '어디에서 살고 싶은가'란 질문에 '살던 집에서 계속 살고 싶다'는 응답이 87.2%로 가장 높았다. 이는 2020년 조사 결과인 83.8%보다 더 높아진 수치다. 그래서 현대의 노인 복지에서는 집에서 늙고 죽을 권리에 주목한다. 소위 '살던 곳에서 나이 들기 Ageing in Place: AIP'라는 말로 표현한다.

노인들은 몸이 불편해서 도움을 받아야 한다면 사회적으로 인정받는 절차를 거쳐야 한다. 국민건강보험공단에 신청해 일정한 심사를 거쳐 노인장기요양 lomg-term care 등급 판정을 받는 것이다. 이 판정은 신체적 기능 수행에서의 어려움을 기준으로 1~5등급 그리고 몸이 불편하지는 않아도 치매처럼 인지적 기능에 문제가 있는 인지 지원 등급으로 구분하고 있다. 돌봄 수준을 등급화해서 그에 따라 이용할 수 있는 서비스의 종류와 양이 달라진다.

2024년 8월 기준으로, 전국에 약 114만 명의 노인이 노인장기요양 등급 판정을 받았다. 등급 판정을 받지 못해도 지방자치단체에서 제공하는 "맞춤형 노인 돌봄 서비스(흔히 줄여서 '맞돌 서비스'라고 부름)"를 받을 수 있는 등급 외 A, B, C 세 유형에 해당하는 노인들도 약 14만 명 정도 더 있다. 우리나라에는 현재 약 1000만 명의 노인이 있다. 노인 열 명 중 한 명 이상은 공식적인 돌봄 서비스를 받고 있는 것이다. 그중 상당수가 집이 아닌 병원이나 시설에서 생활하고 있다.

법적으로 우리나라의 노인복지시설은 주거와 의료 분야로

나뉜다. 무의탁 빈곤 노인이 생활하는 곳인 주거시설(흔히 양로원이라 지칭)에 입소한 노인은 2만 명에 채 미치지 않는다. 이러한 주거시설은 전국에 약 300개소가 있다. 갈수록 주거시설 수와 거주 노인 수는 줄어들고 있다. 그런데 의료시설에는 약 25만 명의 노인이 있고, 거주 인원도 점점 늘어나는 추세다. 의료시설은 노인요양시설, 소위 노인요양원으로 부르는 곳으로 노인장기요양보험제도에 따라 시설에서의 돌봄이 필요하다는 등급 판정을 받은 경우에 입소할 수 있다. 노인장기요양보험 재정으로부터 돌봄 비용의 지원을 받지만, 본인(이나 가족)이 일정 부분은 자부담으로 해야 한다.

요양병원의 존재도 무시할 수 없다. 노인장기요양보험제도에 따라 입·퇴소 자격이 엄격히 요구되는 요양시설에 비해 요양병원은 여느 병원과 마찬가지로 의사의 판단만으로 입원할 수 있다. 즉, 요양병원은 등급 판정을 받을 필요가 없고, 말 그대로 병원이니 돌봄이 필요하면 입원하면 된다. 또한 등급 판정을 받았지만 돌봄 지원만이 아니라 건강 문제로 재활이나 의료적 처치가 필요한 경우 요양병원은 매우 고마운 존재가 될 수 있다.

그런데 요양병원으로 인해 우리나라 돌봄 생태계가 크게 왜곡되고 복잡한 문제가 발생하기도 한다. 요양병원은 의료기관이니 노인들이 요양이나 재활을 거치며 건강을 회복하면 퇴원해야 한다. 하지만 우리나라에서는 사실상 돌아가실 때까지 머무르는 주거시설처럼 이용되고 있다. 요양병원도 일반 병원과 같이 의료비에 대해서는 국민건강보험 재원으로 지원된다. 하지만 간병이나 돌봄 비용은 오롯이 본인과 가족이 책임져야 한다. 그 비용 부담은 요양시설보다 상당히 크다. 아이러니하게도, 비용이 비싸니 요양시설보다는 요양병원이 더 좋은 곳이라 여기고 가족 입장에서 조금은 더 잘 모셨다는 효도의 이미지를 갖는 경우도 있다.

이런 상황 때문인지, 노인장기요양 등급 판정을 받은 노인들 중에는 요양시설만큼이나 요양병원에서 생활하는 수가 많다. 통상 시설에 거주해야 하는 1~2등급 판정을 받은 노인 수의 두 배가 넘는 노인들이 요양시설이나 요양병원에 머무르고 있다. 그래서 우리나라는 다른 나라들에 비해 요양병원이 훨씬 많다. 65세 이상 인구 1000명당 요양병원 병상 수가, OECD 국가들 평균이 46개인데 비해 우리나라는 57.3개로 상위권에 속한다. 다른 선진국들이 요양시설 중심으로 요양 서비스를 제공하는 것과 달리 우리나라는 요양병원 중심의 형태다.

요양병원에 입원한 노인들 중 상당수는 건강 상태로만 본다면 굳이 입원하지 않아도 되는 경우가 많다. 조금만 지원이 이뤄진다면 충분히 지역사회의 자기 집에서 머무르며 생활이 가능한 노인들이다. 돌봄 서비스가 빈약하니 요양병원 혹은 시설에 들어갈 수밖에 없고, 결국 그곳에서 생을 마감하게 되는 것이다.

불행하게도, 일부의 이야기라고 하지만, 요양병원이나 시설에서 인권 침해적인 처우나 학대도 발생한다. 코로나19 창궐 시기에는 (우리나라나 서구 국가들 모두) 사망자의 상당수가 요양병원과 시설에서 발생했었다. 집단생활의 위험을 보여주는 것일 수 있다. 무엇보다도 집을 떠나 원하지 않는 곳에서 집단생활을 하

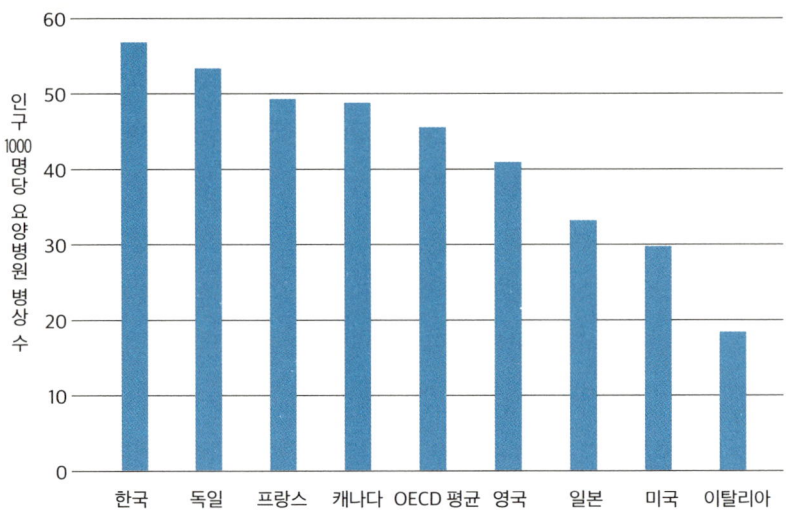

[그림 1-1] OECD 국가별 65세 이상 인구 1000명당 요양병원 병상 수(2023년)
출처: OECD Health Statistics 2023

다 생을 마감해야 한다는 것은 '현대판 고려장'이라 해도 지나치지 않다.

지역사회는 위험하다?

소방청은 '2022년 화재 발생 현황 분석 결과'를 통해 화재 사망자 341명 중 노인이 191명으로 56%를 차지했다고 발표한 바 있다. 2023년 화재 사건 사망자 284명 중에서도 노인은 163명으로 역시 절반을 훌쩍 넘었다. 고령의 노인일 경우 소리나 냄새 등으로 불이 난 것을 알아채기 힘들고, 재빨리 대피하기도 어렵기 때문이다. 거동이 불편한 노인이라면 더욱 위험하다. 최근 5년간 노인 요양시설에서는 해마다 최소 16건에서 최대 23건의 화재가 발생했다. 화재로 인해 거동이 불편한 노인이 사망했다는 뉴스도 심심찮게 등장한다.

노인만 아니라 몸이 불편한 장애인도 마찬가지다. 가장 유명한 사건이 지난 2014년 '송국현 씨 사망 사건'이다. 뇌병변 장애인인 송 씨는 1988년 가족들에 이끌려 충북 음성 꽃동네에 입소했다. 2013년 10월, 25년 만에 지역사회로 다시 나왔다. 이것은 탈시설을 지원하는 활동가들과 오랜 기간 논의하며 준비한 매우 어려운 결정이었다. 탈시설 후 여러 활동이나 사회참여에 대해 높은 열의를 보였다. 그러나 언어장애와 지체장애를 가진 송 씨는 지역사회의 일상생활 속도를 따라가기가 어려웠다. 당시 활동지원서비스는 2급 장애인까지를 대상으로 했다. 송 씨는 병원에서 1급 판정을 받았지만, 국민연금공단 장애심사센터에서는 '보행과 대부분의 일상생활 동작을 타인의 도움 없이, 완벽하지는 않지만 자신이 수행하는 상태로 보인다'며 3급 판정을 받았다. 2014년 4월 송 씨는 다시 센터를 찾아 이의신청을 하려 했지만 문전박대를 당했다. 사흘 후, 성동장애인자립생활센터의 체험홈에서 돌봄 지원이 없는 동안 일어난 화재로 전신에 화상을 입었다. 송 씨는 화마를 피하지 못했고, 결국 나흘 만에 사망했다. 그의 죽음은 이후 활동지원제도 개편과 연결되었고, 장례를 비롯해 긴 시간의 투쟁으로 이어지기도 했다.

비단 화재와 같은 극단적인 위험 상황이 아니라고 해도 몸이 불편한 사람들에게는 지역사회가 살기 어렵고 불편할 수 있다. 몸이 불편한 노인에게는 병원이나 시설이 아니라면 누군가가 식사를 제공해줘야 하고, 가사 정리를 대신해줘야 하고, 필요한 만큼 자주 찾아와 돌봄을 지원해줘야 한다. 외출할 때는 동반자가 필요하다. 살고 있는 공간에는 안전과 편의 시설을 갖춰야 한다. 낙상 사고가 발생하거나 외출이 불가능하도록 하는 높고 좁은 계단이나 단차, 부적절한 스위치나 출입문 구조가 있다면 바꿔야 한다. 이런 지원들이 가능하다면 지역사회에서 사는 것이 불편하고 위험할 리가 없다. 많은 서구 국가들은 오래전부터 이런 지원을 아끼지 않았다. 왜 그랬을까? 인간은 존엄하게 살고 죽을 권리가 있다는 절대적인 명제를 고수한 것이다. 또한 그렇게 하는 것이 병원이나 시설보다 사회적 비용이 덜 드는 것을 깨달았기 때문이다.

우리나라는 경제적인 면에서 선진국 반열에 올랐지만, 지역사회에서 존엄하게 살다 죽는 삶을 누리지 못한다는 면에서는 후진국이다. 지역사회가 안전하고 편하지 않기 때문에 돌봄이 필요할 정도로 거동이 불편해지면 영락없이 병원이나 시설에 들어갈 수밖에 없다. 그렇게 못하는 노인과 가족들은 돌봄을 위한 물리적 여건이나 서비스가 갖춰지지 않은 상태에서 고통을 감내해야 한다.

우리 사회가 돌봄이 필요한 이들에게 얼마나 무심한지를 보여주는 적나라한 예가 있다. 우리나라는 아파트에서의 생활이 일반적이다. 화재 예방이나 대피에 대한 안내문을 보면 안전 수

칙으로 엘리베이터를 이용하지 말라고 한다. 그런데 계단을 이용할 수 없는 노인이나 장애인은 어떻게 대피하라는 안내를 볼 수 없다. 예전보다 노인이나 장애인을 위한 편의시설이 늘어나고는 있지만 사회 전반적으로 이동이 불편한 이들이 그렇지 않은 이들과 함께 살아가기 위한 여건이 충분히 조성되어 있지 못하다. 소위 '누구에게나 보편적인 설계universal design'가 일반화되는 것은 아직도 요원하다.

돌봄의 참혹한 현실

몸이 아프면 서러운 마음이 든다. 막상 의료적인 것보다도 돌봄에 대한 측면이 더 크다. 돌봄은 사람의 손을 계속 필요로 하는 것이니 비용 문제도 만만치 않다. 간병비는 2024년 기준으로 하루 평균 13~14만 원 정도로 알려져 있다. 간병이 힘든 여러 가지 사유, 즉 돌봐야 할 대상이 중증 환자이거나 장애인이거나 남성이면 몇 만 원의 금액을 추가해야만 간병인을 구할 수 있다. 간병비는 10년 전에 비해 두 배 가까이 올랐다. '간병 파산', '간병 지옥' 심지어 '간병 살인'이라는 말도 낯설지 않다. 물론 돈이 없는 것만의 문제는 아니다. 24시간 계속되는 돌봄 속에서 가족들이 지쳐가고, 원래 해야 할 일들이 미뤄지는 것은 더욱 힘들다. 직장이나 학교에 다녀야 하거나 또 다른 누군가를 돌봐야 하는 등의 일들에서 문제가 생긴다. 그래서 돌봐야 하는 가족들에게는 자신들의 미래가 보이지 않는다.

대표적 사례로 2021년 '대구 간병 살인 사건'이 있다. A 씨의 아버지는 2020년 9월 뇌출혈로 쓰러져 병원에 입원했다. 대학을 휴학한 외동아들 A 씨가 간병을 도맡았다. 부자는 이 과정에서 가난한 집안 사정으로 인해 큰 경제적 어려움을 겪었다. 병원비 2000여만 원과 월세 30만 원 석 달치가 밀렸다. 전화와 가스, 인터넷이 끊겼다. 식비가 없어 굶기도 했다. A 씨는 2021년 5월부터 식사와 물 제공을 끊고 아버지를 방 안에 방치했다. 아버지는 끝내 영양실조와 폐렴 등으로 숨을 거뒀다. 7개월의 투병은 가난 속에서 끝났고, 아들은 존속살해죄로 재판을 받아 징역 4년을 선고받았다. (A 씨는 2024년 7월 형기 10개월을 앞두고 가석방되었다.)

간병 살인은 자살 사건을 수반하기도 한다. 2021년 9월 서울의 한 빌라에서 남편 B 씨(80세)와 부인(78세)이 숨져 있는 채로 발견됐다. 부모와 연락이 닿지 않자 찾아온 딸이 두 시신을 보고 경찰에 신고한 것이다. 경찰은 B 씨가 먼저 부인을 살해한 후 스스로 목숨을 끊었다고 보고 있다. 현장에서 발견된 유서에는 '내가 데리고 간다'는 내용이 포함됐다. B 씨는 부인이 2018년 치매 진단을 받은 이후 3년간 보살펴온 것으로 알려졌다. 부인의 증상이 악화되자 B 씨는 치매안심센터를 찾아 상담과 교육을 받았고, 직접 요양보호사 자격증까지 취득한 것으로 알려졌다. 그러나 부인의 증세가 급격히 나빠지자, B 씨는 지난 5월부터는 아예 센터를 찾지 않은 것으로 전해진다.

동주민센터는 이런 사실을 몰랐던 것으로 파악됐다. B 씨 부부는 동주민센터의 관리 대상인 기초생활보장수급자나 차상위

계층에 해당하지 않았기 때문이다. 정부가 위기 가정 발굴을 강조하고는 있지만, 수급자나 다른 공적 지원 대상자가 아니라면 현실에서는 그나마 알량한 지원이나 점검의 대상에 해당하지 않는 것이 보통이다.

살인과 자살을 동반할 정도로 간병과 돌봄은 힘들다. 국가와 사회가 제대로 지원하지 못해 가족에게 '독박' 쓰기를 강요하는 현실에서는 더욱 감당하기 어렵다. 촌락에서 대가족 일가가 함께 모여 사는 공동체적 사회가 아니라, 소수의 가구원이 모두 경제활동을 하며 살아가야 하는 현대사회에서 장기간 돌봄은 거의 불가능하다. 가족이 서로 애정을 갖고 돌보라는 것은 이제 과거 유물과 마찬가지다. 불가능하고 무의미한 주문에 불과하다. 가족에게 부과되는 돌봄의 압력은 극단적인 비극으로 끝나기도 한다.

소규모 가족이 보통인 현대사회에서 때로는 돌봄이 필요한 노인을 또 다른 노인(그도 곧 돌봄의 대상이 될 수 있다)이 돌보기도 한다. 소위 '노노老老 간병'이다. 노노 간병의 기간이 길어지면 끝내 사회적 관계 고립과 경제적 압력 그리고 살인이나 자살 같은 파탄으로 끝나기도 한다.

최근에는 '영 케어러'라는 말이 또 관심을 모았다. 앞서 소개한 대구 간병 살인 사건이 바로 영 케어러 사건이며, 《아빠의 아빠가 됐다》는 책을 통해 사회적으로 널리 알려지기도 했다. 영 케어러는 '다른 가족원의 돌봄을 감당하는 젊은 청년 혹은 미성년자'를 말한다. 이들은 학업이나 구직, 직장 생활 등 연령에 맞는 활동을 하지 못하게 되는 경우가 많다. 또한 현재만이 아니라 미래에서도 생활에 큰 어려움을 직면할 가능성이 크다.

　소규모 가족의 세상에서 돌봄 문제가 노부부에게 몰리면 노노 간병의 문제가 되고, 젊은 가족원에게 몰리면 영 케어러의 문제가 된다. 결국은 돌봄 부담의 문제이고, '독박 간병'의 문제다. 그나마 가족이든 요양보호사든 돌봄을 제공하는 이들이 계속 찾아오는 경우라면 차라리 다행이다. 심지어 그렇지도 못해서 죽은 지 며칠이 지나도 사람들이 알지 못하는 고독사도 빈번하게 나타나고 있다.

　고독사는 사망한 지 일정 시간이 지나도록 발견되지 않은 경우를 말한다. 무연고 사망과는 다르다. 가족, 친척 등 주변 사람들과 단절된 채 사회적 고립 상태로 생활하던 사람이 자살, 병사 등으로 임종하는 것이다. 우리나라에서는 통상 임종 후 72시간이 지나도록 주위에서 모르는 상황을 공식적으로 고독사로 정의하고 있다. 〈고독사 예방 및 관리에 관한 법률〉이 있다. 이는 2020년 말에야 처음으로 제정되었고, 2021년 말부터 시행되었다.

　2024년 추석을 전후해서 경기 김포시에서 노인의 고독사가 연달아 발견되어 보도된 바가 있다. 2023년 겨울에는 서울의 한 공공임대주택에서 노인이 사망 후 10일 이상 지나서야 심하게 부패된 시신으로 주민의 신고에 의해 발견된 바도 있다. 사실 언론에 보도되지 않는 경우가 더 많다. 2022년 보건복지부 조사 결과에 따르면, 고독사 건수는 2017년 연간 2412명에서 2021년 연간 3378명으로 늘어 연평균 8.8%씩 해마다 증가했다. 특히 60세 이상인 경우가 전체의 절반이다. 60세 이상부터는 고독사의 연간 증가율이 20%에 달한다. 자살 고독사는 전체 고독사의 16.9%나 되는데, 이 중에서도 노인의 비중은 상당히 높다. 원래 노인 자살률이 다른 연령대의 비율보다 높기도 하다.

'유품정리사', 아직은 낯선 직업이다. 하지만 유품정리사나 특수청소원들은 고독사와 관련된 사례를 많이 다루기도 한다. 2024년 5월 〈중앙일보〉에 한 노인의 죽음이 보도되었다. 노인은 유품 정리의 비용과 사망 후 얼마나 지나야 발견되는지 등을 확인하고 '예약'이 가능한지 문의했다. (당연히 예약이란 있을 수 없다.) 실제로 노인은 얼마 후 비극적이게도 자살했다. 유품정리사에게 유품 정리와 특수 청소가 의뢰되어 확인해보니, 예약을 문의했던 바로 그 노인이었다는 기사였다.

우리나라에서 노인은 돌봄이 필요해지는 순간부터 자신과 가족의 어려움과 서러움에 맞닥뜨린다. 그나마 경제적 여력이 있어야 요양병원이나 시설에 입소하게 되지만, 이것도 당사자들이 원하는 생활 방식은 아니다. 그렇지 않다면 집에서 가족이나 주변의 도움 혹은 복지시설에서 제공하는 서비스의 도움을 받아야 하는데 결코 만만치 않다. 가족은 본래의 일을 하지 못하는 상황이 길어지면 간병과 돌봄의 늪에서 허덕이게 된다. 노인은 자신이 가족을 망치고 있다는 죄책감에 시달리고, 모자라는 돌봄 지원 속에서 점차 고립되어간다. 심지어는 아무도 모르게 고독사하는 경우도 비일비재하다. 참혹한 현실이다. 간병 지옥, 독박 간병, 간병 살인, 영 케어러 그리고 고독사 …. 이런 단어들은 억지로 만든 선정적 단어가 아니다. 우리 사회의 실제 모습을 나타낸다. 우리 모두가 지금 아니면 가까운 미래에 만나게 될 모습이다.

피할 수 없는 숙명일까?

TV에서 '간병비 지급 보장'이란 보험 광고를 접하는 것은 이제 흔한 일이 되어버렸다. 간병을 더 이상 걱정하지 말라고 장담(?)한다. 간병이 필요한 사람에게 간병 비용을 보태준다는 것만으로 간병을 걱정하지 않아도 된다는 이야기는 너무 엄청난 비약이다. 따라서 '간병 걱정을 말라'는 것은 틀린 말이다.

돌봄은 개인과 가족이 해결할 문제라고 말하는 것은 우리나라가 예전의 농경 사회이었을 때나 가능한 이야기다. 이제 자본주의사회가 되었으니 '돈'으로 '사람'을 사서 돌봄을 받으라는 것은 일부 부자들에게나 가능한 일이다. 결국, 사회 전체적으로는 많은 사람이 돌봄 때문에 고통을 받고 삶이 엉망이 된다. 선진 복지국가들은 고령사회를 맞으면서 돌봄 문제를 '가족화'나 '시장화'에 의존하지 않고 '사회화'를 해왔다. 즉, 돌봄을 가족이 책임질 일로만 묶어두지 않고 국가 정책을 통해 사회가 함께 책임지는 일로 만들어온 것이다. 국민들의 돌봄 문제 해결에 있어서 국가가 적극 나서는 것은 절대적으로 필요하다. 결코 국가의 책임이 아닐 수 없다.

인간에게 죽음이 피할 수 없는 숙명인 것처럼, 늙고 병들고 죽어가는 과정에서 서럽고 외롭고 힘든 것도 어쩔 수 없는 숙명일까? 그렇지 않다. 유독 우리나라에서 늙고 죽어가는 과정이 자신과 가족에게 매우 고통스러울 따름이다. 어느 시점에서는 죽음을 맞이하는 것을 비록 막지 못할지라도, 그 과정에서 사랑하는 사람과 어울리며 존엄하게 살 수는 있다.

인간은 사회적 존재다. 동물들과는 달리 사회적 관계 속에서 태어나고 살아가고 늙어가며 삶의 의미를 찾아가기 때문이다. 돌봄은 상호적이고 어찌 보면 인간의 본질이기도 하다. 사회는 고도화되었고, 법률적·경제적 체계를 가지고 있다. 누구나 태어나 자라면서 돌봄을 받는다. 건강할 때는 다른 사람을 돌보기도 하지만, 또 몸이 아프거나 늙어서 행동에 제약이 따르면 다시 다른 사람의 돌봄에 의지하기도 한다. 돌봄을 주고받는 '방식과 의미'는 사회적으로 만들어진다.

지금 우리나라에서는 돌봄을 주고받는 방식 어딘가가 잘못되었기에 유독 돌봄이 문제가 되고 있는 것이다. 돌봄에 대응하는 사회적 방식과 관계에 변화가 있어야 고통이 줄어든다. 변화를 찾아야 한다. 아무것도 하지 않으면 아무 일도 일어나지 않는 법이다.

돌봄은 왜 모두를
불행에 빠뜨리는가?

돌봄 관계자들

 돌봄의 본질에는 관계가 자리 잡고 있고, 좋은 돌봄은 돌봄 관계에 관여하고 있는 행위자 모두를 행복하게 만들어줄 수 있다. 그렇다면 돌봄 관계에 관여하고 있는 이들은 누구인가?

 가장 우선적으로 '돌봄 필요자'를 꼽을 수 있다. 이들은 노화, 장애, 건강 등의 이유로 혼자 자립적으로 일상생활이 불편해 누군가의 도움이 필요한 사람이다. 다음으로 '돌봄 책임자'가 있다. 가족 중 돌봄 필요자가 있을 때 돌봄을 직접 제공하거나 경제적 지원을 하거나 돌봄 서비스를 알아보거나 하는 등 필요한 것을 책임지고 해결하는 사람이다. '돌봄 제공자'도 빼놓을 수 없다. 이들은 직접적으로 돌봄을 제공하는 사람이다. 가족 중의 누군가일 수도 있고, 요양보호사와 같은 전문적인 인력일 수도 있고, 요양 서비스를 제공하는 기관에서 일하는 누군가일 수도 있다. 이렇게 세 주체가 바로 핵심적인 행위자다.

그렇다면 우리나라에서 세 행위자들의 현실은 어떠할까? 돌봄 필요자-돌봄 책임자-돌봄 제공자로 이어지는 돌봄 관계의 질을 충분히 확보하고 있을까? 돌봄 필요자는 존엄한 삶과 일상을 유지하기에 문제가 없을까? 돌봄 책임자는 소중한 사람의 돌봄을 책임지면서도 자신의 사회경제적 활동을 포함한 일상을 희생하지 않고 돌봄 필요자와의 관계에 집중하고 있을까? 돌봄 제공자들은, 특히 유급 돌봄 노동자들은 안전한 노동환경에서 안정된 고용 관계 아래 적절한 사회적 인정을 누리면서 돌봄 서비스의 질과 돌봄 수혜자와의 관계에 집중하고 있을까?

이제부터 그들이 처한 현실을 하나씩 살펴보자.

너무나 멀고 부족한 돌봄

돌봄 윤리의 관점에서 돌봄을 고찰한 버지니아 헬드는 '인간 누구나 생애 주기의 어느 순간이든 돌봄 관계로부터 자유롭지 않음'을 강조했다.[2] 특히 인간은 태어나면서부터 상당 기간 동안 누군가로부터 일상적 돌봄을 받아야만 생존과 성장이 가능한 존재다. 그 이후에도 생애 말기를 포함해 질병을 앓거나 사고를 당하

---

2   버지니아 헬드(2017), 앞의 책

는 등 취약한 상태로 인해 독립적인 일상생활이 어려운 시기를 만나게 마련이다. 그때마다 불편함과 고통이 없는 일상을 유지하기 위해 혹은 존엄한 삶을 누리기 위해 타인의 돌봄을 필요로 한다. 결국 우리 모두는 어느 시기에 돌봄을 필요로 하는 사람이 된다. 그때 우리에게 있어서 좋은 돌봄이란 무엇일까?

돌봄 필요자에게 있어 돌봄은 절대적이다. 돌봄을 받지 않으면 자신에게 익숙하던 일상이 그 방식으로 유지되지 않으며, 이로 인해 불편과 고통을 감내해야 하는 상황을 맞게 된다. 심한 경우 자신이 지키고 싶은 최소한의 존엄성마저 손상되는 결과를 가져오게 된다. 따라서 이들에게 있어 좋은 돌봄이란, 자신을 돌봄 필요자로 만든 생활상의 조건으로 인해 불편이나 고통을 겪지 않아도 되는지에 달려 있다. 즉, 자신의 일상이 얼마나 익숙한 방식으로 전개되느냐에 달려 있다고 할 수 있다. 물론 이러한 상황이라면 최소한 돌봄 문제로 인해 인간으로서 자신의 존엄성이 손상된다고 느낄 일도 없을 것이다.

그렇다면 지금 우리의 돌봄은 어떠한가? 돌봄 필요자들이 자신에게 익숙한 환경에서, 자신에게 익숙한 일상을 불편이나 고통 없이 충분히 누리면서 자신의 존엄성을 유지할 수 있는가? 결론부터 말하자면 한국 사회에 살고 있는 돌봄 필요자들, 대표적으로 노인들에게 이 질문을 던진다면 돌아오는 답은 '그렇지 못하다'일 것이다. 왜 그럴까? 차근차근 살펴볼 문제다.

가장 큰 문제는 원하는 돌봄이 부족하다는 것이다. 거리를 나가 보면 돌봄과 관련된 사업을 하는 사업장이 넘쳐난다. '방문 요양센터, 노인요양원, 요양병원, 쉼터, 어린이집, 복지관, 지역아동센터, 키움센터, 늘봄센터' 등 다양한 이름으로 다양한 사람들을 대상으로 하는 서비스 제공 기관들의 입간판이 즐비하다. 하지만 나의 문제, 나의 돌봄 욕구를 딱 맞게 채워줄 돌봄 서비스는 여전히 부족하다.

정부가 정기적으로 실시하는 '사회서비스 수요 공급 실태 조사'에 따르면 성인 돌봄 서비스에는 생활 시설, 주야간 보호, 단기 보호, 재가 돌봄, 식사 제공, 가사 지원, 차량 지원, 복지 용구 지급 등 많은 서비스가 나열되어 있다. 과거에 비해 종류도 많아졌고 숫자도 늘어난 것은 맞지만 돌봄을 필요로 하는 사람들이 체감하는 공급, 나의 욕구를 채워줄 돌봄의 공급은 여전히 부족하다. 2023년 실태 조사 결과에 따르면, 돌봄이 필요한 노인 중 이런 서비스를 이용한 비율은 32.5%에 불과하다.

원하는 돌봄의 부족 문제는 당사자에게 익숙한 집에 살면서 필요한 돌봄을 받을 수 있는 '재가형' 지역사회 돌봄과, 집을 떠나 요양병원이나 노인요양원 등에 거주하면서 돌봄을 받는 '시설형' 돌봄의 선택에서도 드러난다. 우리의 경우 재가형 지역사회 돌봄이 절대적으로 부족해 가족이 직접 돌봄을 제공하는 역할을 하거나, 돌봄 필요자를 시설형 돌봄에 '맡기는' 경우가 발생하고 있다. 돌봄 책임자의 역할을 맡고 있는 사람, 예를 들어 노인 돌봄의 경우 성인 자녀는 직장이나 학업 등의 이유로 돌봄 제공자 역할을 직접 하기 어려운 경우가 지속적으로 늘어나고 있는 추세다. 특히 지역에서 믿고 이용할 수 있는 재가형 서비스가 부족한 경우라면 결국 시설형 돌봄에 대한 의존도가 늘어날 수밖에 없다. 우리나라 노인들의 경우 대부분 선호하는 임종 장소로 집을 꼽았지만, 실제로는 70% 이상의 노인이 병원에서 임종을 맞는 것은 내 집에서 받을 수 있는 서비스가 턱없이 부족하기 때문이다.

지역적 분포도 문제다. 민간, 그중에서도 영리 업체가 주도하는 돌봄 서비스 공급자들은 수요가 많은 지역에 몰리는 경향이 있다. 필수적인 서비스임에도 불구하고 농산어촌 등 비도시 지역 그리고 도시 지역이라 할지라도 중소 규모의 경우 돌봄 공급자가 쉽사리 나서지 않는다. 돌봄 서비스는 스타벅스처럼 있어도 그만, 없어도 그만인 서비스가 아니다. 오히려 초등학교에 더 가까운 성질의 서비스다. 초등학교가 한 도시에 없다면 문제가 심각해진다. 열악한 교육 접근성으로 인해 소위 아동의 교육권이 침해되는 문제가 발생한다. 이런 이유로 스타벅스가 없는 시군구는 있어도, 초등학교가 없는 시군구는 없다. 스타벅스는 개업을 했다가도 손님이 없으면 닫아버리면 그만이지만, 초등학교는 신입생이 없는 사태가 발생해도 폐교에 신중을 기하는 법이다.

농산어촌에도 지리적 접근성을 고려해 분교 형태로라도 초등학교를 설치·운영하는 사례와 같이 국가의 적극적인 역할이 돌봄 영역에도 적용되어야 한다. 돌봄 필요는 인구 밀집 지역에 거주하느냐의 여부와 무관하게 주민 모두에게 발생하는 문제다. 돌봄 필요자의 평온한 일상과 존엄한 삶을 보장하기 위해서는 지역과 무관하게 돌봄의 수요가 충족되어야 마땅하다. 돌봄의 공급에 있어서 공공의 적극적 역할이 강조되는 이유다.

또 다른 문제점으로 돌봄을 꼭 필요로 하는 사람에게 돌봄은 더 멀리 존재하는 아이러니가 있다. 즉 접근성이 부족하다는 것이다. 우리나라는 돌봄의 선택과 이용이 전적으로 당사자에게 맡겨져 있다. 이러한 상황에서 돌봄에 대한 접근성은 돌봄 필요자 또는 돌봄 책임자와 같은 돌봄 당사자들의 정보 접근성에 의해 결정된다. 지역에 사람들 사이의 네트워크가 탄탄하거나, 지역 관련 정보에 능통하고 찾아볼 수 있는 사람이라면 돌봄 관련 양질의 정보를 효과적으로 어렵지 않게 취득해 활용할 수 있다. 하지만 아는 사람이나 도움을 줄 사람이 없이 고립되어 있는 경우에는 그나마 지역에 존재하는 돌봄조차도 활용할 수 없는 문제가 있다.

돌봄 관련 정보는 다양한 경로를 통해 접근 가능하지만 디지털 시대인 지금, 대부분의 정보는 디지털화되어 유통되고 있다. 결국 정보 접근성은 소위 '디지털 문해력digital literacy'에 의해 결정되는 경향이 있다. 문제는 돌봄의 욕구 정도가 높은 사람들, 돌봄이 꼭 필요한 사람들이 디지털 문해력 측면에서는 상대적으로 부족한 취약 계층에 몰려 있다는 점이다. 결국 돌봄을 꼭 필요로 하는 사람들은 정보 접근성의 부재로 인해 필요한 돌봄 서비스에 접근하기가 어려워지는 이중의 어려움에 직면하게 된다. 돌봄 접근성의 계층화 현상이 발생하고 있는 것이다.

돌봄과 삶의 질은 서로 밀접하게 연관되어 있다. 돌봄을 필요로 하는 사람이 양질의 돌봄을 충분하게 받지 못하게 되면 삶의 질은 떨어진다. 앞서 언급한 바와 같이 자신에게 익숙한 일상을 유지하기 어렵게 되고 불편한 방식으로, 때로는 고통과 존엄성의 상실을 동반하는 방식으로 삶을 이어가게 되는 것이다. 이래서는 삶의 질이 보장될 수 없다.

여러 개의 접시 돌리기

돌봄 책임자는 돌봄 필요자의 평온한 일상과 존엄한 삶을 누구보다도 바라는 사람이다. 그가 그 책임을 다한다는 것은 바로 돌봄 필요자가 필요로 하는 돌봄이 충족된다는 것을 의미한다. 결국 '불편과 고통, 존엄성의 상실'이 없는 안온하고 익숙한 일상을 돌봄 필요자가 누릴 수 있을 때를 말한다. 돌봄 책임자가 돌봄 제공자의 역할을 직접 수행하는 경우도 있다. 현대사회에서 많은 경우 이는 돌봄 책임자가 사회화된 돌봄, 즉 가족이 아닌 타인에 의해 제공받는 공식적 돌봄에 '안심'할 수 없는 경우다. 돌봄 책임자의 현실을 하나의 사례를 들어 생각해보자.

40대 비혼 여성 이현숙(가명) 씨는 70대 후반의 10년째 치매를 앓는 아버지와 최근 치매 진단을 받은 어머니를 혼자 돌보고 있다. 오빠는 결혼 후 떨어져 살며 부모 돌봄에 거의 참여하지 않았다. 간병 비용 부담도 외면했다. 이 씨는 돌봄 전담으로 직장 생활과 사회생활에 큰 지장을 받았다. 24시간 치매 부모를 돌보는 '독박 간병' 상황이었다. 일상생활 일부를 돕기 위해 요양보호사 방문 서비스를 받았다. 하지만 아버지의 피해망상증으로 요양보호사가 여러 번 일을 그만두어 지속적인 이용이 어려웠다. 결국 부모 돌봄의 모든 부담은 딸인 이 씨 혼자에게 남았다. 독립하고 싶어도 자신의 수입을 모두 부모 간병과 생활비로 써버려서 모아둔 자금도 없었다. 한때 집에서 도망치고 싶다는 생각까지 할 정도로 절박한 상황이었다. 결국 오빠에게 노인요양원 입소를 제안했다. 오빠는 펄쩍 뛰며 "그런 불효는 있을 수 없다."고 반대했다. 오빠의 '불효' 발언에 이 씨는 '처지가 서러워서' 눈물을 쏟았다.

게다가 부모는 가끔 이 씨를 알아보지 못할 때도 있었다. 대화가 되지 않고 같은 말을 계속 반복해서 정서적인 교류도 되지 않는다. 더 화가 나는 점은 어머니가 이 씨만 보면 "빨리 시집 좀 가라. 니가 그 모양이니 아직 남자도 못 찾고 있지."라고 중얼거리는 것이었다. 이 씨는 자신이 우울증 진단을 받을 만큼 정신적으로 극한 상황에 놓였다. 어머니는 치매로 판단력이 떨어진 상황이지만 요양병원에 가기 싫다는 뜻을 보였다. 이 씨는 그런 어머니를 가능한 한 집에서 모시겠다며 끝까지 노력했다. 다행히 주간보호센터 이용 후에는 삶의 활력을 조금씩 되찾았다. 낮에 부모가 공공 치매센터의 돌봄을 받게 되면서 이 씨는 그동안 포기했던 직업(학원 강사)도 다시 이어갈 수 있었다. 극심했던 우울감도 많이 호전되었다.[3]

위 사례에서 본 이현숙 씨의 경우는 전형적인 돌봄 책임자의

---

[3] "부모 모두 치매, 돌봄은 혼자… '독박 간병'에 우울증". <한겨레신문>. 2023년 9월 17일자. https://www.hani.co.kr/arti/society/health/1108824.html

모습에 해당한다. 돌봄 책임자는 보통의 경우 가족 관계인 돌봄 필요자의 돌봄을 책임지는 것과 더불어 자신의 일상을 영위하기 위한 활동을 병행한다. 동시에 '여러 개의 접시 돌리기'를 하는 형편이다. 자신의 생업과 돌봄 책임 사이에서, 돌봄 필요자와 돌봄 제공자 사이에서, 때로는 돌봄 책임자들 사이에서 끊임없이 조정과 협의·중재를 하는 것도 역시 그의 몫이다. 이 같은 돌봄 책임자의 역할이 그나마 잠시 중지되거나 끝나는 것은, 이 씨의 경우 부모가 만족해하고 자신이 보기에도 안심하고 맡길 수 있는 돌봄 제공자를 구했을 경우다. 하지만 이를 위해서는 엄청난 품과 공을 들여야 겨우 가능할까 말까다. 끊임없이 불안한 것은 일상이고, 어머니의 불만과 때로는 딸인 자신을 탓하는 듯한 말을 들을 때면 속이 상할 수밖에 없다.

'우리, 예전의 관계로 돌아갈 수 있을까?'

돌봄을 책임지고 있는 사람들의 주요한 고민 중 하나다. 돌봄 책임자 혹은 직접 돌봄 제공자의 역할을 수행하는 기간이 길어지면서 둘 사이의 관계는 알 듯 모를 듯 변하는 경우가 많다. 돌봄 책임자가 가진 인맥과 정보력을 모조리 동원해도 돌봄 필요자는 자신의 돌봄에 만족하지 못하는 경우가 허다하다. 앞서 언급한 협의와 조정, 중재의 책임을 맡고 있는 돌봄 책임자 이현숙 씨는 한편으로는 어머니의 하소연을, 다른 한편으로는 돌봄 노동자의 사연을 들어주고 달래주어야 한다. 때로는 통사정을 해야 한다. 그 와중에 오빠는 부모 돌보는 것에 조금도 도움을 주지 않으면서 시설에 보내는 것을 불효라고 책망한다. 이런 기간이 길어지면 길어질수록 돌봄 필요자와 돌봄 책임자 사이의 관계도, 다른 돌봄 책임자들과의 관계도, 돌봄 책임자와 돌봄 제공자 사이의 관계도 점점 시들어간다. 특히 어머니와의 좋았던 관계가 돌봄 책임자 역할을 자임하는 데 큰 배경이 되었건만, 지난한 돌봄 관계 속에서 어머니와의 관계조차 예전만 못한 상황이 되어버렸다. '내가 왜 하겠다고 나섰을까?' 후회막급이다.

돌봄 필요자의 입장에서도 마음이 편치 않다. 어느 순간 누군가의 도움 없이는 일상생활을 온전히 수행할 수 없는 처지가 됐다. 이렇게 되고 보니 가족이나 친구, 특히 성인 자녀에게 의존적일 수밖에 없다. 자존심이 상하기도 하고, 한창 바쁠 때인 자녀에게 신세 지는 것이 미안하기도 하지만 별수가 없다. 괜히 눈치를 보게 되고, 평소처럼 따뜻하게 대하다가도 이게 다 자식에게 의존하다 보니 나오는 의존적 행동은 아닌가 싶어 머릿속이 복잡하기만 하다. 이래저래 불편하다.

이러한 상황은 돌봄 필요자나 돌봄 제공자의 문제도 아니다. 돌봄 책임자 개인의 문제는 더더욱 아니다. 우리 사회가 품고 있는 돌봄의 총량이 부족하거나 부실한 문제다. 돌봄 관계에 대한 사회적 인식이 여전히 성숙하지 못한 문제다.

모든 돌봄 관계가 이렇게 불편해질 수밖에 없는 것은 아니다. 돌봄 필요자가 익숙한 일상을 이어갈 수만 있다면, 그가 존엄한 삶을 유지하는 데 어려움이 없다면, 돌봄 책임자 자신이 안심할 수만 있다면 둘 사이의 관계가 불편해질 일은 없다.

저임금과 고용 불안의 늪[4]

한국 사회에서 돌봄 노동자는 행복한가? 답하기 전에 돌봄 노동자들이 마주한 현실의 면면을 살펴보자. 2022년 민주노총 소속 돌봄 노동자에 대한 실태 조사 결과에 따르면, 이들 노동자들이 지적하는 돌봄 노동의 가장 큰 문제는 '저임금과 고용 불안'이다, 우선, 설문 응답자 1200명 중 92%가 비정규직으로 고용 불안정성이 매우 높은 것으로 나타났다. 임금은 최저임금으로, 방문 돌봄 노동자의 경우 시간제로 일할 수밖에 없는 조건에서 임금이 100~159만 원 정도다. 이는 2022년 통계청의 경제활동인구조사-근로 형태별 부가 조사 결과인 비정규직의 평균임금 188만 1000원에도 미치지 못한다. 생계가 불가능한 최저임금 중의 최저임금이다.

돌봄 노동의 저임금 문제는 중층적이다. 일단 근무시간당 실질 시급도 적으며, 노동의 대가로 받는 임금의 총액도 적다. 또한 일반적으로 간과되는 문제가 하나 더 있다. 실질적으로 근무하는 시간 전부가 유급이 아닌 것이 대부분 돌봄 노동의 현실이다.

돌봄 노동은 방문 요양, 아이 돌보미, 장애인 활동지원서비스

---

[4] 돌봄 제공자는 크게 두 집단으로 구분할 수 있다. 우선, 돌봄 책임자이면서 직접 돌봄 제공자의 역할을 겸하는 경우다. 예를 들어, 가족 돌봄자들이 여기에 해당한다. 그 외의 돌봄 제공자 집단은 대부분 유급 돌봄 노동자에 해당한다. 돌봄 책임자와 돌봄 제공자의 역할을 병행하는 집단에 대한 논의는 앞서 돌봄 책임자에 대한 논의에 포함되었으므로, 여기에서는 유급 돌봄 노동자에 대한 논의에 집중한다.

와 같이 소위 '조각 노동'의 형태로 이뤄지는 경우가 많다. 예를 들어, 아이 돌보미 열 명 중 여섯 명은 100만 원에서 200만 원 사이의 급여를 받는다. 이는 최저임금수준을 고려할 때 그 자체로 저임금이 분명하다. 물론 어떤 이는 근로시간 자체가 주 40시간 수준과는 차이가 있다는 점을 고려해야 한다고 하지만 이 같은 지적은 다른 한편으로 근무시간 전부가 유급이 아니라는 중요한 현실을 간과하고 있다. 우리나라의 〈근로기준법〉은 출장지 사이의 이동 시간을 근로시간으로 보고 있다. 하지만 아이 돌보미, 방문 요양, 장애인 활동지원과 같이 돌봄 노동자가 한 근무지에서 다른 근무지로 이동할 때 걸리는 시간에 대해서는 그에 상응하는 급여가 지급되지 않는다. 심지어 열 명 중 한 명은 이동하는 데만 1시간 넘게 걸리며, 아이 돌보미의 68%는 교통비조차 지급받지 못한다고 한다.

연장 근무에 대한 급여 지급도 문제가 있다. 초과근무에 대해서는 임금이 지급된다는 당연한 상식이 돌봄 노동자에게는 적용되지 못하는 경우가 허다하다. 가령, 장애인활동지원사 열 명 중 한 명은 거의 매일 연장 근무를 하지만, 이들의 추가 노동에 대해서는 임금이 지급되지 않고 있다.

돌봄 노동자의 고용 문제 역시 복합적이다. 이들의 고용은 불안정하고 불완전하다. 정규직이 아닌 계약직의 비율이 압도적인 점을 통해 확인할 수 있다. 또한 월급제가 아닌 시급제 혹은 '조각 노동'의 형태로 이뤄지는 돌봄 노동의 현황을 통해 확인할 수 있다.

앞에서 인용한 2022년 민주노총 설문 조사 결과를 좀 더 자세히 살펴보자. 정규직이 아닌 92%의 돌봄 노동자 중에는 6개월 또는 1년 단위로 근로계약을 갱신하는 경우 또한 포함되어 있다. 더 심각한 문제는 그나마 이런 근로계약 기간조차도 다양한 이유로 인해 제대로 지켜지지 않는다는 점이다. 일반적으로 노동자는 사용자의 사정에 의해 휴업 또는 해고를 당한 경우 법정 수당을 받게 되어 있다. 하지만 돌봄 노동자는 그렇지 않은 경우가 대부분이다. 구체적으로, 돌봄 노동자가 이용자의 사정에 의해 휴업 또는 해고를 당한 경우 그에 따른 법정 수당을 받은 것은 14%에 불과하다. 돌봄 노동의 수요를 예측해 노동자에게 업무를 주는 것은 사용자의 책임이다. 그럼에도 사용자는 그 책임을 노동자에게 전가하고 있는 셈이다. 무급 기간이 발생하면서 재가요양보호사는 일을 그만두기도 한다. 이때 다른 업체에 취업할 때까지 소요되는 기간은 평균 3.3개월인 것으로 나타났다. 휴업수당이나 퇴직수당 등에 의해 보호받지 못하는 돌봄 노동자는 즉각적으로 생계의 위협에 직면한다.

돌봄 노동자들은 폭력으로부터 보호받지 못한다. 돌봄 노동의 특성상, 특히 직접 돌봄 노동의 경우 대인 서비스의 특성을 가지고 있다. 서비스를 제공받는 이와 제공하는 이 사이의 관계에서 발생하는 다양한 종류의 폭력에 직면하게 되는 문제가 있는 것이다.

다시 민주노총의 2022년 설문 조사 결과를 보자. 시설요양보호사의 경우 '자주 또는 종종 부당한 대우를 경험한 비율'이 성희롱 44.6%, 언어폭력 70.8%, 신체 폭력 49.2%로 매우 높았다. 재가요양보호사의 경우 부당한 대우에 대한 경험이 있더라도 '가끔'인 경우가 대부분이었다. 하지만 가정이라는 폐쇄적 공간에서 발생하기 때문에 돌봄 노동자가 느끼는 위협감은 매우 높은 것으로 보인다. 성희롱 등 부당한 대우를 경험했을 때 특별한 대응 없이 참고 넘어가는 경우가 전체의 28% 정도다. 그 이유로 '항의해도 효과가 없어서'라는 응답이 48%로 가장 많았다. 이는 돌봄 노동자들이 노동 과정에서 다양한 형태의 폭력에 노출되어 있을 뿐만 아니라 이에 대한 노동 현장 내 인식도 부재하며 노동자를 폭력으로부터 보호하기 위한 뚜렷한 대응 방안도 가지고 있지 못하다는 것을 방증한다.

그렇다면 우리나라보다 앞서 고령화를 경험하고, 국가가 돌봄에 적극적으로 개입하고 있는 선진 국가들에서 돌봄 노동자의 노동 여건은 어떠한가?

스웨덴, 덴마크 등 북유럽 국가들은 지방자치단체가 노인 돌봄 서비스를 직접 운영하거나 관리한다. 돌봄 노동자도 지자체 소속 정규직 고용이 일반적이다. 여성 비중이 높아 시간제 근무자가 많지만, 이들도 대부분 고용계약이 지속되는 파트타임 정규직이다. 독일의 경우, 돌봄 서비스 제공 주체가 우리나라와 같이 비영리단체, 민간 시설 등 다양하다. 하지만 정부가 인력 확충 시 인건비 지원을 늘려 정규직 채용을 유도하고 있다. 2019년 제정된 〈돌봄 인력 강화법 Pflegepersonal-Stärkungsgesetz: PpSG〉 등을 통해 요양시설에 추가 인력을 투입할 경우 연방정부가 비용을 보전해 주어 시설들이 정규직을 확충하는 등 돌봄 노동자의 고용 안정

성을 높이려 한다.[5]

　유럽 국가들은 기본적으로 법정 근로시간이 우리나라보다 짧고, 휴가 등 복지가 잘 갖춰져 있다. 덴마크와 스웨덴의 주당 법정 근로시간은 37~40시간이며, 연 5주 이상 유급휴가를 보장 받는다. 병가나 출산휴가, 육아휴직 등도 정규직, 비정규직 구분 없이 동일하게 이용할 수 있다.

　독일은 돌봄 인력 양성 과정부터 월급과 사회보험을 제공해 근로자로서의 권리를 인정한다. 다른 국가들에서도 돌봄 노동자들의 임금이 다른 직종에 비해 높지는 않다. 북유럽 국가들에서 돌봄 노동자의 임금은 대체로 평균 이상이며, 아예 그들 국가에서는 직업 간 임금격차가 우리나라만큼 크지 않다. 독일도 마찬가지다. 돌봄 종사자의 최저임금수준을 법으로 정하고 지속적으로 인상했다. 그 결과, 2024년 기준 전문요양보호사의 법정 최저시급이 19.50유로로 인상되어 일반 최저임금 12유로보다 훨씬 높아졌다.[6]

　이런 노동조건뿐만 아니라 돌봄 노동자의 안전 문제에도 단호하게 대처하고 있다. 유럽 국가들은 직장 내 폭력과 괴롭힘 방지에 대한 법·제도를 강화하는 추세다. 유럽연합EU 대부분 국가가 국제노동기구ILO 〈폭력과 괴롭힘 협약(제190호)〉[7]에 동참하

5　한국보건사회연구원(2019). "독일 돌봄 인력의 현황과 정책 동향". 국제사회보장리뷰
6　Statutory agreed branch-specific minimum wages in Germany in February 2025
7　ILO Violence and Harassment Convention, 2019 (No. 190)

여, 돌봄 현장에서 이용자의 폭언·폭행에 대처하는 가이드라인을 마련하고 있다. 영국 국립보건서비스NHS나 프랑스 의료·복지 시설에서는 환자나 보호자가 직원에게 폭력을 행사할 경우 법적 제재를 가하고, 비상 시 보안 인력 호출 시스템을 운용하고 있다.

모두 행복하게 살아갈 수 없을까?

좋은 돌봄이 되려면 돌봄 관계에 들어 있는 세 행위자 모두가 행복해야 한다. 지금처럼 모두가 불행한 대한민국의 돌봄 현실은 무언가 한참 잘못되었다. 그들 각각이 행복한 모습이란 어떤 것일까?

우선, 돌봄 필요자가 돌봄을 통해 일상성을 유지할 수 있어야 한다. 어느 시점에선가 우리 모두는 당사자인 돌봄 필요자가 된다. 보통 돌봄 수혜자나 돌봄 대상자로 불리기도 하는 이들은 아동·청년·노인에 이르기까지 생애 주기 중 어느 시점에 위치해 있든지, 평생의 조건으로 안고 가야 하는 장애 여부와 무관하게, 급성이든 만성이든 질병을 가지고 있는지 여부와 상관없이 좋은 돌봄과 함께라면 존엄한 삶과 일상을 유지하는 데 문제가 없어야 한다.

돌봄 책임자 역시 누군가의 돌봄을 책임지고 있음에도 불구하고 평온한 삶을 누릴 수 있어야 한다. 돌봄 책임자는 동거인이나 가족, 친구 등과 같이 소중한 사람이 돌봄 필요자여서 그가 존엄한 삶과 평온한 일상을 누리는 데 필요한 돌봄을 직접 제공하거나 본인이 직접 제공하지 않더라도 부족함 없이 돌봄을 받을 수 있도록 가장 가까이서 도움을 주는 사람이다. 이들이 돌봄 책임으로 인해 자신의 일상을 희생하지 않아도 되고, 지속적으로 불안정하거나 스트레스를 받지 않아도 되며, 자신의 경제활동이나 사회생활로 인해 직접 돌봄을 제공하지 못하는 상황에도 돌봄을 걱정하지 않아도 되는 것이 우리가 기대하는 좋은 돌봄이다. 돌봄 책임이 스트레스로 다가오지 않으니, 돌봄 책임자는 돌봄 필요자와의 관계에 더욱 집중할 수 있다.

마지막으로, 돌봄 제공자 역시 돌봄 노동을 제공하는 과정에서 성취와 보람을 느낄 수 있어야 한다. 돌봄의 사회화가 적극적으로 구현되는 사회에서 이들은 대부분 사회서비스 분야의 임금노동자의 외피를 쓰고 돌봄 관계에 깊숙이 관여한다. 자본주의 경제가 모든 부문에서 작동하는 사회에서 상당수 돌봄 제공자는 유급 돌봄 노동자다. 이들은 돌봄 관계에서 돌봄의 질을 결정짓는 핵심적 요소다. 이들의 가치와 규범, 태도, 전문성, 경험 등은 모두 돌봄 관계와 질에 긴밀하게 연관되어 있다. 따라서 좋은 돌봄 관계에서 활동하는 돌봄 노동자는 자신의 노동 가치에 걸맞은 사회적 인정을 누릴 수 있어야 한다. 이들이 자신과 돌봄 필요자, 돌봄 책임자에까지 이어지는 돌봄 관계의 질에 집중할 수 있도록 안전한 노동환경과 안정된 고용 관계가 보장되어야 한다. 돌봄 노동을 제공하는 과정에서 이들은 자신과 가족의 생계에 필요한 적정한 보상을 받아야 한다.

2

돌봄의 주체

돌봄은 왜
가족의 문제로 남겨질까?

잘못된 '자립 신화'

돌봄은 인간이 살아가는 데 있어서 필수적이다. 누구나 태어나는 순간부터 죽을 때까지, 아니 죽어서까지 다른 누군가의 돌봄과 살핌의 대상이 아닌 적은 단 한순간도 없다. 애초에 '자립'이란 단어가 성립할 수 없는 것이 인간의 생장生長이 아닐까?

우리에게는 '홀로' 이겨내고 '홀로' 일어서고 '홀로' 자신을 책임진다는 이른바 '자립 신화'가 강조된다. 돌봄조차도 그로부터 자립해야 할 대상으로 인식하기도 한다. 빨리 부모로부터 자립해야 하고, 자식에게 돌봄 부담을 주지 않아야 하고, 타인에게 나를 돌보는 데 들어가는 수고를 끼치지 않으려 한다. 그러나 현실은, 끊임없이 돌봄을 서로 주고받아야만 생존할 수 있다. 어떻게 보면 '개미지옥'에 빠져 있다고 표현할 만큼 돌봄의 그물망 속에서 살아가고 있다고 봐야 맞다.

어떤 이들은 자신을 돌보고 있는 이들의 존재를 망각하거나 부정하거나 때로는 거부하면서 '자립하고 있다'는 환상 속에 자신을 합리화하며 살아간다. 마치 우리 모두 공기를 마시며 살아가고 있지만 그것이 보이지 않는다고 없는 존재인 것처럼 생각하는 무지함이라 할 수 있다. 무엇이 우리를 이러한 개미지옥에 빠지거나 도착된 인식에 갇혀 살도록 밀어 넣는 것일까?

잘못된 '돌봄의 경제학'

우리가 살고 있는 사회가 발전하는 원동력은, 상품을 생산해 팔고 이를 통해 가급적 더 많은 수익을 남겨 자본 조달자에게는 이윤과 이자를 배당하고 노동자에게는 임금을 제공하며 경영자에게는 보수를 받도록 하는 데 있다. 그것들이 기업 활동을 하는 데 있어 강한 동기를 부여해 또 다시 투자하고 더 좋은 상품을 생산하고 소비자들이 더 많이 사도록 해 더 큰 수익을 남기게 한다.

이 과정에서 주도권을 쥐고 있는 이들은 경영자 내지 자본 조달자다. 이들의 입장에서 보면, 이자나 임금은 실제로 비용으로 간주된다. 이것은 비용을 줄일수록 실제 이윤이 더 커질 수 있다는 것을 뜻한다. 은행으로부터 차입한 대출금에 붙는 이자가 올라가면 적극적인 투자를 꺼려하는 것처럼 임금을 올릴 수밖에 없는 사유가 생기는 것을 극도로 경계할 수밖에 없다.

따라서 노동자 자신과 가족의 삶을 유지하기 위해 필요한 비용을 따짐에 있어 가족 내부에서 스스로 해결할 수 있는 영역을 굳이 임금으로 보상해야 한다는 개념을 인정하지 않으려 한다. 이는 사회 전체적으로도 생존을 위한 비용으로 포함시키지 않는 범주를 폭 넓게 잡으려는 경향을 낳는다. 이런 가운데 전통적으로 가족 내에서 행해져온, 특히 여성의 가사로 여겨온 돌봄에 대한 시각은 이렇다. '필요하나 개인과 가족이 스스로 수행하면 되는 것'이요, 여기에는 굳이 어떤 비용도 들어가지 않으니 임금을 책정할 때 고려할 필요가 없는 노동, 그러므로 보상이나 대가가 돈이나 임금의 형태로 '지불되지 않아도 되는 노동 아닌 노동', 이른바 '부불 노동 不拂勞動, unpaid labour'이 된다.

물론 사회가 발전하면서 이러한 모습에 부분적인 개선의 조짐이 없었던 것은 아니다.

첫째, 그간 보상 없이 행해지던 가사 노동의 주체인 여성들이 더 이상 가정 내에만 머물지 않게 됐다. 이는 한편으로는 여권 신장으로 여성의 사회적 활동에 대한 요구가 등장했고, 다른 한편으로는 사회적으로 남성 위주의 노동력만으로는 부족함을 느끼는 산업구조와 노동시장의 변화가 생겼기 때문이다. 여기에 홑벌이로는 가계의 소비 욕구를 채울 수 없는 임금의 상대적 지체가 지속되어 부부 모두 맞벌이로 나서야 할 필요성까지 생기게 됐다. 이로 인해 여성의 사회적 진출이 사회적으로 요구되는 동시에 그들 자신으로부터도 요구되면서 이제 '지불되지 않아도 되는 노동아닌 노동'인 가족 돌봄을 수행하기 어렵게 됐다.

둘째, 이 가사 노동의 영역, 특히 돌봄 영역이 시장을 통해 구매되는 서비스가 된 것이다. 이는 첫째 현상에 연결된 결과였지만, 시장화되지 않았던 영역을 계속해서 시장에서 거래되는 영역으로 끌어들여 이윤이 창출되는 경제적 공간으로 만들어내는 우리 사회의 속성이 반영된 것이기도 하다.

돌봄 기능을 시장에서 구매해 해결할 가능성이 열렸다는 것은 한편으로 맞벌이 가구에게는 희망찬 소식이었다. 하지만 그렇다고 문제가 원만하게 해결되지는 않는다. 시장을 통한 해결 방법은 돌봄을 담당했던 여성의 노동 소득이 돌봄에 들어가는 비용을 충분히 웃돌 때만 가능하다. 상대적으로 저임금인 여성의 경우 결국 다시 가사 노동으로 해결할 것인지, 아니면 그다지 가구 소득에 도움이 되지 않으면서도 타인의 돌봄 노동을 구매해 해결할 것인지 기로에 서 있게 된다. 따라서 이제 형성된 돌봄 시장은 구매력 있는, 능력 있는 가구와 여성 아니면 불가피한 사정으로 경제적 손실을 감내할 수밖에 없는 이들에 대해서만 제한적으로 수용됨으로써 진정한 해결사 역할을 하지 못한다. 또한 여기에서도 돌봄 노동의 제공자들은 돌봄 노동 자체의 사회적 가치가 저평가되었기에 낮은 임금을 감수하며 일하게 된다.

드디어 이런 난맥상에 정부가 개입해 사회적 해결책을 찾아 나설 수도 있다. 가정 내 여성이 돌봄 노동에 발이 묶여 노동 수급이 원활하지 못한 경우, 가계소득이 부족해 경제적으로 빈곤 상태에 빠지는 가구가 빈번히 등장해 사회문제가 되는 경우, 여러 가지 이유로 돌봄이 가족 내에서 제대로 수행되지 않거나 된다 해도 불충실하게 이행되어 사회문제가 되는 경우 등등을 위해 정부는 돌봄 기능이 유지되도록 나서서 무언가 해야 할 책무를 갖고 있다. 소위 복지국가에서 돌봄을 공공 정책의 영역으로 중요하게 생각하는 이유다.

그렇지만 복지에 소극적인 보수 정부는 민간 시장을 활성화하면 된다면서 정부의 재정적, 행정적 책임을 최소화해 작은 정부 기조를 벗어나지 않는 범위 내에서만 접근함으로써 문제의 심각성에 비해 대응하는 방식은 안이하다. 복지국가의 적극적인 정부도 돌봄 가치를 제대로 반영해 돌봄 요구에 적절히 대응하면서도 그 질을 높게 유지하고 돌봄 노동자의 임금 역시 적절하게 보장하는 것에는 적극 나서지 못하는 경우가 허다하다. 돌봄 재정에 대한 한계와 복지 행정의 경직성, 서비스 질의 통제에 대한 어려움 등이 그 바탕에 깔려 있다.

결국 가족과 시장에 떠맡기기에도, 그렇다고 국가가 다 끌어안고 해결하기도 어려운 난망한 상황이 벌어지고 있다. 이런 곤혹스런 과제 앞에 현재 우리 사회는 그 한계를 역력하게 드러내고 있다. 지금이라도 돌봄 국가 또는 돌봄 사회의 당위성을 바탕으로 가족과 시장, 국가 그리고 시민사회 등 네 주체의 역할을 적절히 찾는 새로운 사회적 돌봄 체계를 정립하지 않으면 점점 더 커지는 현 제도의 난맥상 앞에서 돌이키기 어려운 재난 상황을 맞이하게 될 것이다.

왜곡된 '돌봄의 사회학'

인간은 누군가의 선의에 의한 배려와 보호가 없으면 한순간도 인간적인 생활을 영위하기 어려운 존재다. 가족 안에서 부모와 자식 사이, 아내와 남편 사이, 형제자매 사이 늘 다른 누군가를 위해 옷과 음식을 준비하고 청소를 하고 가재도구를 챙긴다. 심리적인 측면은 더 말할 것도 없다. 사랑, 혈육의 정, 친밀감 ···. 그 어떤 이름으로라도 서로의 믿음과 양보, 배려를 통한 서로 간의 돌봄은 서로의 존재 이유로 부지불식간에 작동한다. 가족의 범주를 벗어난다고 특별히 예외적이지는 않다. 친구가 있고, 동료가 있고, 대안 가족의 구성원이 있어 하루가 존재한다.

    돌봄의 편재성遍在性, 즉 돌봄은 어디에나 존재한다는 것은 이렇듯 명확한데도 불구하고 돌봄을 받는다는 것, 비자립적이라는 것에 대한 스스로의 낙인감이 늘 따라다닌다. 자신의 일을 자신이 하지 않는다는 것에 대해 불편하고 당당하지 못하다. 이 현실을 있는 그대로 인정하지 않는다. 이는 돌봄을 주는 이와 받는 이 모두 불행하게 만든다. 돌봄은 상호 의존적이다. 즉 돌봄은 사실 일방적으로 받기만 할 수도, 주기만 할 수도 없다. 돌봄 행위 안에서 서로 간에 정서적 교감이 이뤄져 돌봄 행위가 수행되는 순간 양자 모두가 정서적인 풍족함을 느낄 수 있다. 하지만 현실에서는 돌봄을 받는 자는 수치심을 느끼기 쉽고, 돌봄을 제공하는 자는 고통의 늪에 빠져 자신을 한탄하게 된다.

    서구에서 돌봄을 뜻하는 단어인 'care'의 어원이 'caru'다. 이는 '걱정, 슬픔, 애통'을 뜻하면서도 동시에 '관심, 배려, 헌신'을 뜻하기도 한다. 이렇듯 돌봄은 양면성을 갖고 있다. 돌봄 자체는 고단한 일일 수 있으면서 동시에 배려의 기쁨일 수 있는 가치 있는 일이다. 이때 돌봄이 배려와 헌신의 숭고한 가치를 동반하는 것이라 하여, 이에 따른 고통과 애통을 받아들여야 한다는 인습이 정당하다는 것은 아니다. 그렇지만 현실은 소위 '모성애' 혹은 '여성성'을 빌미로 이런 돌봄의 고통과 수고를 여성이 감내해야 하고 감내할 수 있다는 사회의 관념, 나아가 가부장제의 이데올로기가 오랫동안 지속되어왔다. 여전히 지금도 어떤 나 어떤 집단에는 강한 신념으로 존재한다. 이는 돌봄을 사회적으로 가치 있게 평가하고 돌봄에서 오는 고통을 사회에서 적절히 완화하는 것을 방해한다.

또한 돌봄의 상호 의존성은 그 안에 잘못된 권력관계를 형성하기 쉽다. 인간들이 모여 구성한 사회에는 인간 간에 위계와 지배-피지배의 구도가 생기기 십상이다. 돌봄을 둘러싸고도 이런 권력과 힘의 비대칭적인 관계가 형성되기도 한다. 일반적으로는 돌봄을 필요로 하는 자가 신체적, 사회적 약자이기 때문에 돌봄을 제공하는 이가 가족의 일원이든, 친밀한 사람이든, 돌봄 노동자이든 더 높은 위치에서 돌봄을 줄 수도, 주지 않을 수 있는 자기 의지를 바탕으로 위력을 발휘할 수 있다. 그러나 반드시 그렇게만 작동되지는 않는다. 돌봄을 제공하는 이의 정서적 절실함과 경제적 절박함을 이용해 돌봄을 받는 이가 오히려 돌봄을 수용할지, 아닐지를 갖고 힘을 발휘할 수도 있다. 이렇듯 돌봄이 이뤄지는 그 현장에서 어떤 관계가 나타나는지에 대해 매우 민감하게 들여다보지 않으면 돌봄이라는 숭고하고 필요한 상호 교류의 행위 안에 비인간적이고 불행한 일방적인 관계가 형성되기 마련이다.

돌봄에는 권리 의식이 자리 잡아야 하는데, 이 또한 비대칭적으로 작동할 수 있다. 무엇보다 최근 우리 사회에서 인간의 기본권으로 '돌봄권'이 거론되는 것은 고무적인 일이다. 돌봄이 인간에게 필수 불가결하며 인간이 가져야 하는 사회권 중 하나로 인정되고 있다. 그러나 돌봄권 안에는 다차원적이며 상호 충돌할 수 있는 여지의 세부 권리가 있다.

일본의 사회학자이자 여성학자인 우에노 지즈코 上野千鶴子가 말한 대로 '돌봄을 받을 권리'만이 아니라 '돌볼 권리'도 있고 '돌봄을 하라고 강요받지 않을 권리' 그리고 '부적절한 돌봄을 받으라고 강요받지 않을 권리'가 동시에 존재한다. 이 중 어떤 권리가 절대시되면 다른 권리는 침해될 소지가 있다. 돌봄을 받을 권리만 강조하면서 부적절한 돌봄을 받으라고 강요될 수 있으며, 돌볼 권리를 내세워 돌봄을 하라고 강요될 수 있다. 근본적으로 돌봄을 받을 권리와 노동권이 충돌할 수도 있다. 사회적으로 돌봄을 권리 차원에서 바라보는 것이 바람직하면서도 이런 다양한 권리 간에 조정과 절충을 이룰 기제가 필요한 이유다.[8]

돌봄의 본질은 인간과 인간 간의 친밀함에 기초하고 있다.

---

8 上野千鶴子(2024). 돌봄의 사회학. 조승미·이혜진·공영주 옮김. 서울: 오월의 봄(원전은 2011년에 출판)

돌봄에 있어 그 친밀감이 담보될 수 있는 사회적 단위가 고려되어야 한다. 거대한 기업에 의한 기계적 제공이나 시장의 건조한 구매 행위가 바람직스럽지 않은 이유가 바로 이러한 단위에서 고려되어야 할 지점이다. 그러나 그러한 사회적 단위를 조성하고 유지하고 활성화하는 노력이 병행되지 않는다면 돌봄의 본성이 관철될 수 없다. 지역사회의 공동체성이 사라지고 이웃과의 소통이 단절되어가며 모든 관계가 물질과 화폐의 단위로만 설명되는 사회 속에서 돌봄이 제대로 기능할 수는 없다.

돌봄 그 자체 그리고 돌봄을 받는 자와 제공하는 자 사이의 상호 관계에 대한 이런 복잡한 속성을 충분히 고려해야 한다. 이를 국가가, 시장이, 사회 내의 어떤 기제가 역할을 하려 할 때 오류와 오작동이 일어난다. 그로 인해 돌봄을 둘러싼 사회적 관계가 파괴되고, 사회적 자원이 낭비되는 것이다. 그런 사회에서 돌봄은 개인과 가족이 오롯이 책임져야 할 고통스런 영역으로 남게 된다.

무기력한 '돌봄의 정치학'

현대 정치는 참여의 정치이며 유권자의 정치라고 한다. 실제 정치의 동력은 선거이고, 선거의 결과에 의해 정치의 지형은 결정된다. 하지만 그 선거가 얼마나 유권자의 뜻을 반영하고 실제적인 참여를 보장하는지 의문을 제기하는 경우가 많은 것이 사실이다.

돌봄의 관점에서 정치를 바라봐도 마찬가지 의문이 든다. 우리 사회에서 돌봄이 갖고 있는 필요성과 절실함의 크기를 생각하면, 정치의 세계에서 돌봄은 제1의 우선순위를 가져야 할 것이다. 그러나 현실에서는 돌봄을 둘러싼 정치권과 정부의 의지는 구두선口頭禪에 그치거나 너무나 안이하게 흘러간다. 결국 현대 민주주의에서 일회성으로 이뤄지는 선거에서도 마찬가지다. 일상적인 정치 행위에 있어서도 조직화되지 않은 이들의 목소리는 배제되기 쉽다. 이런 점에서 돌봄이 정치적으로 주요한 의제가 되지 않는 이유를 발견할 수 있다. 돌봄을 절실히 필요로 하는 요양 상태의 노인이나 안전하게 돌봄을 받아 성인의 단계로 나아가야 하는 아동의 목소리는 어디에도 없다. 이들의 목소리를 대변해 그 권리를 옹호하는 집단과 단체들이 없는 것은 아니다. 하지만 이해관계를 기초로 자금과 조직력으로 목소리를 과도하게 내고 있는 조직화된 이익집단에 비할 바가 아니다. 대개 그 집단들은 스스로의 이익을 위해 막대한 사회적 지위를 이용한다. 정치권과 유력 인사와의 단단한 네트워크를 가지며, 수많은 상근·비상근 인력이 전천후로 활동하고 있다. 자신들의 이익을 관철하기 위해 각종 공약을 제시함은 물론, 선거 이후에도 자신들을 위한 정책을 관철하기 위해 기울이는 노력은 수단과 방법을 가리지 않는다. 이에 비해 조직화되지 않은, 더구나 사회적 약자에 해당하는 돌봄 대상자들의 목소리는 들리지 않는 외침일 뿐이다.

    더군다나 돌봄을 부담하기가 버거운 수많은 돌봄 가족들이 있음에도 이들은 돌봄의 개인화와 시장화에 이미 익숙하다. 그 지배적인 논리에 대해 정확히 반박하거나 대안을 접해보거나 그

것을 위한 주장을 접하기 어려운 상황에 오랫동안 놓여 있었다. 그래서 스스로의 부담을 거두고자 자신들의 목소리를 결집하기 어렵다. 선거 과정에서도 돌봄에 대한 부담 해소는 그들에게 있어 투표를 하는 데 고려할 기준이 돼야 한다. 하지만 다른 기준들 가운데 하나이거나 아니면 그것을 정치적으로 해결할 수 있는 의제라고 생각하지 않아 기준에 포함시키지도 않게 된다. 오히려 돌봄을 통해 이윤을 추구하는 돌봄 관련 공급자들의 이해가 알게 모르게 관철될 가능성이 크다. 혁신적인 신기술의 도입이라는 명분을 내세운 대기업의 진출로를 넓히는 의제가 더 앞서기도 한다. 돌봄을 필요로 하는 당사자와 그 가족이 지역사회 안에서 다양한 주체들과 함께 교류하고 협동하며 돌봄을 부담이 아니라 삶 속에서 함께하는 자연스러운 과정이자 오히려 공동체임을 확인하는 일과는 거리가 먼 투박한 정책들이 들어서게 된다.

물론 돌봄 노동자들이 노조를 만들거나 조직화된 목소리를 낼 수 있다. 저임금으로 저평가되는 자신들의 노동과, 자신들이 옹호해야 할 돌봄을 필요로 하는 이들의 권리를 위해 목소리를 키울 수 있다. 그러나 아직 노동조합의 조직 결성률은 낮고 이들에 대한 사회적 승인이 그리 크지도 않다. 그들의 목소리는 이해관계자들의 주장으로 치부되거나 재정의 막대한 투여 등 현실적인 장애를 딛고 이를 받아들이겠다 말할 정도의 이해력을 가진 정치인과 관료를 만나지 못한다. '돌봄을 권리로', '돌봄 노동자의 노동 여건 개선'과 같은 추상적인 정책 방향만 남고 돌봄 사회로 가기 위한 대개혁의 발걸음은 보이지 않게 된다.

돌봄은 정치다. 결국 국가가 돌봄에 대해 어떤 철학과 지향을 토대로 하여 사회 전반에 필요한 여건과 기반이 생성되도록 할 것인지 단-중-장기에 걸쳐 일관성을 갖고 역할을 맡는 것이 필요하다. 현재의 정치 구도에서 바람직한 '돌봄 정치'를 만들어 내는 역동이 절실하다.

'돌 봄 사 회'로 가 는 길

현재 우리 사회에는 돌봄에 대한 '잘못된 경제학', '왜곡된 사회학', '무기력한 정치학'이 작동하고 있다. 초고령화와 극초저출산이란 급격한 변화 속에서 더욱더 심각한 사회적 위험으로 자리 잡을 돌봄 위기에 대응하기 위해 경제, 사회, 정치가 돌봄을 중심으로 제대로 바로 서기 위한 방법은 무엇일까? 이는 어쩌면 그리 복잡한 것이 아닐 수 있다. 현재의 잘못된 경제 관점을 바꾸고, 꼬여 있는 사회 내의 관계들을 풀고, 돌봄에 무기력한 정치에 변혁의 동력을 불어넣는 것이 바로 해법이기 때문이다.

2024년 6월 ILO는 돌봄 경제에 대한 보고서를 발간했다. 〈괜찮은 일자리와 돌봄 경제 Decent Work and Care Economy〉 보고서는 '전 세계적으로 일자리 3억 8000만 개, 전체 고용의 11.5%, 세계 전체 GDP의 8.7%에 해당하는 돌봄 경제는 이제 매우 중요한 경제의 일부분으로 자리 잡았다'고 천명했다. 그러나 여전히 금전으로 보상되지 않는 노동에 대한 가치가 인정되지 않고 있으며, 돌봄 노동은 저임금 노동으로 정착되어 있는데다 여성 위주의 노동 분야가 되고 있어 성별 격차를 확대하는 것으로 지적하고 있다. 그리하여 이 '돌봄 분야에서 더 많은 양질의 일자리를 창출하고 성평등을 동시에 구현할 수 있는 통합적이고 정합성 있는 돌봄 정책과 체계를 설계하고 실행해야 한다'고 역설하고 있다.

돌봄 경제를 바르게 구축한다는 것은, 돌봄이 다른 분야에 비해 생산성이 낮고 부가가치가 적으며 눈에 보이지 않는 가족 내 노동으로 대체될 수 있기에 경제성장 측면에서 사회적 투자의 우선순위를 높게 잡아서는 안 된다는 관점부터 바꾸는 것이다. 민간 시장에 맡길 경우 돌봄 수요자는 비용 부담이 커서 일부 상위 계층에게만 접근이 허락되고, 돌봄 공급자에게는 저임금의 굴레가 씌워져 서비스의 질을 높일 수 없어 사회적 위험으로써의 돌봄 위기가 해소될 수 없다. 따라서 정부의 재정 투여와 품질관리로 양질의 노동자가 제대로 된 임금을 받고 좋은 서비스를 행하도록 해야 한다. 이를 통해 '정부의 돌봄에 대한 지출 확대 → 돌봄 분야 고용 창출 → 돌봄 분야 적정 임금으로 국민소득 증대 → 유효 수요 증대 → 소비 확대 → 기업 매출 증대로 수익 증대 → 세수 확대 → 정부 재정지출 여력 확대 → 돌봄에 대한 사회적 투자 여력 확대 → …'라는 선순환이 이뤄지도록 해야 한다. 이것이 돌봄의 경제학적 정당성의 기초가 돼야 한다.

경제학적으로 돌봄 경제가 정당성을 부여받았다고 정부가 재정과 행정력을 동원해 일방적으로 제도를 끌고 간다고 해서 돌봄 사회가 오는 것은 아니다. 다른 사회서비스보다 더욱 정서적 교감, 친밀감, 사랑의 요소들이 깃든 돌봄 영역은 가족의 맥락에서는 타인의 돌봄 노동으로 대체할 수 없는 부분이 있다. 이런 점에서 화폐가치로 보상받는 노동에게 자리를 내어줄 수 없는 부분이 있음도 분명하다. 다만 이 숭고한 돌봄이 고통이자 부담과 불행, 박탈, 빈곤 등으로 인해 거부되지 않도록 하려면 돌봄 노동자들에 의해 보완되고 이웃의 자발적 참여와 공동체성에 기반한 '함께 돌봄'의 시민 정신이 거들어져야 된다. 지역사회에 기반을 둔 비영리 돌봄 단체들에 의해 빈틈과 사각지대 영역이 없어져야 된다. 최종 조율자로서 지방자치단체와 국가가 필요한 인프라와 재원, 법률을 확보하며 돌봄 사회의 질서를 지속 가능하게 하는 것이 필요하다.

이 모든 것들은 돌봄 사회를 위한 정치가 제대로 작동하지 않으면 가능하지 않다. 정치가 스스로 알아서 시민의 문제를 해결해주는 법은 없다. 조직화된 힘으로 문제의 본질을 분명히 알리고 해법을 제시하며 당선을 꿈꾸는 정치인들을 압박해야 한다. 마침내 그들이 집권을 했을 때는 철저히 감시자가 되어 애초의 약속이 관철되는지를 따져가는 시민 스스로의 참여가 필요하다.

'어떻게 조직화할 것인가? 어떻게 대안을 만들 것인가? 어떻게 정치 과정에서 힘을 발휘할 것인가? 어떤 정치체제가 이것을 더 용이하게 하는가?' 이런 질문 앞에서 답은 간단치 않고 답을 찾았다 해도 그것의 실행은 더더욱 어렵다. 그렇다고 시민들이 이 역할을 포기한다면 영원히 돌봄 사회는 오지 않는다. 이런 믿음에 기초해 돌봄 철학을 제대로 새긴 시민 한 사람, 한 사람의 걸음이 역사를 만든다.

돌봄은 왜
여성의 일이 되었는가?

아무도 책임지지 않기

'왜 아무도 돌봄을 책임지려 하지 않는가?'라는 질문은 '돌봄은 왜 여성의 일이 되었는가?'라는 질문과 등치될 수 있다.

통계청이 주기적으로 실시하는 생활시간 조사에 따르면, 지난 20년에 걸쳐 기혼자의 가사 노동시간에 있어 성별 간 격차는 꾸준히 줄어들어 왔다. 그럼에도 불구하고 2019년 현재 여전히 여성은 남성의 3.5배에 이르는 시간을 가사 노동시간으로 사용하고 있다. 가족 돌봄 시간만을 살펴보면 그 차이는 2.8배다. 청소, 빨래, 음식 준비 등을 포함하는 가정관리 시간에서는 3.8배에 이른다.

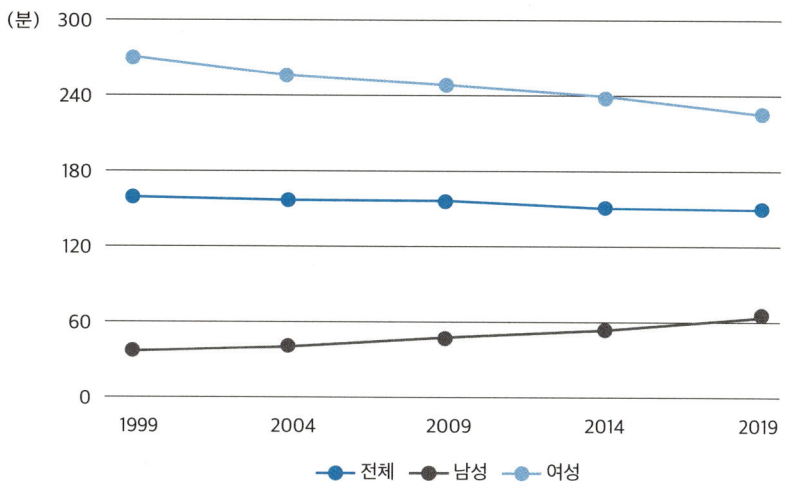

[그림 2-1] 기혼자의 성별 일평균 가사 노동시간
출처: 통계청 '2019년 생활시간 조사'

가사 분담에 대한 견해를 묻는 질문에도 '남녀가 공평하게 분담해야 한다'는 의견이 지난 20여 년에 걸쳐 두 배 가까이 증가했지만, 여전히 '여성이 주도해야 한다'는 의견이 30% 가까이 이른다. 이에 반해 '남성이 주도해야 한다'는 의견은 2% 수준에 머무르고 있다.

한국 사회에서 돌봄은 아무도 책임지려 하지 않고 있다. 어쩌면 같은 이유로 돌봄은 여성의 일이 됐다. 아니 어쩌면 그 역명제逆命題가 문제의 진실을 더 잘 드러내는지도 모른다. 즉, 돌봄이 여성의 일이 되었기에 아무도 돌봄을 책임지려 하지 않는 것이다. 누구나 생애 주기의 어느 시기에 타인의 돌봄이 없이는 존엄

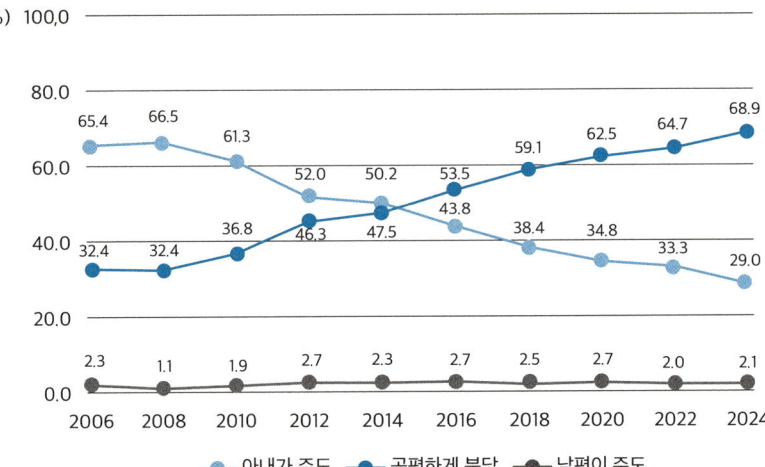

[그림 2-2] 가사 분담에 대한 견해

출처: 통계청 '2019년 생활시간 조사'

한 삶은커녕 기본적인 생존 조건도 충족하지 못하는 것이 자명하다. 그런데 왜 돌봄은 현대사회의 애물단지가 되었을까?

사회적 인정의 문제

다시 강조하지만, 사람은 누구나 태어나면서 죽기까지의 전 생애 과정에서 어떤 방식으로든 형성되는 돌봄 관계로부터 좀처럼 떠나지 못하고 삶을 살아간다. 사실상 태어나기 전인 태아 상태에서부터 이미 누군가의 돌봄을 받고 있다. 출생 후 일정 기간 동안 누군가의 돌봄은 가장 기본적인 생존의 필요조건이다. 그 이후로도 아동기와 청소년기를 관통하는 일정 기간은 타인의 돌봄을 기반으로 성장과 발달의 과업을 완수한다고 할 수 있다. 상당 기간 동안 누군가가 책임지는 돌봄의 수혜자 시기를 거쳐 비로소 자신이 스스로를 돌보는 책임을 지는 시기에 이른다.

하지만 이렇게 '독립'된 성인이 되면 곧 자신이 돌봄을 책임지는 자녀를 포함하는 가족을 스스로 새롭게 구성하거나, 그렇지 않더라도 오랫동안 자신에 대한 돌봄을 책임져준 다른 가족 구성원, 예를 들어 부모에 대한 돌봄 책임을 암묵적으로 받아들이게 된다. 그와 같은 돌봄 책임의 시효가 완료되거나 여전히 진행되는 과정에서 자신의 노화도 같이 진행된다. 그러다 보면 어느 사이 또다시 누군가의 돌봄을 필요로 하는 처지에 이른다. 누군가의 돌봄을 필요로 하는 그 새로운 시기는 생애 말기까지 계속되는 경향이 있다.

이 같은 표현은 돌봄 관계를 지나치게 정형화하고 단순화하는 위험이 있다. 하지만 평균적인 수준에서 대부분 사람들의 생애 주기는 이러한 경로를 밟아간다. 이렇듯 개인의 생애 주기는 다양한 유형의 돌봄 관계를 중심으로 돌봄 책임을 주고받으면서 진행된다고 볼 수 있다. 그럼에도 불구하고 돌봄 책임, 즉 누가 누구의 돌봄을 책임질 것인가라는 질문의 중요성과 실제로 돌봄을 책임지고 있는 당사자, 즉 돌봄 책임자의 역할에 대한 사회적 인정은 매우 야박하다. 이를 이해하기 위해서는 책임이라는 개념과 더불어 돌봄 책임이 현대사회에서 어떤 식으로 변화해왔는지에 대한 이해가 필요하다.

우선, 책임이라는 개념에 대한 이해다. 조안 트론토^{Joan Tronto}는 책임의 다면성을 논의하면서 책임^{responsibility}을 설명할 때 '도덕적인 책임^{accountable}'과 '원인을 제공한 책임^{attributable}'을 동시에 언급한다. 또한 책임이라는 단어의 어원 분석을 통해 '응답^{response}'이나 '응답할 수 있는^{responsible}'이라는 뜻을 추상화한 개념이 '책임'이라고 기술한다. 이런 의미에서 책임은 본질적으로 개인적이라기보다는 사람 사이의 관계에서 도출되는 개념, 즉 '관계적 개념'이라고 설명한다. 그는 더 나아가 이와 같은 관계적 특성을 갖는 책임의 사회적, 정치적 특성으로 인해 사법적으로 보호되는 권리와 달리 책임을 분배하는 과정에서는 그 책임 소재를 명확하게 구분할 수 없는 모호함이 필연적으로 발생한다고 봤다.

자본주의 체제의 발달 과정에서 각 단계별로 돌봄에 대한 책임이 지속적으로 배분되고 이전되어온 점을 고려했을 때, 이 같은 책임 소재의 근원적 모호함을 이해하는 것은 중요한 의미를 갖는다. 역사적으로 15~18세기 중반 초기자본주의 체제에서 가족의 책임, 사실상 가족 내 여성의 책임이었던 돌봄 책임은 20세기 자본주의의 발달 과정에서 사회화의 과정을 겪었다. 그 과정에서 초기에는 제도화되거나 전문화되었고, 20세기 말부터 21세기에 걸쳐 최근까지는 거의 전적으로 시장화의 과정을 거쳐 돌봄 시장 내 각자도생의 방식으로 사실상 여성에게 그 책임이 할당되어왔다.

돌봄 책임의 전환 과정

돌봄 책임의 전환 과정을 좀 더 구체적으로 살펴보자. 자본주의 체제는, 특히 산업자본주의의 태동에서부터 20세기 초에 이르기까지 생산과 재생산의 영역에서 철저한 성별 분업에 기반해 운영되어왔다. 소위 '일인 생계 부양자 single breadwinner 모형'에 기반했다. 주로 남성은 가정 밖에서 산업자본주의의 생산관계에 편입되어 가족의 생계를 책임진다. 생산관계에 편입되지 않은 나머지 성인, 즉 여성은 가정에서 노동력의 재생산을 책임지는 분업 체계에 기대어 사회의 생산 및 재생산 관계를 운영해왔다. 여기서 사실상 전적으로 여성에게 책임을 지운 재생산관계는 두 가지 측면을 갖는다. 즉, 임신과 출산이라는 여성의 생물학적 특성에 기반해 미래의 노동자와 노동력의 재생산이라는 과제와 더불어, 현세대의 노동자가 일터에서 돌아와 휴식과 재충전을 통해 생산성을 회복하는 데 필요한 재생산의 과제를 동시에 부여받았다.

재생산의 영역은 영유아부터 학령기에 이르기까지 아동의 양육뿐만 아니라 노령이나 질병, 사고, 장애로 인해 일상생활 수행에 어려움을 겪는 가족 구성원에 대한 요양에 이르기까지 다양한 돌봄과 일상생활 지원을 포함한다. 또한 안전하고 위생적인 주거환경을 유지하고 노동력 재충전에 필수적인 건강한 식사 제공과 청소, 세탁에 이르기까지 다양한 범주의 가사 노동을 포함한다. 이와 같이 가족 내 재생산노동은 대표적인 필수 노동에 해당하지만, 자본주의사회에서 긴 시간 동안 임금이 지불되지 않는 노동,

즉 부불 노동의 형태로 전적으로 여성에게 부과되어왔다.

소위 전통적 '성별 분업gender division 체계'라고 불리는 이와 같은 '성별에 따른 역할 모형gender role model'과 이에 기반한 사회적 분업 체계는 오랜 기간에 걸쳐 생산관계와 재생산관계에서의 주요한 역할을 성별에 기반해 구분했다. 이 과정에서 여성의 노동을 자본주의 생산체계 내에서 부차화하고 주변화하는 데 기여해왔다. 즉, 돌봄에 대한 책임이 성별 지위에 따라 분배되었고, 앞서 언급한 바와 같이 돌봄 역할과 책임은 자본주의의 생산관계로부터 분리된 채 배타적으로 여성에게 부과되어온 것이다. 이 오랜 성별 분업에 기반한 재생산노동이 부불 노동의 형태로 제공되는 역사가 지속되는 과정에서 그 가치에 대한 사회적 인정을 받지 못하는 방식으로 고착화되었다고 볼 수 있다. 그 책임을 충실하게 떠안을수록 자본주의 생산체계의 중심부로부터 분리되는 주변부화를 경험할 수밖에 없는 돌봄에 대한 책임은, 그럼에도 불구하고 생산체계의 재생산에 필수적인 조건이었으며 누군가는 떠안아야 하는 무거운 과제로 자리잡아왔다.

20세기 중후반 이후 산업자본주의가 지속적인 이윤율 저하를 경험하면서 성별 분업 체계와 이에 기반한 일인 생계 부양자 모형은 위기를 겪게 된다. 소위 전 세계적 오일쇼크를 경과하면서 자본주의의 황금기에 종말이 찾아온다. 그 이후 세계 자본주의 생산체제의 생산율과 자본의 이윤율 증가 추이는 매우 완만하거나 하락세를 보였다. 이 과정에서 전체 생산 분량에서 노동자에게 분배되는 몫을 의미하는 노동 분배율은 더 이상 증가하지 않거나 경향적인 하락세를 나타냈다. 이로 인해 전통적 성별 분업과 성별 역할 모형의 물질적 기반이 되었던 일인 생계 부양자 모형도 더 이상 유지하기 어렵게 됐다.

결과적으로 많은 여성들이 부불 노동의 형태로 제공하던 가족 내 재생산노동에서 벗어나 유급 노동시장으로의 진출이 본격화되면서, 기존에 가족 내 여성에게 배타적으로 지워지던 돌봄 노동의 책임을 전 사회적으로 재구조화해야 할 필요성이 대두되었다. 다만 여기서 우리는 이러한 돌봄의 사회화에 있어서 돌봄 책임에 대한 이와 같은 인식의 변화와 재구조화의 과정이 전통적 성별 분업 구조와 성별 역할 모형에 저항하는 여성들의 지난한 투쟁의 결과라는 점에 유념해야 한다.

기존 자본주의 생산체제와 그 기반이 되는 노동력 재생산구조의 공백은 어떤 자본주의사회와 국가도 방치할 수 없는 중차대한 과제임에 분명하다. 하지만 이와 같은 돌봄 책임의 재구조화 과제에 대처하는 방식은 개별 국가와 사회별로 동일하지 않았다. 에스핑 앤더슨G. Esping-Andersen은 복지국가의 탈상품화와 계층화의 정도를 기준으로 복지 체제를 자유주의, 보수주의 그리고 사민주의로 유형화하고 각 유형의 특징을 기술한 바 있다.

예를 들어, 자유주의 복지국가는 돌봄 책임에 있어서 각각 개인과 시장의 역할을 강조하면서 돌봄의 탈상품화를 제한적으로 적용했다. 이에 따른 계층화의 문제 해결에는 한계를 보였다. 보수주의 복지국가는 전통적인 가치와 질서를 중시하며, 같은 맥락에서 가족이나 교회와 같은 전통적 사회 기관의 역할을 강조했다. 또한 주로 사회보험 중심의 조합주의적 전통을 가지고 있는 국가들이므로 기여도에 따른 차등화 원칙에 따라 사회 내 계층과 계급 간에 차이도 어느 정도 유지하려는 경향을 보였다. 이와 같은 두 개의 유형 국가들에서는 여성의 돌봄 및 재생산노동을 여전히 가치 있고 사회 유지에 필수적인 것으로 인식하는 경향이 있다. 이런 맥락에서 당면한 가족 내 돌봄 공백의 구조화에도 불구하고 돌봄 책임을 개인이나 가족, 특히 여성에게 여전히 지움으로써 돌봄 공백을 해소하는 데 많은 한계를 보였다.

반면, 사민주의 복지국가들은 돌봄과 돌봄 책임의 탈상품화와 탈계층화의 측면에서 앞서 두 개의 유형에 비해 앞서가는 모습을 보인다. 즉, 여성의 경제활동 참여를 장려하고, 그 과정에서 발생하는 돌봄 공백에 대해서는 탈상품화된 사회적 돌봄을 활용함으로써 적극적인 제도화로 대처하는 경향을 보였다.

20세기 후반에 전 세계 자본주의 체제를 장악하다시피 한 신자유주의neo-liberalism의 물결은 돌봄 책임과 관련한 논의의 구도에 또 다른 변화를 몰고 왔다. 돌봄 관련 탈상품화와 탈계층화의 정도가 상대적으로 높지 않았던 자유주의와 보수주의 복지국가의 경우 신자유주의의 도래는 돌봄 관련 국가의 지원을 받을 수 있는 자격 요건이 강화되어 사회 전체적으로 수혜 대상이 줄어들거나, 아니면 전 사회적인 긴축의 영향으로 돌봄 관련 제도의 규모와 급여의 수준이 축소되는 경험을 하게 됐다. 하지만 돌봄 책임의 측면에서 여전히 개인과 가족, 아니면 전통적인 종교 기관의 역할을 강조한다는 점에서 본질적인 차이는 크지 않다고 볼 수 있다.

반면, 탈가족화와 탈계층화의 정도가 높고 사회적 돌봄 수요에 대한 제도화를 통해 돌봄 책임을 국가와 공공기관이 적극적으로 분담하는 구조였던 사민주의 복지국가의 경우, 신자유주의와 함께 찾아온 신공공관리new public management의 영향으로 대대적인 민영화의 흐름을 맞게 되면서 이들 국가에서조차 개인 책임과 시장 역할이 강조되는 경향을 보였다.

지금까지 살펴본 돌봄 책임의 전환 과정에서 몇 가지 주목할 지점이 있다.

첫째, 몇 차례에 걸친 전환 과정에서 책임의 한계는 지속적으로 모호하게 됐다는 점이다. 앞서 책임이라는 개념이 갖는 관계적 특성으로 인해 책임을 분배하는 과정에서는 그 책임 소재를 명확하게 구분할 수 없는 모호함이 필연적으로 발생한다고 언급한 바 있다. 돌봄은 그 자체가 본질적으로 관계적 특성을 갖는 점을 고려했을 때 돌봄 책임은 가족과 여성, 국가와 제도, 시장과 개인으로 그 책임이 넘나드는 과정에서 그 한계가 지속적으로 모호해지고 있다. 이러한 과정을 거치면서 돌봄은 결국 모두의 책임이지만, 아무도 책임지지 않는 상황으로 변해갈 위험에 처한 것으로 보인다.

둘째, 주요한 사회체제의 변화에 따른 돌봄 책임의 구조적 전환 과정에도 불구하고 특정한 위기의 시기에 돌봄에 대한 궁극적인 책임은 결국 가족과 개인, 즉 여성에게 주어지는 경향이 있다. 지난 글로벌 팬데믹을 경험하면서 우리 사회는 돌봄 책임을 둘러싸고 이와 같은 취약한 구조를 새삼 확인한 바 있다. 코로나19가 전체를 장악한 시점에 우리 사회가 선택한 사회적 거리 두기와 이를 위한 '봉쇄'와 '통제'라는 접근은 나름의 긍정적인 평가를 받은 바 있다. 하지만 이와 같은 접근은 필연적으로 어린이집, 유치원, 학교, 복지시설, 요양시설 등 다양한 사회적 돌봄 기관의 '봉쇄'와 이에 따른 서비스의 '중단'을 의미했다. 사회적 돌봄이 '일시 정지'된 그 자리에서 우리는 마치 수면 아래에서 뚜껑 열린 물병에 물이 채워지듯이 가족 내 사적 돌봄 체계가 '복원'되는 것을 경험했다. 그와 더불어 성별 분업 체계와 돌봄 책임의 여성 전담 구조가 번개의 속도로 전 사회에 '복구'되는 것을 확인할 수 있었다. 탈상품화된 사회적 돌봄이 축소되면서 성별 분업 체계 및 돌봄 책임의 여성 전담 구조가 강화되는 현상, 즉 탈상품화된 사회적 돌봄과 성별 분업 체계가 서로를 구축하는 관계에 있음을 생생하게 보여주는 사례인 것이다.

돌 봄 책 임 사 회

고착화된 성별 분업, 성 역할 구분은 돌봄에 대한 관심과 책임이 남성에게는 개인적으로도 사회적으로도 가치를 부여하지 않는 영역으로, 여성에게는 그 책임을 넘어서야만 사회적 자아실현의 길이 열리는 극복과 해방의 대상으로 여기게 하고 있다. 이러한 구도에서 돌봄은 결과적으로 아무도 책임지려 하지 않는 영역에 놓이게 된다. 이와 같은 상태가 지속될 경우 결국 자본주의 생산체제와 재생산체제 전반에 걸친 위기를 맞게 될 것이 자명하다.

어쩌면 필연적으로 젠더적 접근을 필요로 하는 이 문제에 대한 성찰을 일찍이 낸시 프레이저N. Fraser는 '보편적 돌봄자universal caregiver 모형'이라는 개념으로 제시한 바 있다. 후기 산업자본주의 시기에 페미니즘의 주요한 운동 과제 중 하나였던 가족 임금을 대체할만한 복지국가의 새로운 젠더 질서 수립을 위해 필요한 제안이라는 것이 그의 설명이다.

프레이저는 먼저 '보편적 생계 부양자universal breadwinner 모형'과 '동등한 돌봄 제공자caregiver parity 모형'으로 구분해 설명한다. 전자의 모형에서는 여성의 고용 창출과 적극적 사회 진출을 장려하고 강화한다. 예를 들어, 국가가 보육 서비스를 제공함으로써 여성의 고용에 유리한 조건을 창출하는 것이다. 후자의 모형에서는 비공식 돌봄 노동 혹은 부불 돌봄 노동을 인정하고 지원함으로써 젠더 정의를 향상시킨다. 예를 들어, 가족 내 돌봄 제공자인 여성에 대한 수당 지급과 같은 정책이 이에 해당한다.

하지만 이 두 개의 모형들은 각기 다른 한계를 가지고 있다. 보편적 생계 부양자 모형의 경우, 돌봄 책임을 가족 밖의 저임금 노동자 혹은 제3세계 여성 노동자들의 저임금 착취 구조에 놓이게 하는 문제를 낳거나 생계 부양자 역할을 남녀 모두에게 적용함으로써 오히려 남성 중심성을 강화하는 모습을 보이게 된다. 동등한 돌봄 제공자 모형의 경우에는, 돌봄 책임을 사실상 재가족화하고 이 과정에서 돌봄 책임이 여전히 젠더 경계를 따르는 성 역할 구분의 울타리를 벗어나지 못하는 문제가 있다.

이에 반해, 보편적 돌봄자 모형은 현재 여성의 생활 패턴, 즉 생계 부양자와 돌봄 책임자의 역할을 병행하고 있는 생활 패턴을 젠더와 무관하게 모든 사람의 규범으로 만들자는 제안이다. 남성이든 여성이든 간에 상관없이 모두가 돌봄자가 되게 하자는 것이다. 국가의 역할은 현재 여성이 두 역할을 병행하는 과정에서 발생하는 긴장과 스트레스를 최소화하는 제도를 만들고, 이에 필요한 사회적 자원을 동원하는 데 있다. 따라서 보편적 돌봄자 모형은 생산노동과 재생산노동, 생계 부양 노동과 돌봄 노동 사이의 젠더 대립적 성격을 해체함으로써 젠더 정의를 실현하는 것뿐만 아니라 돌봄 책임을 둘러싼 젠더 간의 떠넘기기를 종식할 수 있는 조건을 비로소 마련할 수 있을 것이다.

돌봄의 주체는
누구인가?

돌 봄 생 태 계

돌봄은 당사자와 가족(대안 가족을 포함한다)의 문제로 치부될 수 있는 상태가 아니라 경제, 사회, 정치의 거시적 차원까지 연결되는 문제다. 이에 돌봄에 대한 촘촘한 그물망을 만들어 누구나 돌봄을 받을 권리와 행할 권리를 누릴 수 있도록 해야 한다면, 과연 어떤 설계도가 필요할 것인가? 그 설계도는 누가 그리며, 또 각 주체의 역할은 어떻게 부여되어야 하는가? 먼저 돌봄의 설계도를 그리기 위해 가장 먼저 이해해야 할 돌봄 지형 또는 돌봄 생태계에 대해 이야기해보자.

[그림 2-3]에서 보듯이 돌봄 당사자는 다양한 주체들 속에 존재한다. 동심원으로 표현한 그림에서와 같이 돌봄 당사자 가장

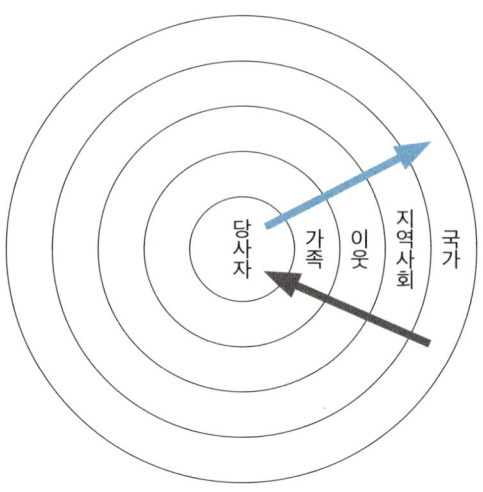

[그림 2-3] 돌봄 생태계 (평면적 접근)

가까이에 '(대안)가족'이 존재한다. 이 가족은 당사자와 가장 친밀하고 많은 교감을 나눌 수 있는 존재임은 말할 필요도 없다. 그만큼 돌봄을 자연스럽게 받아들이고 그것이 부담일지언정 감내해야 한다고 생각하는 존재다. 그렇지만 이 부담이 임계치를 넘으면 가족 구성원들은 고통을 받고 그들 삶이 파괴되며 가족 자체도 깨지게 됨으로써 돌봄 당사자는 아무런 보호막 없이 홀로 벌판에 나앉는 형국이 돼버리고 만다.

이들의 임계치는 가족 특성에 따라 다르다. 가족이 경제적 여유가 있고, 시간적 여유도 있는 구성원이 있을 때는 기꺼이 돌봄 당사자를 직접 돌보고 매 순간 정서적 만족감과 교류를 통해 상호 행복감을 느낄 수 있다. 반면에, 각자 일이나 학업에 매진하는 상황이라면 출퇴근 이후나 빈 시간 동안에만 돌봄을 수행할 수 있다. 나머지 시간은 소홀하거나 방치된 돌봄일 수밖에 없어서 이들은 늘 죄의식에 시달리게 된다. 더군다나 가구가 분리되어 있거나 돌봄을 제공하는 가족이 한 사람뿐인데 그가 노인이거나 소년, 소녀이거나 청년인 경우 문제는 자못 심각해진다. 방치는 더 심해지고 그만큼 죄의식도 커지지만 그렇다고 돌봄의 상황이 좋아질 가능성은 애초부터 존재하지 않게 된다.

그다음 바깥 동심원에 '이웃'이 있다. 그나마 오랫동안 친분을 쌓아왔던 친구들이 있거나 집을 둘러싸고 지리적·공간적으로 함께할 여지가 많은 이웃들이 존재하는 경우 이들은 돌봄에 있어 중요한 동반자가 될 수 있다. 이들은 대안 가족으로 여겨질 수도 있고, 기꺼이 가까운 이웃의 돌봄 요구에 스스로 여건에 맞춰 자신의 시간과 마음을 내주게 된다. 그러나 이웃에 그런 친밀감을 쌓아온 존재들이 없거나 있어도 그들 역시 돌봄의 무게에 선뜻 나서기 어려운 경우가 더 많을 것이다. 이 경우에도 이웃은 돌봄의 주체가 될 수 있을까?

영국에서 활동하는 돌봄 관련 단체인 더 케어 컬렉티브The Care Collective가 발간한 《돌봄 선언The Care Manifesto》은 '난잡한 돌봄promiscuous care'에서 그 가능성을 발견하려 한다. 이 표현은 돌봄의 무차별성을 전제로 하면서 전장에서 적군도 치료하는 군의관의 윤리처럼 우리 모두 누구에게도 돌봄을 제공할 수 있다는 철학을 가질 수 있다고 본다. 이런 돌봄 윤리가 사람들에게 자리 잡고, 이를 기초로 전혀 알지 못했어도 이웃으로서 기꺼이 돌보는 행위를 실행할 수 있는 최소한의 사회적 지원 체계가 작동한다면 이웃은 더 이상 공허한 존재가 아니며 가족과 함께, 때로는 가족보다도 더 많은 수의 사람들이 가족을 도와 돌봄 공백을 메꿔내는 존재로 기능할 수 있다.

이웃을 넘어 그다음 동심원에 '지역사회'가 있다. 지역사회는 이웃을 공간적으로 확장한 마을, 아니면 더 확장해 읍면동, 아니면 시군구 정도를 상정할 수도 있다. 공간이 아니라 서로 같은 문화나 목적의식을 갖고 있는 집단을 생각할 수도 있다. 종교나 친교, 학연 등으로 묶여 있는 집단을 생각해보면 된다. 어찌 되었건 이 지역사회야말로 돌봄 생태계에서 가장 적극적인 역할을 담당할 수 있고 또한 담당해야 할 주체다. 이 지역사회에서는 돌봄을 공식적이든 비공식적이든, 구매를 통해서든 자원봉사의 차원이든, 공공 부문에서든 민간 시장에서든, 시설을 통해서든 당사자의 집에서든 모든 형태의 돌봄 제공이 이뤄지는 장場이 존재하게 된다. 따라서 돌봄 안전망을 설계할 때 가장 중요한 기반이 된다. 이 지역사회가 가족과 이웃의 한계를 넘어 돌봄 제공이 필요한 요구를 얼마나 적절하게, 신속하게, 지속 가능하게, 원하는 바대로 충족하느냐가 가장 중요하다. 이 유무형의, 공간과 탈공간의 지역사회를 일사분란하게 움직이게 하는 것은 쉽지 않지만 그렇다고 불가능하지도 않다.

이는 이 지역사회의 돌봄 관련 질서를 어떻게 설계하고 또한 이것이 작동 가능하도록 어떠한 동인을 제공하느냐에 달려 있다. 다시 말하면, 당사자 및 그 가족과 돌봄 제공자들 사이 만남의 구체적인 방식을 결정하는 것이기도 하다. 당사자와 그 가족의 선택과 판단, 능력으로 돌봄 제공자를 구하고 서비스를 받게 하는 방식, 당사자와 그 가족의 욕구를 제3의 기관에서 판정하고 그에 필요한 서비스를 결정해 가장 적절한 공급자에게 서비스 제공을 의뢰하는 방식, 이것들이 가장 대조적인 두 방식이 될 것이다. 그 사이에 다양한 스펙트럼의 여러 가지 혼합된 방식이 존재한다. 가족의 선택에 따라 적절한 공급 기관만을 알선해주는 방식, 욕구를 판정해주고 나서 당사자와 가족의 판단에 따라 서비스 공급 기관을 선정하는 방식, 가족의 판단과 선택으로 모든 것이 이뤄지되 비용 일부를 지원하는 방식 등이 그것이다.

바로 이런 지역사회의 작동 방식과 원리를 결정하는 주체가 동심원 가장 바깥쪽에 위치하는 중앙정부와 지방자치단체를 포함한 '국가'라 할 수 있다. 국가는 모든 것을 할 수 있는 존재라고 상정해서도 안 되지만 국가의 행정, 재정, 법적 수단들을 활용해 할 수 있는 일에 대해 과소평가하거나 무시할 수 없다. 더군다나 현대 국가는 복지국가를 지향하고 있어서 정도와 수준의 차이는 있으나 국민의 인간다운 삶을 보장하는 역할을 당연시하고 있다.

또한 현시점에서 가족 형태나 사회 환경 자체의 변화로 돌봄의 취약성에 노출되어 이것이 방치될 때 인간다운 삶을 포기해야 하는 당사자와 그 가족들이 양산되는 커다란 사회적 위험을 생각하면, 소위 '돌봄 복지국가' 내지 '돌봄 국가'로 가야 한다는 주장도 설득력을 얻어가고 있다. 이 용어들은 인간다운 삶을 보장하는 핵심 요소로써 돌봄을 국가가 책임지는 것을 말한다. 결국 국가가 어떤 법률에 기초해 어느 만큼의 재정을 투여하고 어떤 행정력을 동원해 돌봄 체계를 만들어내고 작동시키고 조절하느냐가 중요하다.

물론 여기에는 그 국가의 성격 이전에 국가 운영을 선거에 의해 한시적으로 위임받은 현재의 집권 세력과 집권 정치인 그리고 행정 관료가 어떤 철학과 이념적 지향을 가졌느냐에 따라 상당히 차별적인 방식과 결과를 가져올 수 있다. 작은 정부와 큰 정부로 나누는 이분법적 표현으로 그 차이를 설명할 수도 있고, 민간 시장과 공공 부문의 활용도 차이로 설명할 수도 있으며, 사회보험을 선호하는지 아니면 공공 부조 또는 공공 서비스 방식을 선호하는지도 그 차이를 식별하는 데 있어 상당히 중요하다. 총 재정지출 중 돌봄을 해결하기 위한 지출을 어느 정도의 비율로 감당하느냐는 것 역시 중요한 차이로 나타난다.

결론적으로 돌봄은 당사자와 가족, 이웃, 지역사회, 국가로 구성되는 생태계를 갖고 있다 할 것이다. 당사자의 입장에서 보면, 돌봄의 직접 제공에 영향을 주는 대상으로 '가족 → 이웃 → 지역사회 → 국가'의 순서로 인지하게 된다. 앞에서 본 [그림 2-3]의 화살표 중 동심원에서 바깥쪽을 향한 화살표가 이를 나타낸다. 그러나 같은 그림에서 동심원 바깥에서 안쪽으로 가리키는 화살표처럼 돌봄 지형을 결정하는 역학을 볼 때는 '국가 → 지역사회 → 이웃 → 가족 → 당사자'로의 순서도 생각해볼 일이다.

결국 국가의 역할과 돌봄에 대한 체계 구축에 따라 지역사회의 돌봄 지형이 결정된다. 그 돌봄 수요와 공급의 만남 방식에 따라 이웃의 역할도 영향을 받는다. 마침내 가족과 당사자의 돌봄 욕구 충족 정도와 부담 정도, 달리 말하면 돌봄을 통해 당사자와 가족 구성원의 관계가 결정된다. 이로써 돌봄이 기쁨이 될 것인지, 고통이 될 것인지 판가름 난다. 이는 최종적으로 당사자의 존엄한 삶, 심지어는 존엄한 죽음까지 한 인간의 인생 주기 전체에 얼마나 인간다운 생활이 가능한지를 결정한다.

　이렇게 볼 때 [그림 2-3]에서 본 것은 평면적인 접근에 불과하다. 이를 입체적으로 나타내본다면 그 결과가 [그림 2-4]와 같이 원뿔 도형으로 다시 그려진다. 즉, 돌봄이 필요한 당사자를 떠받치는 그리고 돌봄 권리를 충족하는 다른 주체들 중 기저에 든든하게 자리 잡아야 하는 주체가 국가다. 그 위에 지역사회가 자리 잡고, 그 위에 이웃이 그리고 다시 가족이 차례차례 안정적인 구도로 위치해야만 맨 위의 정점에 있는 한 사람의 당사자에 대한 돌봄이 완성된다.

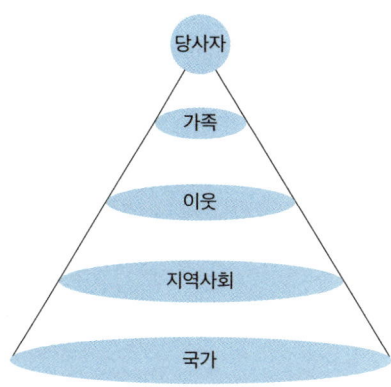

[그림 2-4] 돌봄 생태계 (입체적 접근)

돌봄 국가의 주체들

일반적으로 돌봄 영역에서는 크게 네 개의 주체가 중요한 역할을 하고 있다. 가족, 시장, 제3섹터(시민사회) 그리고 국가다. 이들은 각각 어떤 위상을 가져야 하며, 어떤 관계성을 갖고 있어야 하는가? 이를 위해 힐리J. Healy가 제시한 복지국가 모형을 변형시킨 다양한 모델을 통해 접근해보기로 한다.[9]

힐리의 모형에서는 네 개 주체를 '국가, 시장, 자발적 부문, 비공식적 부문'으로 나타냈다. 여기서는 자발적 부문을 제3섹터로, 비공식적 부문을 가족으로 달리 표현해본다. 특히 돌봄의 경우, 가족 역할이 매우 중요하다는 점에서 이웃, 친지 등까지 포함하는 비공식적 부문보다 가족으로 한정하는 것이 더 좋다고 봤다. 또한 힐리의 모형과는 달리 항시 국가를 중심에 위치해두어 돌봄에서는 일반 복지에 비해 어떤 식으로든 국가의 중심 역할이 있어야 함을 강조하게 만들었다.

복지국가에서 국가 역할이 정립되기 전의 초기 상태를 나타내보면 [그림 2-5]의 (a)와 같다. 돌봄을 위한 대부분의 기능이 가족에 의해 이뤄진다는 것을 가족의 면적이 압도적으로 큰 것에서 알 수 있다. 시장과 제3섹터는 작은 비중으로 보완되고 있으며, 국가는 세 부분과의 관계를 조정하는 역할을 하되 매우 소극적임을 표현하고 있다. 이러한 (a) 모형에서 이후 돌봄 위기를 사

---

9   Healy, J.(1998), Welfare Options: Delivering Social Services, Sidney: Alle & Unwin.

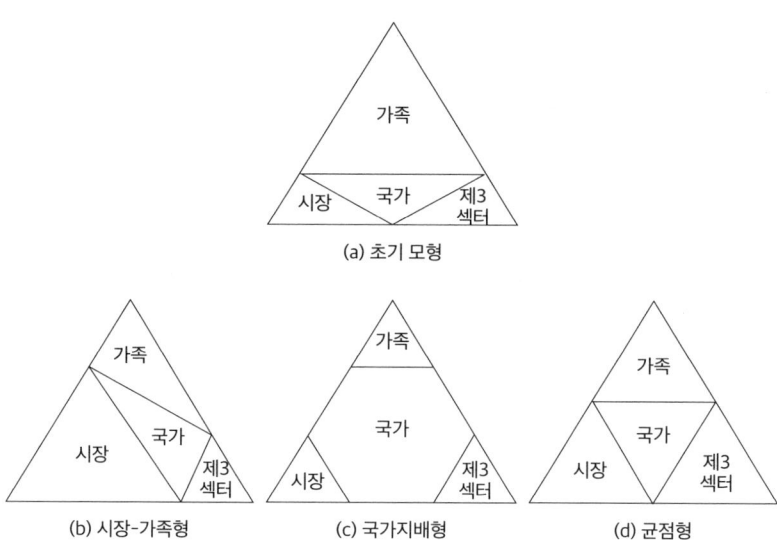

[그림 2-5] 돌봄 복지국가 네 주체의 역할 모형

회적으로 완화하기 위해 대응하는 유형으로 세 가지 모형이 가능하다고 보고 이를 각각 (b), (c), (d)로 표현해봤다.

우선, (b) 모형은 가족의 부담을 시장 영역으로 일부 전가시켰다. 돌봄 서비스를 시장에서 구매할 수 있는 형태를 말한다. 여기서 제3섹터는 시장의 구매 방식을 이용할 수 없는 빈곤 계층에 대해서 지원하는 정도의 영역을 담당하고 있고, 국가는 여전히 초기 모형과 비교해서 변한 것이 없는 상태를 의미한다. 더군다나 시장 중심 모형에서는 시장 실패의 우려가 항시 존재하며, 돌봄을 둘러싸고 양극화나 불평등의 문제가 드러나는 것은 불가피할 것이다.

(c) 모형은 국가가 가족과 시장, 제3섹터의 역할을 상당 정도 흡수해 공공 성격의 서비스를 직접 제공하는 한편, 전체 돌봄 체계를 관장하고 주도하는 등 지배적 위치를 차지한다. 국가는 어머니 같은 역할을 하며 국민의 어려운 돌봄 문제를 하나에서 열까지 세심하게 챙긴다. 특히 가족과 시장 그리고 제3섹터에 책임을 전가하지 않고 국가의 책무를 충분히 실현한다. 그러나 돌봄이 필요한 당사자의 요구를 빠르게 대응할 수 있을 정도로 공공부문의 역량과 자원이 풍부해야만 가능하다. 이러한 전제가 충족될 때에만 긍정적 효과가 나타날 수 있다. 또한 관료적 성격으로 빠져 매우 경직적이고 사무적인 형태로 돌봄 영역이 관리된다면 상당히 치명적인 상황에 놓이게 된다. 이른바 '국가 실패 또는 정부 실패'의 우려가 항시 존재한다.

(d) 모형은 네 주체의 위상이 균형 잡힌 상태임을 보여주고 있다. 가족과 시장, 제3섹터의 특성에 맞게 돌봄에서의 역할을 부여하고 국가는 이것들의 조율자 역할을 행한다. 특히 돌봄이 일반 복지 서비스와 다른 점을 인정해 국가의 역할을 극대화하기보다는 돌봄 체계를 잘 구축하고 여기에 필요한 인프라와 자원을 조달한다. 부분적으로는 공공기관을 통해 돌봄 서비스를 직접 제공해 서비스의 질을 유지하거나 시장 실패로 인해 생기는 사각지대를 메꾸어나간다. 또한 제3섹터의 자율성과 창의성을 살려 협동조합이나 사회적기업 등을 통해 새로운 돌봄 모형이나 방식을 발굴하거나 시도할 수 있는 공간을 만들어주기도 한다.

따라서 (d) 모형에서 국가는 다른 세 주체와 같은 면적을 보여 양적 비중이 같아 보여도 질적으로는 다른 주체들보다 더욱 비중이 크고 무겁다. 이는 (c) 모형에서 말한 국가의 역할보다는 훨씬 더 적극적이고 치밀하며 공적 지배력을 강하게 발휘하는 만큼 양적 비중의 문제를 떠나 상당한 역할이 부여된다는 것을 유념해야 한다. 또한 앞서 돌봄 생태계에서 본 대로 가장 아랫단에서 든든한 기반을 마련하는 것을 의미하기도 한다. 또한 (c) 모형만큼 서비스를 직접 제공하는 비중은 낮다고 봐야 한다. 오히려 가족이 돌봄을 제공할 권리를 존중하되 그것이 부담되지 않는 선에서 활발하게 이뤄짐으로써 가족도 중요한 돌봄 제공자이며, 시장은 가장 전형적이고 표준화된 돌봄 서비스를 제공하되 돌봄 노동자의 임금수준이나 노동조건을 지키면서 이윤을 조성하는 영업 방식을 찾는 서비스 공급자가 된다.

또한 이때 가장 주목되는 돌봄 제공자의 또 다른 주체는 '제3섹터'다. 지역사회 안에서 유연하게 작동하면서 돌봄의 철학과 원칙을 지켜 협동과 연대, 자율의 정신으로 돌봄 공동체가 만들어지는 다양한 시도를 하는 주체다. 이들을 통해 지역사회가 돌봄에 대해 개방적이고 그 안에서 상호 교류하는 중요한 매개가 되도록 하는 기반이 실제로 마련된다. 따라서 국가에게는 서비스 제공 비중이 줄어들지만 이렇게 가족과 시장, 제3섹터가 서로의 장점을 살려 돌봄 서비스의 복합성에 맞는 다양한 방식의 서비스 제공이 이뤄지도록 하는 설계자이자 기획가, 조율자, 판단자, 감독자 등의 중차대한 역할이 부여된다. 그러나 이 모형에서 국가가 전체를 아우르는 역할을 한다는 점에서 (c) 모형보다 정부의 능력은 여기에 걸맞게 훨씬 더 유능하고 전문성이 담겨 있어야 한다. 또한 역할의 수행 방식이나 전체 판도의 조정 방식이 고도화되어 있지 않다면 원래 목적을 달성하기 난망하다는 점에서 현실로 구현하거나 지속시키기가 그리 간단치는 않다.

이상 세 개의 모델을 통해 현대사회에서 돌봄은 어떤 모델에 의해 대응되는지를 간단히 살펴봤다. 결국 어느 모델에 지향을 두고 갈 것인지 사회적 합의가 있어야 한다. 각 모델의 장점과 단점을 충분히 이해하고, 특히 단점이 드러나지 않도록 모델의 구현 과정을 신중히 밟아나가야 할 것이다. 그러나 대한민국에서 커뮤니티 케어의 판을 새로 짜야 한다면 (d) 모형으로 사회적 합의를 이루고 정부가 이를 실행하기 위한 기반을 만들어 나가야 하지 않겠는가?

마을공동체도
주체가 될 수 있는가?

마을공동체란?

'나의 일상에 마을과 공동체가 필요한가?'라고 누군가 묻는다면 어떤 답을 할 수 있을까? 어려운 대답은 아니지만, 많은 사람들이 잠시 머뭇거리지 않을까 싶다.

아름다운 상호 돌봄과 관계망을 보여주었던 드라마 〈응답하라 1988〉의 쌍문동 골목. 품앗이로 경제생활과 관혼상제를 공유하던 '전원일기'의 마을공동체는 이제 현실 세상에서 찾아보기 힘든 풍경이 됐다. 아파트에서는 옆집과 인사하지 않아도 불편함이 없고, 혹시 인사를 하게 되더라도 오히려 신경 쓰이는 것이 도시 생활이다. 마을공동체가 굳건할 것 같은 농어촌도 별반 다르지 않다. 주민은 선先주민과 후後주민으로 구분되었고, 선주민의 고령화율은 상상할 수 없을 정도로 높다. 청년회장 나이가 60세 이상인 마을이 흔하며, 서로의 장례를 챙기기도 어려울 정도로 마을의 활력은 떨어졌다. 경제활동의 핵심인 품앗이는 외국인 노동자로 대체되었으며, 스마트 농업을 지향하는 생산 인프라는 경제 공동체로서의 농어촌을 개별화하였다.

'마을공동체로 돌봄 하자'는 수사가 언뜻 아름답기는 하지만, 우리의 실제 상황을 되짚어보면 어디서부터 무엇을 어떻게 해야 할지 애매하다. 스마트 시티를 지향하고 도시화율 90%를 자랑하는 요즘 시대에 과거의 전통적 마을공동체를 복원하자는 것도 아닐 텐데, 마을공동체로 돌봄 하자는 말의 구체적 상상이 쉽지 않다.

마을공동체 기반의 돌봄을 상상하기 위해서는 지금 정책 또는 제도 분야에서 사용하는 마을과 공동체의 실상을 파악하는 것이 우선이지 싶다. 우리가 최근에 사용하는 마을공동체라는 용어는 자치단체가 추진하는 정책에서 가장 흔하게 찾아볼 수 있다. 일본의 '마을 만들기まちづくり'라는 말에서 그 유래를 찾을 수 있다. 마을 '만들기'는 변화된 사회 환경에 적합하게 마을을 새롭게 만든다는 의미로 해석한다. 한국에서도 이미 20여 년 전부터 시작되어 오늘에 이르기까지 180여 개 기초자치단체가 조례를 만들어 마을공동체 정책을 추진하고 있다. 일상 문제를 주민 간 협력을 통해 자조적으로 해결하는 상호 돌봄의 공동체를 만들고자 함이다. 궁극적으로 주민 간 공동체적 협력이 살아 있는 마을은 돌봄 문제를 비롯하여 다양한 동네 사정을 살피는 데

능하고, 더 나아가서는 국가적 사회문제 해결의 중요한 기초 역량이 된다는 의미를 담고 있다. 이런 생각에 기반한 정책적 노력은 마을공동체 정책에 국한하지 않고, 경제·교통·주거·교육·복지·환경 등의 정책 분야에서도 중요한 전략과 정책 패러다임으로 상당 부분 도입되어 있다. 재벌 대기업의 성장에 따른 낙수 효과trickle-down effect가 설명력을 잃어가고 국가와 시장이 사회문제에 대응하는 데 명백한 한계를 드러냈을 때 많은 나라에서 이미 공통적으로 선택한 정책 방향이기도 하다.

영국 데이비드 캐머런David Cameron 총리의 보수당 연립정부가 주장한 '빅 소사이어티Big Society', 일본 하토야마 유키오鳩山由紀夫 총리의 민주당 정부가 주장한 '새로운 공공'이라는 개념이 이러한 방향의 슬로건으로 널리 알려졌다.

'빅 소사이어티'는 '작은 정부와 큰 시민사회'를 모토로 한다. 그 핵심은 커뮤니티 및 관련 단체·조직에 더 큰 권한을 이양하고, 시민들로 하여금 자신의 커뮤니티에 더욱 적극적으로 참여하도록 장려하며, 중앙정부에서 지방정부로의 권력을 이양한다는 것이다.

'새로운 공공'은 2009년 10월 하토야마 총리가 국회 시정연설에서 말한 "제가 지향하고 싶은 것은 서로 보살피고 서로 도와주는 새로운 공공의 개념입니다. 사람을 보살피는 역할을 행정에만 맡기는 것이 아니라, 교육·육아·마을 만들기·방범·방재·의료·복지 등의 영역에서 일하시는 모든 분들이 함께 참여해 나가자는 새로운 가치관입니다."에서 그 의미를 되새겨볼 수 있다.

우리나라에서는 문재인 정부의 '내 삶을 바꾸는 자치 분권'이라는 슬로건이 그나마 조금 유사한 개념이 아닐까 싶다. 상황이 어떻든, 마을공동체를 기반으로 하는 정책 경향은 상당 수준 보편화되어 공공 서비스를 제공하는 패러다임으로 자리 잡고 있다.

정리해보면, 공동체와 주민 그리고 협력을 중심으로 하는 정책은 압축적 경제성장 시기를 지난 한국 사회에서 새로운 사회적 위험에 대처하는 흐름 중 하나라고 할 수 있다. 산업화 이후 전통적 마을공동체가 해결하던 교육·복지·경제 등의 일상 서비스가 국가와 시장으로 이관되었고, 국가와 시장은 고도화된 전달 체계를 통해 이를 제공함으로써 우리 국민 다수에게 높은 삶의 질을 보장했다. 하지만 인구구조, 기후, 산업구조 등의 변화에서 발현되는 고독사, 탄소 위기, 지방 소멸, 저출산, 고령화, 재정 절벽 등의 새로운 사회적 위험을 해결하는 방법으로 국가와 시장이 주도하는 중앙집권적 문제 해결 방식의 변화 필요성은 이미 여러 연구로 증명되었고 사회적으로 공론화되었다. 마을공동체는 그 과정에서 주목받는 방식이다. 민관 협력, 협치 거버넌스, 협영協營 패러다임 등의 단어와 유사한 원리와 흐름을 갖고 있다. 중앙집권적 정책 추진과 대비되는 지역 중심 추진, 행정 중심과 대비되는 주민 주도 추진 방향, 세밀하고 고도화된 서비스와 대비되는 융합적이고 관계적인 서비스 제공 방향을 축약한 것이 마을공동체 추진 패러다임의 광범위한 의미라 할 수 있다.

돌봄 영역에서도 마을공동체의 역할은 절실하다. '지역', '주민'이라는 키워드를 핵심 요소로 마을공동체를 통해 생활권 단위의 돌봄 문제에 접근하는 것이다. 주체는 주민이며, 추진 역량은 주민 간 협력이며, 장소 범위는 생활권 단위인 것이다. 이를 통해 한국 사회의 돌봄판이 시장 원리에 따라 영리의 대상이 되는 현실을 극복하는 대안을 찾을 수 있다. 물론 공공성을 강화하기 위해 국가와 지방자치단체에 의해 설립되는 기관들이 더 많아져야 하겠지만, 관료화의 위험을 넘어서야 하는 문제가 상존한다.

이에 국가와 시장이 노력해온 돌봄 정책의 한계를 혁신적으로 전환하고, 전문 서비스 지원이라는 개별화된 접근을 넘어 정서적·관계적으로 통합된 서비스를 제공하자는 것이다. 마을공동체가 돌봄 영역에 신선한 바람을 일으키도록 그 위상을 확보할 필요가 있다. 그런 단초가 이미 우리들 마을에 등장하기 시작했다. 몇 가지 예를 통해 확인해보기로 한다.

마을공동체형 돌봄의 사례들

[여민동락 돌봄 공동체] 현대판 상록수!

여민동락공동체는 2007년 2월 전남 영광군 묘량면에 설립한 작은 비영리단체입니다. 외부에서는 '귀농·귀촌인들의 느슨한 협동 조직이나 사회적 가치 실현을 목적으로 모인 일터 공동체'라고도 하고, 혹자는 부르기 편한지 '사회적기업'이라고도 합니다. 사실 이거다 저거다 규정하기가 어렵습니다. 그냥 지역의 주민으로 살면서 주변에 사시는 어르신들의 행복한 노후를 위해 동행하고 있으며, 아이들이 있는 집은 폐교 위기의 학교에 아이들을 보내 시골 작은 학교도 살리고 있습니다. 나아가 지역민의 살림에 보탬이 되고 묘량면으로 온 귀농·귀촌인들의 일자리도 만드는 공동체 기업들을 작게 운영하고 있습니다. 여민동락은 농촌의 삶터를 새롭게 살리고 더불어 사람 살만한 농촌 공동체를 꿈꾸며 오늘도 한 발, 한 발 나아갑니다.

<출처 : 권혁범, 여민동락공동체 소개 자료, 2021년>

청년 세 명이 모여 농촌에서 새로운 삶을 꿈꿨다. 청년들이 찾은 고향에는 어르신들이 계셨고, 하나뿐인 초등학교는 폐교 위기에 처해 있었다. 스스로 지역의 실태를 조사해, 가장 우선되는 일은 어르신들을 위해 무언가 하는 것이라 생각했다. 청년들 각자는 사회복지사 자격증을 취득해 무언가의 일을 준비했고, 2년 후 작은 비영리단체를 기반으로 어르신주간보호센터를 시작했다. 센터에서 20명의 어르신을 돌보면서, 좀 더 구체적인 어려움을 알게 되었다. 생활용품 구입에 어려움을 겪는 어르신을 위해 '동락점빵'이라는 마을 기업을 설립했다. 찾아가는 이동식 생필품점인 '동락점빵'으로 마을을 찾아다녔고, 어르신들이 생산한 농산물을 도시에 파는 도농 상생 프로젝트까지 추진했다. 일하고 싶은 어르신들을 위해서는 지역 생산품을 활용한 '여민동락할매손 모싯잎떡공장'을 개소했고, 노인일자리사업으로 행복농촌일자리사업단을 출범시켰다. 또한 어르신들의 신체적·정서적 지원을 위해 사회적 농장을 운영했고, 주거 문제 해결을 위해서는 '면 단위 소규모 주택 조성 사업'을 기획·추진했다. 청년 인구 유입으로 마을공동체의 인적 역량을 높이기 위해 '외지 청년 연착

류 프로젝트', '청년 이주 돌봄 프로젝트'도 추진했고, 어르신 여가 문화 활동을 위해서는 농한기 경로당 문화·취미 교실을 운영해 어르신들을 돌봤다. 그뿐 아니라 각종 축제, 김장 나눔 행사, 인문학교실 등을 만들어 지역의 다양한 활력이 살아나도록 하고 있다.

 이러한 청년과 주민들의 헌신적인 노력 뒤에는 다양한 정부 정책이 든든한 뒷배로 작동하고 있다. 여민동락의 돌봄 사업 핵심인 주간보호센터는 노인장기요양보험 수가 정책에 기반하고 있다. '모싯잎떡공장', '동락점빵'은 보건복지부 노인 일자리·사회 활동 지원과 행정안전부 마을 기업과 연계해 초기 예산과 사업적 공신력을 확보했다. 소규모 주택 조성 사업은 한국토지주택공사 LH 광주전남본부의 정책이 있어 가능했다. 그 밖에도 경제적 기반과 치유를 위한 농림축산식품부의 사회적 농업 거점 농장 지원, 여가 서비스 공간 마련을 위한 농림축산식품부의 기초 거점 육성 사업, 교육부의 학교 공간 혁신 사업·각종 다문화 정책·청년 지원 정책 등을 연계했다. 이처럼 여민동락공동체는 주거, 교육, 여가, 건강, 일상 지원 등에 대한 마을의 돌봄 역량을 강화하는 데 다양한 정부 정책을 마을의 필요에 맞게 융합하는 일을 꾸준히 해왔다. 이것들은 마을 돌봄의 상당한 동력이 되고 있다.

 다만, 여민동락공동체의 실사판을 통해 분명한 것은 정부의 분절적인 정책과 각종 서비스를 마을 돌봄의 동력으로 전화시키는 과정이 필수적이었다는 사실이다. 이를 위해서 마을공동체의 협력적 힘이 필수 조건이 된다. 표준화 또는 규정화하기 어려운 새로운 성질의 돌봄 문제에 대응하는 데 중앙집권적인 배분 방식의 한계는 분명하다. 정책의 효과성과 지속 가능성을 소리 높여 외치지만, 정책 기획과 현장 실천은 이질적이며 서로 책임 떠넘기기에 급급하다. 여민동락공동체처럼 마을공동체의 협력적 힘이 조직화되었을 때 마을공동체형 돌봄이 가능하다는 기본 원리가 깊이 새겨진다.

[도우누리] 사람 중심의 좋은 돌봄

사람 중심의 좋은 돌봄을 제공하고 돌봄 종사자가 존중받는 일터를 만들며, 지역사회 통합돌봄을 실천한다. 사회적협동조합 도우누리(이하 '도우누리')는 지역사회에 필요한 돌봄 사회서비스를 공급하는 곳이다. 도우누리는 자주적·자립적·자치적인 협동조합 활동을 통해 돌봄 사회서비스 공급과 구성원의 복리 증진 및 상부상조를 활성화하고, 사회서비스를 필요로 하는 개인과 가족의 삶의 질을 향상하기 위해 둘 이상 유형의 조합원들이 모여 바른 서비스를 공급하는 일터 공동체 실현과 인간 존중의 지역사회 발전을 목적으로 한다.

<출처 : 사회적협동조합 도우누리 정관 제2조, 2023년>

도우누리는 2008년 자활 공동체 '산모 서비스 사업단'을 창업한 후 좀 더 본격적인 지역 돌봄 사업을 추진하기 위해 사회적협동조합으로 전환했다. 돌봄이 필요한 어르신은 영양 결핍, 우울 상황, 운동 부족, 거주 열악, 일상생활 수행력 부족 등의 복합적인 어려움을 겪는다. 하지만 노인장기요양보험의 방문 요양

과 자치단체의 사회서비스만으로 이러한 복합적 상황을 대처하기가 쉽지 않았다. 제대로 된 돌봄을 위해서는 영양 서비스, 정서 서비스, 운동 서비스, 주거 편의 서비스, 생활 편의 서비스 등 개인 맞춤형 서비스가 다방면으로 제공되어야 한다. 국가 서비스는 경제적 취약 계층을 우선 고려하고, 형평성과 재정 효율성에 따른 선별성을 중요한 기준으로 활용하기에 다양한 서비스 제공이 쉽지 않았다. 또한 이윤을 남겨야 하는 민간 시장은 경제적 수익이 보장되지 않는 돌봄 영역에 의미 있는 투자를 주저하는 상황이었다.

이런 문제를 해결하기 위해 도우누리는 각 전문 기관과의 협업을 통해 지역 중심 '돌봄 사회적 경제 클러스터'를 구성했다. ㈜인스케어의 주거 편의 서비스, 스마트 헬스를 통한 운동 서비스, 한국아동국악교육협회를 통한 정서 서비스, ㈜복지유니온을 통한 영양 서비스, 자활근로사업단의 빨래 서비스 등으로 클러스터를 구성했다. 도우누리는 클러스터의 허브 기능을 수행해 돌봄의 사각지대 대상자와 통합적 서비스를 위해 움직이고 있다. 또한 지역 어르신들의 돌봄 서비스 접근성을 높이기 위한 공동체형 게이트웨이로 돌봄 식당을 2개소 운영하고 있다. 이를 통해 지역 어르신들에게 기초 영양 서비스를 제공하고, 경제적 수준 또는 신체적 능력과 상관없이 돌봄이 필요한 개인의 접근성을 확장하고 있다.

이러한 노력 끝에 통합적 돌봄 서비스 제공을 위한 4층 규모의 복합적 돌봄 공간을 만들었다. 1층은 식당과 노인들의 커뮤니티 공간, 2층은 노인 맞춤 돌봄 서비스와 재가 요양을 제공하는 사무실, 3층과 4층은 주간보호센터로 운영 중이다. 또한 재가장기요양기관인 늘푸른돌봄센터를 중심으로 노인요양원과 주간보호센터를 위탁 운영하고, 이런 체계를 다른 지역에 전파하기 위한 프랜차이즈 사업까지 추진하고 있다.

도우누리가 클러스터라는 마을 돌봄의 협업 관계를 만드는 과정은 오랜 시간 동안 국가 정책과 시장 서비스를 넘나드는 정책 연계 경험의 결과이기도 하다. 돌봄 조직의 안정성을 높이기 위한 고용노동부의 '사회적기업' 지원, 존엄 케어 서비스 고도화를 위해 중앙사회서비스원의 '사회서비스 표준 모델 공유화' 사업, 복지 용구 지원 규모화를 위한 '자활 기업 창업 자금' 지원, 보건복지부의 '노인 맞춤 돌봄 서비스' 사업, 서울시의 임대아파트 '주민 건강 증진 사업' 등 다영역의 서비스를 마을의 필요에 맞게 활용한 것이 지금 도우누리의 모습을 만드는 일정한 기반이 됐다. 한 세미나에서 도우누리 이사장은 이렇게 이야기한다.

"돌봄은 확대되고 있으나 공적 서비스는 취약하고 민간 서비스는 비쌉니다. 돌봄 노동의 여건과 처우도 열악합니다. 우선은 돌봄 공급자 기업으로서의 경쟁력을 강화해야 합니다. 새로운 아이디어와 기술을 접목하고 영리 기업에게도 배우는 자세가 필요합니다. 돌봄의 제도·정책·사업을 잘 이해하고, 개선을 위한 연구와 사회적 공론화도 시도해야 합니다. 큰 방향은 '통합돌봄'입니다. 돌봄은 가족만으로 또는 기업 하나로 해결할 수 없습니다. 서비스를 통합해서 공급해야 하며, 우리는 그 실현을 위한 다양한 실험대에 서 있습니다."

[함께하는 장곡] 관계 기반의 일상 돌봄

이웃이 서로 살피고 함께 돌보는 건강하고 정다운 지역사회를 만들기 위해서 장곡면주민자치회 복지·돌봄분과에서 '함께하는 장곡 사회적협동조합'을 시작합니다. 장곡면 주민이 스스로 복지 실천의 주체가 되어서 친밀한 관계를 바탕으로 일상생활에서 긴밀한 돌봄을 주고받고 책임감 있게 이웃을 돌보는 실천을 펼쳐가고자 합니다.
<출처: 신소희, 함께하는 장곡 사회적협동조합 소개 자료, 2021>

충남 홍성군에 속하는 장곡면은 2800여 명의 주민 중 50% 이상이 노인이지만, 법률이 정하는 노인복지시설이 단 하나도 없는 곳이다. 그 흔한 노인장기요양 재가 서비스 제공 기관조차 전무하다. 응급 의료시설 접근에 30분 이상 소요되는 지역 비율이 93.09%이다. 2019년 주민과 지역 연구자들이 오랜 시간을 들여 '장곡면 2030 발전 계획'을 만들었고, 돌봄은 그 과정에서 최고의 화두가 됐다. 마을에서는 발전 계획의 지속적 추진을 위한 중심 기구로 장곡면주민자치회 산하에 복지·돌봄분과를 구성했다. 이 분과를 중심으로 각종 마을공동체형 돌봄을 실천하다가 2022년 4월 '함께하는 장곡 사회적협동조합'이라는 법인이 탄생한 것이다.

무엇보다 우선, 마을의 공동체형 돌봄의 구체적 구상을 위해 '농촌 면 단위 돌봄망 구축을 위한 지역 조사'를 실시했다. 이 과정에서 21개 마을(행정리)에 돌봄 반장을 위촉해 일상·긴급 지원을 위한 '생활 돌봄 119'를 시작했다. 이들은 장보기, 세탁, 농번기 급식, 병원 동행, 가전제품과 휴대전화 이용법 교육, 버스 및 기차 예약 대행 등 일상의 긴급한 필요를 해결하는 관계 지향 돌봄을 수행하고 있다. 그 밖에 마을회관, 경로당 등의 공간에서 마을 주치의, 건강 체조, 문화 예술 교육 활동을 자치단체 홍성군의 각종 정책과 연결해 진행 중이다. 협동조합이 운영하는 농장에서는 사회적으로 배제되는 특정 계층을 대상으로 원예 치료(복지), 우울과 치매 등 정신 건강을 위한 각종 프로그램이 농림축산식품부의 사회적 농장, 보건복지부의 정신 건강 지원 사업과 연계해 추진하고 있다. 이러한 일의 핵심에는 마을별 돌봄 반장이 있다. 이들은 월 1회 집담회를 통해 돌봄의 내용과 방법을 공유하고, 마을공동체형 돌봄의 체계화를 위해 요양보호사·치유농업 전문가 등의 전문 자격 취득에도 노력을 기울이고 있다.

또한 마을공동체형 돌봄의 궁극적 실천을 위해 폐교된 학교와 지역의 공공 유휴부지를 활용해 노인요양원, 주단기보호센터, 공동생활가정, 생활문화시설 조성 등에 대한 구상과 논의를 지속해왔다. 2023년에 농림축산식품부의 '농촌형 돌봄 마을 조성' 공모 사업(약 180억 원)에 홍성군이 선정되면서 그동안의 구상을 구체적으로 실현하는 기회를 얻기도 했다.

마을공동체형 돌봄의 특징

앞서 언급한 사례들은 이러한 과도기적 상황에서 최선의 대응책을 만들어가는 주민과 협동, 마을의 이야기다. 위에서 언급한 사례 이외에도 지역사회 통합돌봄을 위해 사회적협동조합을 설립한 청주 지역의 휴먼케어, 마을자치연금을 위해 기금을 마련하고 있는 임실치즈마을, 어촌계 공유지를 활용해 마을자치연금을 시행한 태안 만수동 어촌계, 태양광발전시설 기반 마을자치연금을 운영하는 익산 성당포구마을, 풍력발전 수익금으로 국내 최초 마을 요양원을 꿈꾸고 있는 제주도 가시리마을, 도시 재생으로 만들어진 공간을 돌봄 거점으로 활용하기 위해 애쓰는 조치원 번암마을관리협동조합 등 많은 곳에서 마을공동체형 돌봄의 씨앗이 자라나서 아름다운 열매를 꿈꾸고 있다.

아직까지 이런 사례의 원리와 원칙 그리고 마을공동체형 돌봄의 형태와 방법, 추진 전략 등을 명백하고 알기 쉽게 설명하기는 어렵다. 앞으로 좀 더 많은 현장 사례가 알려지고, 지혜로운 누군가의 노력이 더해진다면 많은 사람들이 해낼 수 있는 과정과 방법이 정리되리라 기대해본다. 그 길에 단초를 제공한다는 의미에서 위에 언급한 사례를 기반으로 마을공동체형 돌봄의 특징을 몇 가지 정리해봤다.

첫째, 구성원들이 마을공동체형 돌봄의 절실함을 공동으로 인지하는 것이 우선이다. 마을에서 돌봄 문제를 공론화하고 공감하는 과정이 필요한 것이다. 마을공동체는 의무감이나 방향으로 만들어지지 않는다. 과거의 마을공동체와 같이 절실한 경제적 필요가 눈에 보이고, 함께하는 것이 생존과 직결될 때 마을공동체가 유지된다. 국가와 영리 시장의 서비스로 해결할 수 없는 다양한 돌봄의 문제를 인식하고, 그것의 해결이 지역과 마을의 발전적 미래를 보장하는 일임을 인지하는 사람들로부터 마을공동체형 돌봄은 시작한다.

둘째, 돌봄을 사명으로 하는 협동적 단체 또는 조직이 중요하다. 돌봄에 특화된 마을공동체 조직을 만들거나 이미 존재하는 마을공동체 조직이 돌봄을 핵심 사명으로 받아들이는 과정이 필요하다. 사회적협동조합 도우누리, 여민동락공동체, 함께하는 장곡 등은 돌봄을 위해 새롭게 만들어진 조직이다. 마을공동체의 기초 역량이 열악한 곳에서 취할 수 있는 선택지로 보인다. 마을자치연금을 운영하는 만수동 어촌계, 성당포구마을은 새로운 조직을 만들지 않은 사례다. 조직 구성원의 합의를 통해 돌봄을 조직의 핵심 사명으로 받아들였다. 주민의 협력적 상호 관계를 통해 공동의 필요를 해결하는 것이 마을공동체이기에 마을공동체형 돌봄의 핵심에는 '사람이 모여 목적을 공유한 조직'이 기초다.

셋째, 마을공동체 전반의 역량을 높이기 위한 다양한 활동을 병행한다. 마을공동체에서 무엇보다 중요한 것이 사람이기에 만수동은 개방적 귀어인 정책을 수립하고, 여민동락공동체는 청년과의 상생을 도모하며 초등학교 폐교를 막기 위해 전념한다. 도시에 기반한 도우누리는 돌봄 노동자 문제를 조직 사명에 포함하고, 어린이집 등을 위탁 수행함으로써 마을공동체의 지속 가능한 역량 강화를 위해 움직인다. 그 밖에 각 공동체는 인문학교실, 축제, 문화·여가, 일자리 문제를 동시에 다루면서 마을공동체 구성원의 필요에 다방면으로 접근해 돌봄 문제와 연관된 마을공동체 역량 강화를 위해 노력한다. 마을공동체의 인적·물적 역량이 돌봄의 역량이기 때문이다.

넷째, 국가와 민간 시장을 적극 활용하며 사각지대 문제에 대응한다. 국가 정책은 각 부처와 각 지방자치단체 부서, 각 영역에 따라 분절되어 있고, 각자의 전달 체계를 통해 주민들에게 분산적으로 전달된다. 이를 종합적으로 구상하고 연계하는 마을의 힘이 필요하다. 시장 서비스는 규모의 경제와 이윤 창출이라는 목적에 충실하기에 장곡면과 같이 사각 지역과 사각 서비스를 만드는 한계를 가지고 있다. 마을은 필요한 시장 서비스를 연계해야 하지만, 필연적으로 발생하는 사각지대를 해소하기 위해 마을은 돌봄 서비스를 만들고 제공하는 역할까지 담당해야 한다.

다섯째, 지역 특성에 맞는 서비스 형태를 갖춘다. 도시와 농촌의 구분이 가장 특징적이다. 여전히 공동 자산을 보유하고 있는 농촌은 경제활동을 기반으로 한 돌봄 서비스의 개발과 추진이 중요하다. 마을 생산품을 활용한 '모싯잎떡공장', 공동 어장 수익금과 체험 프로그램 수익금을 활용한 '마을자치연금', 생활 편의 서비스의 부족에 대응하는 '동락점빵' 등이 상당히 특징적이다. 반면, 각자의 경제 수단이 개인화되어 있는 도시에서는 돌봄과 관련된 일자리 생산과 사회적으로 취약한 돌봄 노동의 질적 수준 향상, 분절된 서비스의 통합적 시도 등이 중요한 사업 형태로 가능해 보인다.

마을공동체형 돌봄의 특성을 간단하게 정리해보면 '마을의 해결 과제로 돌봄을 명확하게 인지하고, 인지한 문제를 더 많은 사람들과 공감하고, 공감한 사람들이 집행력이 있는 조직을 구성한 후 지역의 특성에 적합한 사업을 개발·추진하는 것'으로 단순화해볼 수 있다. 이러한 과정에서 무엇보다 중요한 것은 마을공동체형 돌봄의 기초 역량인 마을의 인적·물적 자원 강화 노력을 지속적으로 병행하는 것이 주요한 특징으로 파악할 수 있다.

다행히도 최근 들어 정부가 마을공동체가 돌봄에 참여하도록 유도하는 정책을 펴고 있다. 문재인 정부 시절에 실시했던 '주민자치형 공공 서비스 구축 사업'에서는 주민이 주체가 되어 지역 문제를 해결하도록 지원했다. 2023년에 제정된 <농촌 지역 공동체 기반 경제·사회서비스 활성화에 관한 법률>에서는 농촌 주민들이 자조, 자립, 사회적 책임성을 토대로 자발적인 문제 해결을 지원토록 하고 있다. 그 밖에도 국회와 시민사회가 입법을 위해 노력하고 있는 '마을공동체 활성화 기본법', '사회적경제 기본법', '마을기업 육성법', '주민자치회 개별법' 등 마을과 주민의 협력을 강화하려는 정책적 시도는 지속되고 있다.

마을공동체형 돌봄의 개념이 명확하지 않지만, 뭔가 새로운 꿈틀거림을 곳곳에서 확인할 수 있다. 새로운 서비스 제공 주체로서 제공자와 대상자를 넘어서는 관계 지향적 생태계를 만들고자 하는 흐름은 이미 형성되었다.

서비스 전달 체계 너머의 돌봄

'한 아이를 키우기 위해서는 온 마을이 필요하다'라는 말과 같이 초고령화 사회에서는 한 어르신의 돌봄을 위해 온 마을이 필요한 상황이다. 어르신의 일상은 노인장기요양보험 등급자와 등급외자, 맞춤형 노인 돌봄 서비스 대상자와 비대상자로 구분할 수 없는 삶이기 때문이다. 삶은 가사, 주거, 교육, 여가를 포함해 소속감, 안정감, 정서적 교감까지 포함하는 통합성과 복잡성을 가지고 있다. 노인의 '4고苦'를 '빈곤, 질병, 소외감, 무위無爲'라고 하지 않던가?

안전한 마을은 사람들의 시선이 골목과 이웃에게 닿아 있는 곳이라 했다. 완전한 돌봄이라는 것도 사람들의 시선이 서로의 이웃에게 맞닿아 있을 때 가능하다. 다양한 서비스를 품은 든든한 사회적 관계망 속에서 존엄적 삶을 유지하는 돌봄의 형태를 마을공동체형 돌봄이라고 불러보자. 행정적인 서비스 전달 체계를 통해 실행되는 중앙집권적 서비스, 아니면 각자도생 사회에서 터득한 개인화된 삶의 해결책에 익숙한 우리에게 마을공동체형 돌봄은 아직은 어렴풋한 개념이다. 하지만 마을공동체형 돌봄이 필요하다는 데 서로의 생각을 맞춰 나가보자. 우리 사회가 조금씩 나아지고 있다면, 많은 사람이 동의하는 필요와 관심의 누적이 결과를 만들 것이다. 이 일도 그렇게 되리라 믿는다. 왜냐하면, 마을공동체는 필요가 절실할 때 만들어지기 때문이다.

3

돌봄의 카르텔 깨기

돌봄을 둘러싼
'침묵의 카르텔'

입원과 입소를 부추기는 사회

우리나라는 2017년 65세 이상 노인 인구 비율이 14%가 넘은 고령사회가 된 이후 7년 만인 2024년에 20%를 넘는 초고령사회로 진입했다. 어느 나라도 이렇게 빠른 고령화 속도를 경험한 적이 없을 정도다. 부양해야 할 노인은 늘어나는데 일할 사람은 빠르게 줄어들기에 우리 사회의 지속 가능성에 대한 우려를 낳고 있다. 성장 엔진이 꺼지는 것은 둘째로 치더라도 우리 사회가 부담해야 할 복지비용을 감당하지 못할 것이라는 근본적인 위기감이 커지고 있다.

건강 문제도 예외는 아니다. 인구 고령화는 필연코 고혈압, 당뇨병뿐 아니라 암, 심장병, 뇌졸중 등과 같은 만성질환의 유병 인구를 증가시킨다. 당연하게도 오랜 기간에 걸쳐 만성질환이 하나둘씩 쌓여가는 노인들로 인해 사회적 부담이 커질 수밖에 없음은 자명한 일이다. 이를 극적으로 보여주는 것이 노인 의료비의 급격한 상승이다. 지금까지 만성질환으로 인한 질병 부담 및 노인 의료비 문제를 국민건강보험제도 등을 통해 해결해왔다. 그런데 앞으로도 이를 통해 감당할 수 있을지는 의문이다.

이러한 걱정거리를 더욱 증폭시키는 문제가 있다. 바로 병원 입원 또는 입소 시설의 과잉 공급과 시설화의 문제다. 한국은 전 세계에서 입원이나 입소 병상이 가장 많은 나라 중 하나다. 먼저, 단기간 입원해 수술이나 치료를 받고 퇴원하는 급성기[10] 입원 병상이 OECD 국가 중 일본 다음으로 많다. 일본은 줄어드는 추세라서 조만간 일본을 추월할 가능성이 크다. 급성기 치료를 마치고 나면 기본적으로 회복기 재활을 거친다. 회복과 지역사회 복귀가 어려운 환자의 경우 통증 완화 등을 위해 일정 기간 요양병원에서 유지기 입원 치료를 받게 된다. 이 요양병원의 인구 1000명당 병상 수 또한 OECD 국가 중 가장 많은 실정이다.

반면, 급성기 치료 후 회복기 재활 치료를 담당하는 재활병원의 인구 1000명당 병상 수는 OECD 국가 중 매우 낮은 수준에 머물러 있다. [표 3-1]에 그 현실이 잘 나타나 있다. 적어도 표에 나타난 비교 국가들 중 한국은 압도적으로 인구 1000명당 급성기

---

[10] 대부분의 질환을 치료하는 단계는 급성기 - 회복기 - 유지기를 거쳐 진행된다. 초기 질병이 발생해 적극적으로 치료하는 단계인 급성기는 대개 입원을 병행하게 되는 경우가 많다.

와 장기요양의 병상 수가 많고, 반대로 재활의 병상 수가 압도적으로 적다는 것을 확인하게 된다.

구분	2020			2022		
	급성기	재활	장기요양	급성기	재활	장기요양
호주	5.1	1.3	0.6	4.8	1.3	0.5
캐나다	2.0	0.1	0.4	2.0	0.1	0.4
체코	4.1	0.4	1.9	4.1	0.5	1.9
독일	5.9	2.0	0.0	5.7	1.9	0.0
그리스	3.7	0.0	0.5	3.8	0.0	0.5
이스라엘	2.1	0.3	0.3	2.1	0.3	0.4
이탈리아	2.7	0.4	0.1	2.6	0.4	0.1
한국	7.2	0.1	5.3	7.5	0.1	5.3
스페인	2.5	0.0	0.4	2.5	0.0	0.4
스위스	3.5	0.8	0.1	3.5	0.8	0.1
미국	2.5	0.1	0.2	2.5	0.1	0.2

[표 3-1] OECD 국가의 인구 1000명당 기능별 병상 수
출처 : OECD Health Statistics 2024 (해당 연도에서 동일 기준 자료의 국가만 제시함)

노인장기요양보험에 의해 요양 등급 판정을 받은 노인들 가운데 의료적 필요는 크지 않으나 집에서 요양하기 어려울 때 입소하는 곳이 장기요양시설(또는 노인요양원)이다. 우리나라에는 이 노인요양원의 입소 병상도 매우 많다. 장기요양시설의 입소 병상은 의료시설이 아니므로 국민건강보험을 통해 보장 또는 보상을 받는 것이 아니다. 별도의 제도인 노인장기요양보험을 통해 보장 또는 보상이 이루어진다.

의료적 치료를 위한 요양병원의 입원 병상과 요양을 위한 노인요양원의 입소 병상이 필요에 따라 적절하게 분포되어 있고, 환자들이 이를 통해 적절한 서비스를 이용한다면 문제가 없다. 하지만 특정 병상이 압도적으로 많다는 사실에서 필요를 초과해 과잉 공급이 이뤄지고 있는 것은 아닌지 의심해 볼만한 여지가 있다. 특히 [표 3-1]에서 본 바와 같이 급성기 병상처럼 과잉이 의심되는 요양병원 병상 수가 계속 증가세를 나타내고 있다는 점에 문제의 심각성이 존재한다. 노인요양원 역시 자기 집에서 재가 돌봄 서비스를 받는 것에 비해 더 많은 비용을 초래한다는 점에서 불필요한 사회적 비용을 유발하는 것은 아닌지 생각해볼 일이다.

반면 요양병원이나 노인요양원의 존재 이유가 단순 수용에 있는 것이 아니라 가급적 질병 및 건강 회복을 가져오는 것이라고 한다면 당연히 회복기 재활의 입원 병상은 적정 수준으로 있어야 한다. 그런데 [표 3-1]에서 보듯 인구 1000명당 병상 수가 OECD 국가 중 거의 미미할 정도로 낮다는 점도 큰 문제 중 하나다.

이렇게 요양병원과 노인요양원이 많아지는 것은 사회적 비용을 차치하고서라도 더 중요한 측면이 있다. 바로 이러한 현상이 결국 돌봄 대상자의 삶의 질을 심각하게 떨어뜨리는 요인이 된다는 점이다. 왜 이런 일이 계속되고 있는 것일까?

우선 입원이 필요한 질병에 걸린 경우를 생각해보자. 현재 우리나라의 의료기관에서 의사와 간호사의 인력이 매우 부족하다는 것은 이미 잘 알려진 사실이다. 주된 원인이 절대적인 수가 부족한 것인지, 분포가 부족한 것인지에 대해서는 쟁점이 있을 수 있다. 하지만 실제 상당수의 지역에서 의료 인력의 부족으로 고통 받고 있다는 사실을 부정하는 사람은 찾아보기 어렵다. 많은 지역에서 의료 인력이 부족한 상황인데도 그러한 지역조차도 급성기 입원 병상은 지나치게 많다. 그런데도 정작 응급 상황에서는 제대로 된 응급수술이나 중환자 치료를 받지 못한 채 '응급실 뺑뺑이'로 죽음에 이르는 일들이 발생하게 되는 것은 아이러니가 아닐 수 없다.

운 좋게 급성기 치료를 받아도 그 이후가 더 문제다. 급성기 입원 치료를 받고 나면 바로 집에 가거나 아니면 재활병원에서 일정한 회복기 재활을 거쳐 집에 돌아가야 할 텐데 상당수는 그렇게 하지 못하는 형편이다. 굳이 입원까지 할 필요가 없는 경증은 그렇지 않겠지만, 중증 질환으로 치료를 받는 경우 퇴원 후 집으로 돌아가기가 쉽지 않다.

예를 들어, 치료를 잘 받아도 편마비와 같은 후유장애가 남는 경우가 종종 있는 뇌졸중을 생각해보자. 뇌졸중 발병으로 급성기 치료를 마치면 일정 기간 집과 가까운 의료기관이나 회복기 재활병원에서 재활 치료를 받아야만 일상생활이 가능한 경우가 많다. 그렇지만 상당수는 그러한 호사를 누리지 못하고 요양병원에 가게 된다. 모두 그런 것은 아니지만, 회복기 재활 치료를 할 수 있을 정도의 인력과 시설을 갖추지 못한 요양병원에 입원하게 되면 회복과 지역사회 복귀가 가능할 정도의 충분한 재활치료를 받기 어려워진다. 약물치료와 간단한 물리치료를 하는 정도로 끝나는 경우가 대부분이다. 이렇게 회복기 재활 치료를 받지 못한 채 요양병원에서 요양 돌봄에 초점이 맞추어진 서비스를 받게 되면 결국 집으로 돌아가지 못하고 병원 등에서 생을 마감하는 경우가 발생하게 되는 것이다.

왜 환자들은 종합병원에서 급성기 입원 치료를 마친 후 집으로 돌아가지 못한 채 제대로 된 회복기 재활 서비스를 제공받기 어려운 요양병원에 가게 되는 것일까?

먼저, 집에서 돌봄이 가능하지 않기 때문일 것이다. 집 구조부터가 회복을 어렵게 만든다, 거동이 자유롭지 못한 퇴원 환자가 지내기에 방문과 화장실의 문턱이 너무 높다. 바닥은 미끄럽고, 각종 장애물로 넘어질 가능성이 크다. 자칫 낙상으로 더 큰 화를 불러일으킬지 모른다. 집 문제가 해결되어도 먹는 문제와 요양 돌봄 문제가 남는다. 노인장기요양보험 대상자가 되어 요양보호사가 집을 방문해도 요양 돌봄이 충분히 제공되지 않는 것이 현실이다. 퇴원한 환자가 집으로 돌아오는 경우 요양 돌봄 서비스를 이용하기란 거의 불가능에 가깝다. 요양 돌봄이 가능한 가족이나 보호자가 있다면 모를까, 그렇지 않은 상황에서 집으로 돌아가는 일이란 큰 모험일 수밖에 없다.

이러한 문제를 해결하기 위해서 문재인 정부 시절 '지역사회에서의 돌봄', 즉 '커뮤니티 케어'의 일환으로 '지역사회 통합돌봄 제도'를 도입했다. 하지만 2024년 현재도 여전히 일부 지방자치단체의 시범 사업으로만 시행되고 있다.[11] 시범 사업에 해당되는 곳도 마찬가지지만, 전국 어디에도 퇴원 환자를 위한 공간은 찾아보기 쉽지 않다. 더욱이 요양 돌봄만으로 퇴원 환자에 대한 회복이 쉽지 않다는 점에서 문제의 근본적인 해결이 난망할 뿐이다. 기본적으로 고령의 퇴원 환자들은 고혈압, 당뇨병 등과 같은 만성질환이 있기 때문에 가까운 동네 의원을 방문하든지, 아니면 퇴원한 의료기관에 외래를 통해 다시 방문해 약물치료와 관련 의료 서비스를 받아야 한다. 그렇지만 거동이 어려워 병의원에 방문해서 진찰을 받고 약국에 들러 조제약을 받는 일이 쉽지 않다. 도와줄 사람이 없다면 불가능에 가깝다. 한국이 과거보다 고혈압과 당뇨병의 치료율이 높아졌다고는 하지만 거동이 가능한 노인에 해당하는 이야기이고, 거동이 어려워지면 대부분 치료율이 떨어진다. 그 과정에서 큰 합병증이 발생하게 되는 경우가 부지기수다. 질병 관리가 잘되지 못하는 현실이 아프게 다가온다.

거동 자체가 어려우면 방문해서 진료와 간호, 물리치료를 제공해줄 수 있는 방문 의료 인력이 절대적으로 필요하다. 그렇지만 그러한 서비스를 해줄 의료기관이나 의료 인력을 지역사회에서 찾아보기 힘들다. 보건소와 같은 지역 보건기관이 방문 간호 서비스라도 해주면 좋겠지만, 제도적 장벽도 많고 지역사회 공공 보건 인프라가 매우 취약해서 도움을 받기 어렵다. 그나마 보건소에 방문을 담당하는 간호사가 있지만, 빈곤층이나 일부 독

---

11 2019년부터 '지역사회 통합돌봄 선도사업'을 16개 시군구를 대상으로 2022년까지 시행했다. 윤석열 정부 들어와서는 사업명을 '노인 의료-돌봄 통합지원 시범사업'으로 바꾸고 12개 시군구를 대상으로 했다.

거노인 등 취약 계층을 대상으로 고혈압, 당뇨병에 대한 교육 상담을 해주는 것이 대부분이다. 지역 주민 일반은 그러한 서비스를 받기 어렵다. 혹여 이 서비스를 받는 경우라 해도 그나마 불충분하고 따로따로 서비스가 이뤄져서 퇴원 환자로서는 도대체 무슨 서비스를 받을 수 있는지 알 턱도 없고 알아도 받기란 하늘의 별 따기다.

사실 수술이나 입원 치료를 금방 마친 환자가 바로 집으로 돌아가기란 심리적으로도 매우 무서운 일일 수밖에 없다. 또한 노인들은 며칠만 입원해도 근력 손실이 심해지기 때문에 회복기 재활이 매우 필요하다. 그래서 재활병원이 회복기 재활 치료를 담당해야 한다. 그렇지만 앞의 표에서 본 바와 같이 한국은 인구 1000명당 재활 병상이 0.1개로 전 세계에서 적기로 손꼽히는 나라다. 보건복지부가 지정한 회복기 재활병원 수가 2023년 2월 기준으로 전국에 53개에 불과하다. 강원, 전북, 제주는 도 전체를 통틀어 1개밖에 없다는 것만 보더라도 재활 의료기관이 매우 적음을 알 수 있다. 재활을 제대로 하려면 인력과 시설이 많이 필요한데, 이 부분에 대한 보상이 충분하게 이뤄지지 않기 때문에 민간 병원이 들어오지 않는다. 만약 수가를 올려주기 어려운 구조라면 적자를 감수하더라도 정부가 직접 공공 재활병원을 설립하고 운영하면 된다. 그런데 정부조차도 수익성이 떨어져 일반 예산을 투여해야 하는 부담을 이유로 적극적이지 않다. 어떤 지역사회에 국민건강보험에서 재활 수가를 통해 투입된 비용을 제대로 보상해주지 않아 민간 재활병원이 들어오지 않고 이를 대신

할 공공 병원도 없다면 그 지역의 주민은 도대체 어떻게 회복기 재활 치료를 받을 수 있는 것일까? 결국 재활 치료를 받지 말라는 것으로 귀결된다. 선택지는 그냥 요양병원에 가서 안전하게 병상에 누워 있거나 낙상 등의 위험을 감수하고 집으로 퇴원하는 것밖에 없다. 이런 상황에서 퇴원한 환자들의 합리적 선택은 당연히 요양병원이다. 회복기 재활 치료를 제대로 수행하기 어려운 요양병원으로 가게 되면 결국 장기간 입원을 할 수밖에 없게 된다. 별다른 선택지가 없는 퇴원 환자들에게 일상생활로의 복귀는 점점 불가능한 일로 여겨지게 된다.

이렇게 되면 질병으로 병원에 입원하는 순간부터 이미 집과 지역에서 거주하고 생활하면서 존엄한 삶을 영위하는 것은 불가능한 꿈이 되어버린다. 점차 새로운 합병증과 함께 근력은 소실되고 기본적인 일상 활동조차 어려워지는 고난의 길로 들어서게 되는 것이다.

그렇다면 요양병원 등 시설 입소의 장기화로 인한 노인 건강의 방치는 누구 책임일까? 일상으로 회복이 어려운 요양병원을 선택한 환자나 보호자가 책임을 져야 할까? 선택할 수 있는 회복기 재활병원 자체가 없거나, 있다고 해도 감당하기 어려울 정도로 비용이 발생하는 상황이라면, 그래도 재활병원보다 비용이 적게 들고 퇴원 후 집에 가는 것보다 위험이 적게 드는 요양병원을 선택하는 것이 극히 합리적인 선택이 아닌가? 결국 당사자나 그 가족들에게 이런 선택지밖에 주지 않는 제도 자체의 책임이며, 그런 제도를 그대로 유지하고 있는 정부의 책임이다.

돌봄 요구에 따른 적절한 서비스

불건강 상태에 처한 사람들은 건강 상태로 돌아가거나 불건강 상태를 완화하기 위해 의료 서비스뿐 아니라 재활 서비스와 요양 서비스 등이 필요하다. 서비스의 요구가 발생한 시점과 성격에 따라 몇 가지 단계로 구분해서 그때마다 정상적이라면 어떤 서비스가 제공되어야 하는지 알아보자.

먼저, 급성기 치료가 필요한 단계다. 갑작스러운 외상이나 감염병, 고혈압, 당뇨병 등과 만성질환의 합병증으로 우리 몸 안의 장기에 문제가 발생한 경우로 대표적으로 암 발생 등이 이에 해당한다. 대학병원이나 종합병원에서 이뤄지는 의료적 처치가 매우 중요한 시기다. 이러한 급성기 치료는 평소 일차 의료기관[12]이나 보건기관에서 일상적인 질병 관리와 건강관리가 이뤄지고 있었던 상황에서 부득이 급성기 치료가 필요하더라도 평소의 건강관리 체계와 연계되어야 효과적이고 효율적임을 말할 것도 없다.

두 번째, 급성기 치료는 끝났지만 몸에 일정한 장애가 남아 지속적인 재활 치료를 통해 기능 회복이 필요한 단계다. 앞에서 다룬 재활병원이 이러한 역할을 담당하고, 요양병원도 일부 이러

---

[12] 의료기관은 <의료법>에 따라 의원, 병원, 종합병원, 상급종합병원으로 분류한다. 통상 의원을 일차 의료기관, 병원을 이차 의료기관, 종합병원과 상급종합병원을 삼차 의료기관이라고 한다. 일차 의료기관은 간단한 질환의 진단과 치료·예방접종,·건강검진·만성질환 관리·상담 등 외래 진료를 통해 환자의 상태가 악화되는 것을 예방하고, 건강을 종합적으로 관리한다. 더 전문적인 치료가 필요한 경우 이차, 삼차 의료기관으로 의뢰(refer)하는 역할도 한다.

한 기능을 수행한다. 회복기 재활의 목표는 적극적인 재활을 통해 장애가 남더라도 이전과 유사한 기능 상태를 되찾도록 하는 것이다. 이때 회복기 재활을 담당하는 재활병원의 재활 치료는 반드시 입원을 통해 이뤄지는 것은 아니다. 집 등에서 거주하면서 낮에 병동이나 외래 등을 운영해 재활 치료를 하는 것이 삶의 질이나 기능 회복을 빠르게 할 수 있다. 이때에도 일차 의료기관이나 보건기관에서 일상적인 질병 관리와 건강관리가 이뤄지고 서비스가 연계되어야만 회복을 더 빠르게 할 수 있다.

세 번째, 암이나 장기 부전과 같이 급성기 치료에도 불구하고 회복이 어려워 치료를 포기하지만 편안한 임종을 위해 의료적인 도움이 필요한 단계다. 이러한 환자군은 임종 이전의 의료적 처치에 의존하기보다 고통을 최소화하면서 마음의 안정을 얻어 남은 삶을 잘 정리하는 것을 목표로 한다. 호스피스가 주로 서비스 공급을 담당한다. 이 시설은 주로 암 환자를 치료하는 대학병원이나 요양병원 등에 설치되어 있다. 장기적으로는 지역사회에 일차 보건·의료의 역할이 강화되고 역량이 높아지게 되면 방문 등을 통해서 재가 호스피스가 이뤄지는 것이 심리적 안정과 존엄한 임종에 훨씬 더 도움이 될 수 있다. 이러한 정도로 일차 보건·의료의 역량이 강화되려면 상당한 시간이 필요할 것으로 보여, 일정 기간은 요양병원 등에서 그 역할을 담당하는 것이 현실적이다.

네 번째, 회복이 거의 불가능하거나 장기간 치료가 필요한데 의료적 처치가 돌봄보다 더 강조되는 단계다. 이러한 환자군의 경우는 현재 상태에서 최대한의 기능을 보존하고 강화하는 것이 목표다. 현재는 주로 요양병원에서 서비스 공급이 이뤄지는데, 삶의 질을 떨어뜨릴 수 있다는 점에서 가급적 집에서 방문을 통해 의료 서비스를 받거나 요양 돌봄을 받을 수 있도록 하는 것이 필요하다. 커뮤니티 케어를 통해서 우선적으로 서비스가 제공되어야 할 대상이다. 이 경우에도 일차 의료기관과 지역 보건기관의 역할이 강화되어야 한다. 커뮤니티 케어를 담당하는 시군구 전담 조직 등과 일차 보건·의료기관이 통합적인 사례 관리를 통해 협력과 연계가 강화되어야 할 대상이다.

마지막으로, 신체 기능 상태가 저하되어 일상생활에 있어 의료적 처치보다 돌봄이 더 강조되는 단계다. 이러한 대상군은 일상생활을 수행하는 데 있어 타인의 도움을 얻어 신체 기능 상태나 일상생활의 보조를 받는 것을 목표로 한다. 현재는 주로 재가 요양기관이나 노인요양원 등과 같은 입소 시설에서 돌봄 서비스가 제공되고는 있다. 이 경우에도 필요한 의료 서비스에 대한 대책은 없는 상황이다. 당장 의료적 처치를 하지 않더라도 대부분은 고혈압, 당뇨병 등과 같은 만성질환을 갖고 있는 경우가 많아서 일차 의료기관과 보건기관으로부터 질병 관리와 건강관리 서비스를 받아야 한다. 이러한 관리 서비스는 신체 기능 상태와 연계될 수밖에 없다는 점에서 요양 돌봄 서비스와 보건·의료 서비스가 비록 별도로 이뤄지더라도 서비스의 연계는 필수적이라 할 수 있다.

카르텔의 실체는?

이렇게 각각의 서비스가 대상자의 필요에 따라 적절하게 제공되고 연계된다면 보건·의료 자원이 효율적으로 사용될 뿐 아니라 서비스의 질이 보장될 것이다. 그러나 실제는 공급자의 이윤이 극대화되는 방향으로 서비스가 제공됨으로써 필요와 서비스가 일치하지 않는 상황이 발생한다. 환자의 삶의 질보다는 각 단계마다 버티고 있는 공급 기관이 자신들의 이익을 좇기 위해 침묵의 카르텔을 만들고 있고, 정부는 이 카르텔을 깨기 위한 노력보다는 현상 유지에 급급하고 땜질 처방으로 자위하고 있다. 결국 그 피해는 오로지 국민이 당하고, 그 결과는 존엄이 보장되지 않는 요양 돌봄 환자의 모습으로 나타난다.

존엄한 죽음의 단계에도 침묵의 카르텔은 작동한다. 점차 사회가 발전할수록 존엄한 죽음에 대한 권리 의식이 커질 것이 확실하다. 그에 합당한 서비스를 받고자 하는 욕구가 커질 것이다. 당연히 호스피스의 필요가 커질 수밖에 없다. 그렇지만 필요와 달리 서비스의 공급은 더디게 이뤄진다. 호스피스의 특성상 의료적 접근이 전제되어야 하는데, 의료 시장에서 호스피스는 별로 흥미 있는 서비스 공급이 아니기 때문이다. 필요의 크기와 달리 공급의 왜소함은 별다른 대책이 없는 한 당분간 지속될 것으로 보인다.

재활병원도 마찬가지다. 보건·의료의 여러 기능 중에서 갑작스러운 질병과 손상으로 인해 병원에 입원할 경우 이른 시간 내에 직장과 사회로 복귀할 수 있도록 도와주는 기능이 매우 중요하고, 점차 더 그 중요성이 커질 것으로 예상할 수 있다. 이러한 기능을 담당하는 것이 회복기 재활 치료라 할 수 있다. 그러나 회복기 재활의 중요성과 필요에 비해 공급은 매우 제한적이다. 이와 달리 회복기 재활을 건너뛰고 이뤄지는 유지기 입원 치료는 과도한 수준이다. 회복기 재활을 강화하거나 상당수의 의료 서비스가 동네 의원이나 집에서 이뤄지게 되면, 현재의 요양병원 중 상당수가 불필요한 입원 시설이 될 수 있다. 그러나 실제로는 방문 요양이나 방문 치료에 대한 공급이 불충분하기 때문에 요양병원의 입원 병상이 늘어나고 불필요한 입원이 길어지게 된다. 그 결과는 삶의 질과 건강 악화로 이어질 수밖에 없다.

요양병원의 부적절한 과잉 공급의 문제는 재활병원의 불충분한 공급과 일차 의료기관과 보건기관의 역할 부재에 기인할 뿐 아니라, 재가 요양 돌봄 및 독립생활 지원 서비스가 충분하게 이뤄지지 못하는 현실과 밀접하게 관련되어 있다. 결국 커뮤니티 케어의 부재와 관련이 있다고 할 수 있다. 그래서 신체 기능 상태가 조금만 나빠지고 의료적 필요가 조금만 생겨도 자신이 살고 있는 집에서는 질병 관리와 건강관리 그리고 요양 돌봄이 불가능한 상황이 발생하게 된다. 이러한 어려움에 부닥친 노인들의 선택지가 요양병원이 되고 있음은 주지의 사실이다. 노인장기요양보험제도의 대상이 되기 어렵고, 대상이 된다고 하더라도 몇 시간의 요양 돌봄만으로 신체 기능을 유지하기 어려운 상황에서 그리고 집에서 의료 서비스를 받는 것 자체가 불가능한 상황에서 노인들의 요양병원 선택은 당연한 것일지도 모르겠다. 심지어는 요양병원뿐 아니라 노인요양원에 들어가기 위해 신체 기능을 더 나쁘게 만들려는 유인이 발생하기도 한다. 노인의 존엄한 삶이 회복 불가능한 시설에서의 삶으로 추락하는 순간이다.

다른 한편, 요양병원에서 간병비 부담을 감당하기 어려워서 의료적 처치가 필요한 환자들이 노인요양시설에 입소하는 문제도 심각하다. 이 노인요양원은 의료 서비스를 전문적으로 제공할 수 있는 인력을 확보하지 못하기 때문에 주변의 일차 의료기관이나 종합병원의 협진 등을 통해 기본적인 의료적 처치를 해야 하는 시설이다. 그렇지만 상당한 수준의 의료 서비스가 필요한 환자가 입소해 있는 경우가 꽤 많다. 요양병원에 입원해야 할 환자들이 노인요양원에 있는 이유가 무엇일까? 국민건강보험의 적용을 받는 요양병원에서는 간병비에 대한 보장을 해주지 않는 것과 관련이 높다. 장기간에 걸친 간병비 부담을 감당하기 어려운 사람들은 아예 요양병원에 갈 엄두를 내지 못하거나 갔다 해도 중도에 중단할 수밖에 없다. 대신 노인장기요양보험의 적용을 받는 노인요양원에 입소해서 요양 돌봄 위주의 서비스만 받는 것이다. 이런 사정으로 질병이 악화하여 응급 상황이 발생하고 나서야 큰 병원으로 전원하는 일이 발생하게 된다. 결국은 치명적인 건강 악화로 이어지고 감당하기 어려운 치료비 부담마저 발생하는 경우가 비일비재하다.

반면 의료적 필요가 크지 않기 때문에 노인요양원에서 노인장기요양 서비스를 이용하면 되는 환자들이 요양병원에 입원하는 경우도 상당수에 이른다. 이것 또한 대상자의 필요와 서비스의 공급이 불일치하는 부분이다. 이러한 불일치가 요양병원의 과잉 공급이 발생하는 또 하나의 요인으로 작용하고 있다. 노인장기요양보험제도와 국민건강보험제도 간의 칸막이로 인해 노인요양원에서 충분한 질병 관리와 건강관리가 제대로 이뤄지기 어려운 현실이 작동한 결과라고 할 수 있다.

이처럼 회복기 재활 인프라인 재활병원이 충분하게 공급되지 못하고 제 역할을 하지 못하는 현실 그리고 일차 보건·의료를 포함한 커뮤니티 케어의 인프라와 체계가 작동하고 있지 않은 현실로 말미암아 요양병원과 노인요양원이 과잉 공급되고 필요에 맞지 않는 부적절한 서비스의 이용이 이뤄지고 있다. 요양병원과 노인요양원 등의 입원·입소 시설의 과잉 공급과 부적절한 이용은 우리나라에서 갓 시작된 '지역사회통합돌봄제도'라는 커뮤니티 케어 정책을 약화시키는 동력으로 작용하기도 한다. 특히 입원·입소 시설들의 사적 이해관계가 지역사회에서 일차 의료기관과 지역 보건기관의 역할 강화와 충분한 인프라의 확충을 가로막는 장해 요인이 될 수 있다는 점에서 매우 부정적이다.

간병비 보장의 딜레마

여기서 한 가지 질문을 던질 수 있다. 요양병원에 의료 서비스가 필요해 입원하는 경우 간병비 부담이 크므로 여기에도 간병비를 보장하는 것이 바람직하지 않은가 하는 것이다.

앞서 언급한 것처럼, 노인요양원에서 서비스를 받아야 할 대상자가 의료적 필요를 해결할 방법이 마땅치 않아서 요양병원을 이용하는 경우가 꽤 많다. 그 과정에서 적지 않은 비용이 발생한다. 특히 간병비, 즉 요양 돌봄에 소요되는 비용은 국민건강보험에서 보상해주지 않기 때문에 본인이 감당해야 할 경제적 부담이 매우 크다. 입원을 통해 이뤄지는 의료 행위와 요양 돌봄 행위는 서로 결합되어 있거나 관련성이 크기 때문에 입원료에 포함되는 것이 당연한 일이다. 실제 급성기 병원의 경우 간호·간병 서비스를 통해 간병비를 입원료에 포함시키는 방향으로 정책 방향이 형성되고 있다.

그러나 아직까지 요양병원은 예외다. 사실 요양병원이 요양 돌봄 행위와 의료 행위가 간호 서비스를 통해 훨씬 더 강하게 결합되어 있다. 그럼에도 불구하고 의료 및 간호 행위만 국민건강보험에서 보장해주고 요양 돌봄에 해당하는 간병 서비스는 자부담하라고 하는 것은 납득하기 어렵다. 간병비가 비급여인 요양병원에서 간병비를 자부담하기 때문에 서비스가 전혀 연계되지 않은 채 질적으로 떨어지는 서비스가 제공되고 여러 윤리적 문제가 발생한다. 그렇다고 요양병원의 간병비를 국민건강보험에서 보상해주면 되는 것인가? 이럴 경우 현실적으로 여러 문제가 발생할 수 있음을 부정하기는 어렵다. 국민건강보험에서 요양병원의 간병비를 급여로 보장해준다면 요양병원을 이용하는 데 들어가는 비용이 훨씬 줄어들기 때문에 요양병원 쏠림 현상이 더욱 심해질 것이다. 즉, 의료적 필요가 크지 않음에도 노인요양원을 이용하지 않고 요양병원에 입원하고자 하는 경향이 커질 것이며, 재활병원에서 요양병원으로 환자가 이전하는 효과도 커질 수 있다. 이는 결국 국민건강보험에서 지출되는 요양병원 지출비가 더욱 커짐으로써 그렇지 않아도 현재 문제가 되고 있는 국민건강보험 재정의 지속 가능성 문제를 더욱 악화시킬 것이다. 그렇다고 요양병원의 간병비를 계속 비급여로 유지하는 것도 매우 부적절하다. 요양병원, 재활병원, 노인요양원의 운영을 둘러싼 현재 제도하에서는 이러지도 저러지도 못하는 진퇴양난의 상황에 빠질 수밖에 없다. 판을 바꾸어야 한다.

공공성 강화의 첫 단추

문제 해결의 중요한 첫 단추는 요양병원의 공공성 강화에서 시작해야 한다는 것이다. 요양병원이 급성기 병원 및 재활병원과 노인요양시설 사이에서 적절한 역할을 할 수 있도록 공공적 성격을 강화해야 한다. 재활병원의 기준을 포함해 요양병원의 기준을 명확히 하는 작업부터 해야 한다. 적절한 질을 확보할 수 없는 요양병원은 퇴출하고, 기준에 맞는 환자가 이용했을 때에만 적절한 보상이 이뤄질 수 있도록 해야 한다. 특히 공공성이 강한 시설의 설립과 적절한 수준의 인력 확충을 위해 정부가 공적 재원을 통한 지원을 강화할 필요가 있다.

요양병원에서 마냥 장기간 입원하지 않고 대신 필요한 만큼의 입원과 적절한 시점에서의 퇴원이 이뤄질 수 있도록 하려면 적절한 입원일 때에 보장성을 강화하는 정책만으로는 부족하다. 적절한 재원 기간을 넘어서서 계속 입원하고 있는 경우에는 퇴원을 유도하도록 역逆인센티브 정책도 함께 요구된다. 이렇게 요양병원의 공공적 기능이 강화되면 불필요한 입원이 줄어들고 요양병원의 입원 병상도 감소할 것이다. 물론 재활병원, 요양병원, 노인요양원이 기능에 맞게 적절한 규모와 지역으로 분포되고 적절한 서비스가 제공되려면 노인장기요양제도와 국민건강보험제도의 칸막이가 줄어들고 급여가 상호 교차될 수 있는 방향으로의 제도 개혁이 필요하다. 정보 체계도 통합할 필요가 있다. 당연히 공보험公保險의 재정 투입에 그칠 것이 아니라 일차 보건·의료를 포함한 커뮤니티 케어 인프라의 확충과 재정적 지원에 예산을 투입할 필요가 있다.

이러한 제도적 환경과 더불어 좀 더 근본적으로는 커뮤니티 케어가 작동할 수 있는 지역사회 내 사회·문화적 환경을 조성할 필요가 있다. 돌봄이 그 당사자와 가족만의 문제가 아니라 나와 내 가족의 문제이며, 결국 지역사회 내에서 함께 풀어가야 할 문제라는 인식이 중요하다. 상호 의존적인 관계성 속에서 돌봄이 이뤄질 수 있도록 지역사회 내의 관계성 회복은 아무리 강조해도 지나침이 없다.

돌봄은 몰라라 하는 병원

대한민국 병원의 풍경

 # 풍경 1

"아파요. 통증 때문에 너무 힘들어요, 제발 진통제 좀 빨리 놔주세요." 간호사에게 여러 번 이야기했다. 간호사의 "죄송해요."라는 말은 더 이상 듣기도 싫다. 의사 보기는 하늘의 별 따기. 간호사는 의사에게 진통제 처방을 이미 보고(통상 '노티'라고 한다)했다지만, 처방할 의사는 연락이 닿지 않았다.

의사도 바쁘다. 의사 수가 절대적으로 부족해 보인다. 입원을 시켜 놓고 이렇게 의사가 관심을 안 가져도 되나 싶다. 그런데도 의사 수를 늘리면 안 된다고 그런다니 이해하기는 어렵다.

뒤늦게 지친 얼굴로 나타난 의사, 기다림에 지쳐 분노에 치를 떠는 환자와 보호자 사이에서 간호사는 안절부절 못한다. 환자와 보호자가 입원 기간 동안 가장 많이 만난 의료인은 간호사다. 그 간호사의 입에서 가장 많이 나온 말은 "잠시만요."다.

풍경 2

설명 없이 빠르게 가버리는 간호사. "잠시만요. 조금 이따 도와드릴게요."라는 말을 하는 간호사.

퇴원할 때에도 친절한 설명은 기대할 수 없다. 통증은 아직도 있고, 거동은 여전히 불편한 상태인데 알아서 하란다. 집에 가서 무엇을 어떻게 해야 할지 버려진 듯 난감하다.

해치우는 듯한 표정으로 퇴원 설명을 하던 간호사가 다른 병실 환자가 급히 부르면 또 "잠시만요."를 남긴 채 뛰어나간다. 퇴원 설명을 충분히 잘 듣기는 글렀다. 간호사에게 어느 날 들은 이야기가 생각난다. 자신이 담당하고 있는 환자가 18명이라고…. 한편으로 이렇게 바쁜 간호사도 이해는 된다. 도대체 우리나라 병원은 왜 이럴까 싶다.

풍경 3

'화장실 가고 싶은데' 간호사에게 말을 못하겠다. 보호자나 간병인이 잠시 자리를 비우면 참아야 한다. 일전에 참지 못하고 어질어질하지만 혼자 일어나서 화장실을 가보려다가 꽈당 넘어져 골절이 생겼다. 병원의 낙상 사고는 간호사에게 책임을 묻는단다. 바쁜 간호사를 위하는 마음에 혼자 해보려고 한 건데, 오히려 간호사가 곤란을 겪게 됐다고 한다.

간병인이든 보호자든 우리가 환자 상태를 관찰하고 간병하는 법을 배운 적이 있었던가. 과연 일반인들이 간병을 잘할 수 있을까? 간병인에게 간호사가 약을 먹이라고 하는데, 환자가 안 먹고 버려도 모를 것만 같다. 간호사는 때때로 간병인과 환자가 서로 학대하는 모습을 목격하기도 한다. 보다 못해 간호사는 보호자에게 학대 사실을 알려주기도 한다. 그러다 간병인과 보호자 사이에 갈등이라도 생기면 간병인은 그만두고, 환자는 간병인을 구하지 못해서 힘든 시간을 보내기도 한다. 학대 사실을 말해준 간호사를 되레 원망한다. 간병비 부담에 무너지는 가족들을 보고 있는 것도 고통이다.

보호자와 간병인, 환자가 함께 있는 다인실을 가보면 4인실은 8인실 같고, 6인실은 12인실 같다. 왁자지껄한 도떼기시장이다. '편안한 입원 가료加療'는 애당초 불가능한 구조다. 병원 감염을 예방하고 감염 관리를 잘하기도 어렵다는 뜻이다. 가족이 간병인용 침대에서 쪽잠을 자며 간병하거나 여의치 않으면 간병인을 고용하는, 이른바 사적 간병 비율은 75%에 이르고 있다. 사적으로 간병비를 써도 돌봄의 질이 거의 보장되지 않는다.

우리가 흔히 간병이라고 하는 업무는 사실상 간호 업무에 포함된다. 예를 들어 보호자나 간병인이 대개 직접 하고 있는 체위 변경이나 소변 계량, 식사 보조, 약 먹이기, 옷 갈아입히기, 화장실 이용 보조 등 거의 모든 것들이 사실은 간호 영역이다. 간호 영역이지만 간호사가 다 해야 한다는 의미는 아니다. 간호 보조 인력이 하고, 간호사가 관리 감독하면 된다. 그런데 우리나라 병원 환경은 간병과 간호가 분리되어 있다. 간병은 당연히 보호자의 몫이다. 만약에 가족 등 보호자가 그 역할을 못하면 돈 주고 간병인을 사라고 한다. 입원 환자의 간병인 비용 부담이 높고, 간병비 계산 기준도 간병인 파견 업체에 따라 천차만별이다. 해결책은 없을까?

생활을 치료적 환경으로 한정해 좋은 돌봄을 집중적으로 제공하겠다는 의미다. 그렇다면 병원이 필수적으로 간병까지 할 수 있는 체계를 갖추는 것이 맞지 않을까? 환자의 개별 간호 요구에 적합한 모형이 만들어져 어르신과 가족의 욕구에 맞는 의료와 요양 서비스를 받을 수 있어야 한다. 그 답이 바로 보편적 입원 서비스의 하나인 '간호·간병 통합 서비스'다. 현재 이 서비스는 10여 년에 걸쳐 여전히 시범 사업 중이다. 간호·간병 통합 서비스, 이대로 가도 나와 우리 가족 모두 받을 수나 있을까?

나는 해당되지 않는다?

2015년부터 병원 입원에 대해 '간호·간병 통합 서비스 시범 사업', 이른바 '보호자 없는 병원'이 시작되었다. 입원할 때 보호자가 필요 없다는 것은 엄청난 혜택이다. 이용자가 급증하고 국민건강보험 지출도 증가했으나 아쉽게도 서비스 제공은 수요를 따라가지 못한다. 2022년 12월 기준, 우리나라 병원급 의료기관은 모두 4009개이고 병상 수는 66만 2232개다. 그런데 통합 서비스는 657개 의료기관이 도입해 7만 363병상에만 적용하고 있다. 의료기관 중 16.4%, 전체 병상 중 10.6%에만 해당될 뿐이다.[13]

그나마 요양병원이나 정신병원은 아예 적용 예외로 하고 있다. 이러다 보니 간호·간병 통합 서비스를 제공하는 병동에 입원하기 위해 입원 대기가 한 달 이상 길어지기도 해서 이용을 포기하는 사례도 꽤 많다.

지난 5년 동안 5만 병상으로 시범 사업이 확대 시행되면서 이 서비스를 받은 환자와 제공하는 간호사 모두에게 높은 만족도를 보이고 있다. 효과가 검증되었고 수가 보상으로 병원도 거부감 없이 확대 시행을 원하고 있다. 공식적인 평가보고서에 따르면,[14] 평균 4.8조 3교대로 운영되고 있어 간호사들의 업무 부담을 적절한 수준으로까지 줄였다. 간호사 대 환자 인력 배치 수준이 일반 병동에 비해 두 배 이상 향상되고 있다는 뜻이다. 따라서 현재 시행 중인 간호·간병 통합 서비스 제도를 인력 수급 대책과 함께 단계적으로 전면 시행해 나간다면 모든 아픈 시민들이 개인 차원에서 감당해왔던 입원 간병 문제를 사회적으로 해결할 수 있다는 희망을 준다. 더불어 업무 부담이 높았던 간호사의 인력 부족과 처우 문제를 완화시켜줄 수도 있다. 이 사업을 통해 간호 인력 기준과 교대제의 개선, 수가에 대한 보상 등이 이뤄질 수 있도록 종합 대책도 마련할 수 있을 것으로 기대했다.

그러나 실제 간호·간병 통합 서비스 운영에 있어 여러 풀어야

---

13   김종명, "간병 국가책임제 실현을 위한 제안", (내만복 이슈페이퍼) 2025-1, 내가 만드는 복지국가, 2025. 2. 20, p. 5.
14   김수진 외, 〈간호·간병통합서비스 성과평가 인센티브 평가체계 개선 연구〉, 국민건강보험공단·한국보건사회연구원, 2023.

할 문제들도 산적해 있다. 같은 병원에 입원해도 환자들의 상태는 모두 제각각 다르다. 간호와 간병이 필요한 정도도 다르게 마련이다. 그런데 병동별로 일괄적으로 간호 인력 배치 기준을 적용하기 때문에 환자 중증도에 따라 적정 간호를 받기 어렵다.

병원은 간호·간병 통합 서비스를 경증 환자만을 위주로 운영하거나 편법적인 간호 인력 배치를 하는 경우가 있다. 이유는 간호사를 구하지 못해 배치 기준을 맞추지 못하겠다는 것이다. 어렵게 간호사를 구해서 10개 병동 중 1개 병동을 간호·간병 통합 병동으로 만들었는데, 이 병동에 중증도가 높은 환자들을 넣지 않는다. 중증도가 높으면 그곳에서 근무하는 인력들이 너무 힘드니까 중증도가 낮은 사람들을 '선별하여' 간호·간병 통합 병동에 입원시키고 중증도가 높은 사람들은 모두 일반 병동으로 배치한 후에 간병인이나 보호자가 간병하게 한다. 간병인이나 보호자가 돌보기 어려워 간호·간병 통합돌봄을 통해 돌보라고 분류한 중증환자에 대한 간병을 다시 개인의 책임으로 떠넘기는 것이다.

간호하기 편한 사람만 간병하겠다는 식의 현재 운영 방식은 과연 옳은 것인가? 중증 환자를 병원의 공식적인 간호 인력이 함께 돌보도록 하는 게 맞지 않겠는가? 치매 환자나 임종기 환자, 소아 환자는 보호자가 옆에 있기를 희망하는 경우도 많다. 그럴 경우에는 선택적으로 보호자가 함께 있어도 된다. 보호자나 간병인은 반드시 있어야 하는 것이 아니라 환자 옆에 머물 것인지 아닌지를 환자와 보호자 스스로 선택할 수 있게 해야 한다. 간호·간병 통합 서비스는 보호자와 간병인 존재 여부에 상관없이 일반적이고 공통적인 서비스로 제공해야 한다. 이렇게 해야만 형평성에 맞고 의료와 돌봄의 지역 편차도 나아질 수 있다.

민간 의료기관들에게 이 제도의 운영 방식을 맡겨 놓고는, 더군다나 관리 감독이나 모니터링을 제대로 하지 않기 때문에 의료기관의 참여가 낮고 지역 편차는 심하다. 세종시나 제주도에서 간호·간병 통합 서비스는 희귀한 서비스다. 지방 거주민들은 무슨 죄가 있어서 보호자가 생업을 포기하고 간병을 해야 하는지 그리고 간병인 고용에 부담스러운 지출을 감내해야 하는지 개탄스럽다.

간호·간병 통합 서비스의 지역 격차는 간호 인력 채용난 때문이다. 간호대학은 서울보다 지방에 훨씬 많이 분포되어 있다. 전체 200여 개 간호대 중 15개 정도만 서울과 수도권 지역에 존재하고 나머지는 모두 지방에 있다. 그런데 지방에서 양성된 간호사들은 다 서울로 온다. 서울의 소위 '빅 5' 병원[15]으로 몰린다. 지역에 간호사들이 근무하게 하려면 정부가 나서서 지역 간호사 처우 개선책을 내놓아야 한다. 병원이 간호사 배치 기준을 지킬 수 있도록 기준을 강화하고, 지역 격차를 해소하기 위해서 지역별 지정 할당을 하면 어떨까. 지역 간호사들에게는 가산 수가를 책정할 수 있고, 급여를 상향해줄 수도 있다. 일본은 지역 병원 간

15　서울대학교병원, 연세세브란스병원, 삼성서울병원, 서울아산병원, 서울성모병원 등 5개 병원을 일컫는 용어다.

호사의 급여를 지방자치단체가 추가 지원할 수 있고 주거 지원을 해주기도 한다.

티슈 노동자, 간호 인력의 문제

그렇다면 간호 인력의 실제는 어떠한지 좀 더 자세히 살펴보자. 어느 간호사의 일상이다.

> 나이트night 근무를 마친 나는 새벽 6시에 일이 끝난다. 아침 7시 퇴근하고 집에 와서 눈을 붙여보지만 잠이 안 온다. 저녁 7시면 또 출근을 해야 한다. 비인간적인 근무 스케줄을 보며 교대 근무 없는 곳으로 이직하기 위해 안간힘을 쓴다.
> 입사 후 1년 동안 다섯 번이나 부서 이동을 했다. 아마 그곳에 누군가가 견디지 못하고 그만두었나 보다. 그러는 동안 계속 '막내'로 일을 했다. 막내들한테만 주어지는 병동 내 일들이 따로 있다. 이 일들은 근무시간 내에는 도저히 마칠 수 없다. 시간외근무를 할 수밖에 없는 기간이 길어질수록 그만둘 생각만 짙어진다.

당신을 간호하는 우리나라 간호사들의 이야기다. 또 다른 간호사의 고백도 있다.

"저는 피해자이자 가해자입니다."

어느 간호사가 한 토론회[16]에서 행했던 증언에서 나온 말이다. 중환자실에 근무하는 이 간호사는 생명이 위급한 중증 환자들을 간호하면서 '더 위급한' 환자를 돌보다가 '덜 위급한' 환자를 놓칠까 봐 일상이 살얼음판이었다고 한다. 주어진 모든 환자를 시간 내에 볼 수가 없어서 어떤 환자는 근무시간 동안 실물을 보지 못하고 '모니터'만 봤다고 했다. 급한 환자를 간호하느라고 정신 못 차리는 동안 근무시간이 종료되어 퇴근할 때마다 자괴감도 들었다고 했다.

"저는 이 험난한 노동환경의 피해자이자, 아픈 환자에게 적정한 간호를 제공하지 않은 가해자입니다."

이 간호사의 증언은 살면서 한 번 이상 병원을 이용하는 우리 모두가 귀담아들어야 할 고백이다.

앞서 언급했듯이, 간호·간병 통합 서비스의 가장 큰 장벽은 적정한 간호 인력 배치와 지방 간호 인력 수급이다. 이 서비스는 간호와 돌봄 인력이 우리 사회에 충분하고 적정하다는 가정하에 이뤄질 수 있다. 지역 간, 병원 간 간호 인력 수급 편차 해소나 지방 및 중소 병원 간호사의 실질적인 근무환경 개선으로 이어지지 못하는 한 보호자 없는 병원을 전국적으로 확대할 수 없다.

우리나라는 2022년 현재 인구 1000명당 전문직 간호사 수 4.9명으로, 해당 통계가 있는 OECD 28개국 중 25위(OECD 평균 8.4명)이며, 의료기관 활동 간호사는 53.9%다. 같은 해 인구 10만 명당 간호대학 졸업자 수는 OECD 평균 33.5명보다 높은 44.9명

---

16 인력 부족이 환자 안전과 의료서비스 질에 미치는 영향: 현장증언대회, 전국보건의료산업노동조합, 2023. 7. 3.

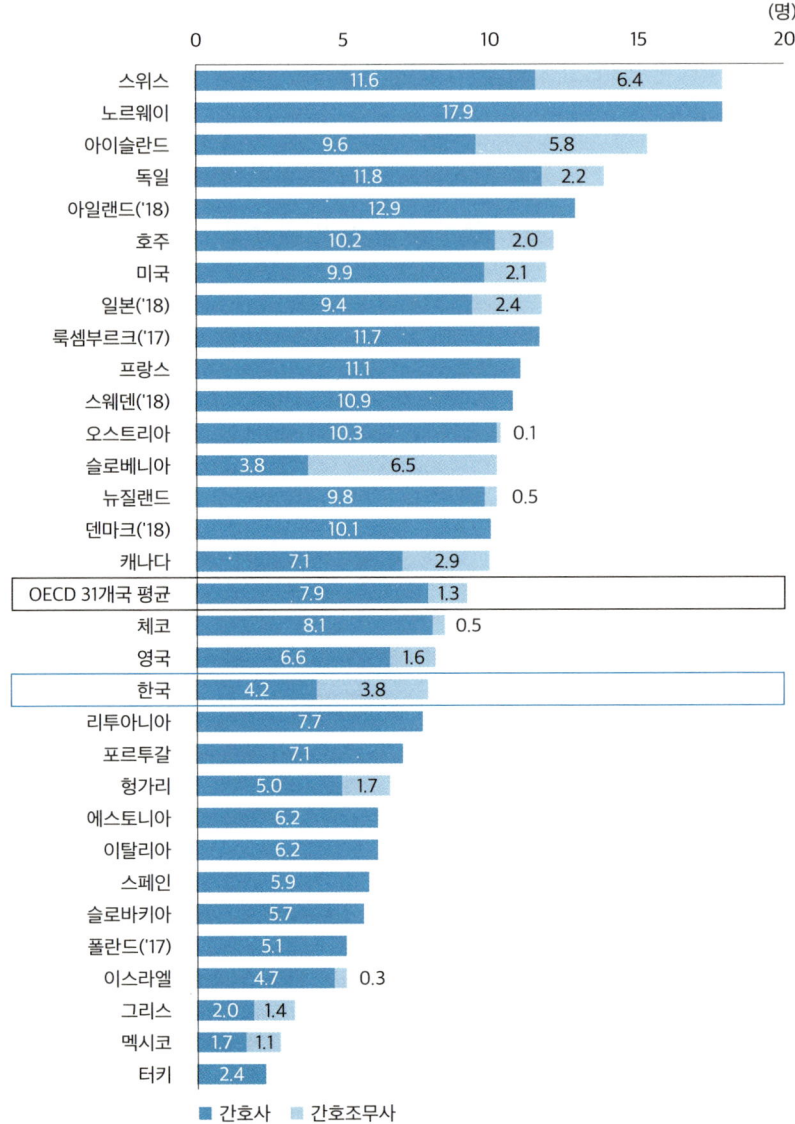

[그림 3-1] OECD 가입국의 인구 1000명당 간호사 및 간호조무사 구성 현황(2019년도 또는 최신 연도)

출처 : OECD statistics "Health care resources - Practising nurses".
보건복지부·한국보건사회연구원(2022), 『보건·의료인력 실태조사』, p. 90에서 재인용.

에 달하지만, 병원 임상 활동 중인 간호사 수가 적은 상태다.[17] 또한 간호사 사직률이 점차 증가하고 있다. 신규 간호사가 1년 이내 사직하는 비율이 2014년 28.7%에서 2020년 47.4%, 2021년 52.8%로 가파르게 상승하고 있다. 가장 큰 원인은 열악한 근무 환경과 처우다.[18] 참고로 미국은 13~17%, 일본 11% 정도의 사직률을 보인다.

간호조무사 취득자는 2020년 약 72만 5000명으로, 그 가운데 활동 중인 간호조무사는 약 40만 6000명에 달한다. 이는 전체 간호 인력의 50% 정도다.

2019년 기준으로 OECD 국가들과 비교한 [그림 3-1]을 보면, 인구 1000명당 간호조무사 수는 3.8명으로 OECD 평균(1.3명)에 비해 세 배에 가깝다. 하지만 간호사까지 포함해 인구 1000명당 간호 인력은 8.0명으로 OECD 평균(9.2명)에 미치지 못한다.[19]

결국 우리나라는 간호사보다 간호조무사를 상대적으로 더 많이 활용하고 있음을 뜻한다. 더욱이 우리 사회의 간호조무사는 의원급 의료기관이나 노인장기요양 방문 간호 영역 등에서 간호사와 업무 및 역할이 혼재되어왔다. 법정 인력임에도 불구하고 중장기 수급이나 인력 관리 대책이 미흡한 상황이다. 간호조무사가 간호·간병 통합 서비스 속에서 적절한 역할과 기능을 담

17　보건복지부·한국보건사회연구원(2024), OECD Health Statistics 2024, p.80-84.
18　대한간호협회가 2023년 6월 5일 발표한 수치. 다음 기사 참조. http://www.bosa.co.kr/news/articleView.html?idxno=2198755.
19　보건복지부·한국보건사회연구원(2022), 『보건·의료인력 실태조사』.

당할 수 있도록 설계해보는 것이 필요하다.

　간병 지원 인력으로서는 요양보호사를 들 수 있다. 요양보호사 자격 취득자는 2022년 현재 약 252만 명에 달한다. 하지만 이 중 약 60만 1000명 정도만이 노인요양시설 등에서 일하고 있고, 60대 이상의 비율이 62.3%로 인력의 고령화 현상이 뚜렷하다. 자격증 있는 요양보호사 중 24% 정도만이 일하며, 젊은 층들이 유입되지 않는다. 이것은 낮은 사회적 인식, 높은 이직률, 직업에 대한 편견, 열악한 노동환경, 부적절한 임금체계, 업무 불명확과 과중한 업무량, 교육체계의 부재 등 총체적으로 문제를 안고 있기 때문으로 보고되고 있다.[20] 간호·간병 통합 서비스를 전면적으로 전국화하게 된다면 간병 인력으로서 요양보호사의 역할 또한 병원 내에서 매우 중요하며, 적절한 배치와 처우 수준이 마련되어야 한다.

　또 다른 간병 지원 인력인 간병인의 경우, 국내에 활동하고 있는 간병인은 약 20만여 명으로 추산하고 있을 뿐 정확한 통계는 없다. 인력 관리도 열악한 실정이다. 공적 관리 제도와 체계는 없다. 간병인 1인당 환자 10명이 넘는 경우가 많고, 인력을 구하기조차 어렵다. 특히 중소 지방 도시는 간병인 수급이 심각한 상황이다. 다수가 중국 국적 동포 또는 외국인으로 의사소통이 어렵다. 간병인의 명확한 채용 기준이나 직업교육 훈련도 없다. 그들의 근로 여건과 처우도 열악하다.

---

[20] 국가인권위원회(2021), '노년기 건강과 인권: 노인 인권 옹호자를 위한 인권 교육' 교재 참조.

간호·간병 통합 서비스는 간호사만 하는 것이 아니다. 간호사, 간호조무사, 요양보호사나 간병인(간병 지원 인력)이 함께 팀으로 간호와 돌봄을 하는 것이다. 간호 인력이 모두 돌봄의 가치에 맞는 적절한 처우와 배치 수준을 확보할 수 있도록 해야 한다.

간 호 · 간 병 통 합 서 비 스

미국간호평가원 American Nursing Credentialing Center 으로부터 최고라고 인정받은 병원을 한번 보자. 캘리포니아주에 있는 250병상의 엘까미노 병원 El Camino Hospital 이다. 이곳에는 면허증을 취득한 정식 간호사 Registered Nurse: RN, 간호·간병전문사 Licensed Vocational Nurse: LVN, 여유간호사 또는 휴게간호사 Break Nurse: BN 등 약 3500명의 간호 인력이 근무하고 있다. 여유간호사 BN은 정식 간호사의 휴식과 식사로 인한 공백 시간을 보충해주는 역할을 하고 있다. 다른 병원에 비해 급여는 상대적으로 높다. 캘리포니아주의 강력한 제재로 인해 간호 인력 배치 기준을 준수한다. 간호 인력의 전문성 향상을 위한 지원도 아끼지 않고 있다. 특히 모든 환자마다 간호 필요도를 측정, 중증도에 따라 5단계로 간호를 제공한다: ① Not set, ② Low, ③ Medium, ④ High, ⑤ Extreme. 이때 중증도는 전산 프로그램에 의해 자동으로 정해지는 것이 아니고, 수간호사의 판단에 의해 결정된다. 보호자 면회는 열려 있으며, 환자의 컨디션이 좋지 않거나 환자가 별도로 요청하는 경우에만 제한된다. 병동에 따라 면회 시간이 상이하다. 특히 신생아실은 1일 3

회로 7시, 15시, 23시로 제한되어 운영한다.

 이게 어떻게 가능할까? <간호법>과 더불어 1999년 제정된 <간호 인력 최소 배치 기준법Nurse Staffing Standards for Hospital Patient Safety and Quality Care Act>이 작동한다. 중환자실, 수술실, 분만실, 소아병동, 응급병동, 내외과계병동, 정신병동과 같이 단위별로 구체적 배치 기준을 제시하고 있다. 예를 들면, 간호사 1인당 환자 수를 중환자실 1:2, 응급실 1:4, 정신병동 1:6으로 정하고 있다. 모니터로만 환자를 보는 것을 환자 배치로 인정하지 않는 모니터 금지 규정, 보상 없는 시간외근무 금지 규정 등이 구체적으로 명시되어 있다.

 여기에는 관리 의료Managed care의 시작으로 비용 절감에 대한 압박과 인력 감소의 움직임이 일어나자 이에 대응하기 위해 법제화를 추진한 것이 주효했다. 이로 인해 등록 간호사 RN만을 통해서 간호 서비스를 제공해야 하며, 미준수 시에는 행정처벌과 벌금이 부여된다. <간호 인력 최소 배치 기준법>은 A4 용지로 옮기면 약 25쪽에 달한다. 한국은 가능할까? 간호 인력 기준이 <의료법>에 한 줄, <의료법 시행령>에 서너 줄, 별표5 한 개로 명시되어 있다. <의료법> 위반은 시정 명령, 불응 시 업무 정지 15일 정도에 그친다. 현실적으로 의료기관에 압박이 되지 않는다. 입원 환자 관리료 차등제에 따른 부당 수령으로 환수 처분은 가능하다. 그러나 입법을 통해 분명히 하는 것이 가장 합리적이지 않을까?

 간호·간병 통합 서비스는 시범 사업 중이고 향후 확산한다고 하나, 제도 개선이 없으면 확산이 사실상 불투명하다. 특히 지역 간 격차 문제를 해소하고 간호·간병 인력의 적정 배치를 이룰만한 강한 행정력을 정부가 발휘할 수 있을지 의문이다. 한국의 병원 현실은 이대로 둘 수 없을 만큼 참혹하다. 상급 종합병원과 종합병원은 간호사 1명이 평균 16.3명의 환자를 돌본다. 중소 병원까지 합하면 43.6명이나 된다. 미국 5.7명, 스웨덴 5.4명, 노르웨이 3.7명 등과 비교하면 중노동이다. 〈의료법 시행규칙〉에 따르면 간호사 1명당 환자 2.5명을 배치해야 하지만 유명무실이다.[21]

실제 간호 인력에 비해 과다하게 신고하는 방법 등 〈국민건강보험법〉 위반이 인정될 경우, 입원 환자 관리료 차등제에 따른 입원 환자 간호 관리료를 부당 수령한 것으로 판단하여 초과 지급된 요양 급여비용 상당액에 대한 환수 처분이 이뤄질 수 있다. 의료기관에 경제적 타격이 발생할 수는 있다. 이와 같은 법적 대응은 특정 개인이 민사소송을 통해 해결할 수 있는 것은 아니다. 수사기관이나 국민건강보험공단에 고발 또는 진정을 제기함으로써 해당 기관에 의해 이뤄져야 한다. 실제로 국민건강보험공단은 이미 요양병원 등에 현지 조사를 실시해서 간호 인력 과다 신고 등에 대한 적발 및 이에 따른 요양 급여비용 환수 처분을 실시하고 있다. 궁극적으로는 입법 또는 정책 입안에 대해 열어두고 입체적으로 접근하는 것이 가장 바람직하다.

---

21 〈동아일보〉 2019. 10. 15. "신입 간호사 67% 1년 내 퇴직 고려" 기사 중. https://www.donga.com/news/article/all/20191015/97875675/1

간병 걱정 없는 돌봄 사회

시민은 간병 걱정을 하지 않으며 간호·간병이 보람 있는 것으로 여기는 돌봄 사회가 가능하려면 보호자 없는 병원부터 단계적으로 전면 시행해가는 것이 좋다. 모든 병원에 입원하는 모든 환자가 수혜자가 되며, 적정 수준의 간병비 급여화로 사적 간병의 고통과 경제적 부담을 줄임으로써 존엄한 돌봄을 실현해갈 수 있어야 한다. 초고령 사회, 따뜻하고 살기 좋은 대한민국으로 만들어가는 길이 여기에 있다. 환자의 중증도, 간호 필요도에 따라 간병 수요를 결정하고, 인력 배치 기준과 서비스 제공 모형을 적정화하는 것부터 시작하자. 병원의 간호·간병 통합 서비스 지정 기준을 강화하고, 지정 시 인력 비용과 시설 개설비 등 인센티브를 제공함으로써 제도의 빠른 확대를 도모해야 한다.

지역별 참여 병원 지정 할당을 통해 간호·간병 통합 서비스 제공 병상 수의 지역 격차를 동시에 해소해가야 할 것이다. 전국 공공 병원에서 우선 전면 시행하도록 하면 공공 병원의 서비스 질이 높아지고, 간호사 이직률을 낮출 수 있으며, 전체 간호 인력 수급에 선순환 구조가 형성될 것으로 기대한다. 간병 서비스를 제도권으로 통합해 요양보호사로 일원화하고, 간병 인력 관리와 처우 개선, 간병 서비스의 질 향상을 도모하는 것도 게을리해서는 안 된다.

간호와 돌봄은 사람이 하는 일이다. 근무 조건과 처우를 더욱 세심하게 신경 써야 하는 이유이기도 하다. 간호사 교대제 개선, 간호 인력 부족 지역 내 도립대학 간호학과 증원 및 신설을 통해 간호대학 입학 정원 증원, 지방 간호대학 실습 교육 개선 지원, 간호학사 편입 확대 등 간호 면허 취득 경로의 다양화, 임상 수련 교육체계 마련과 지방 중소 병원 간호사 취업 지원 확대 등 간호 인력 지원에 대한 종합적이고 입체적인 정책도 함께 병행되어야 한다.

올바른 기술을 갖춘 충분한 보건·의료 종사자를 보유하는 것은 환자의 안전과 의료 돌봄의 품질을 유지하는 데 필수적이다. 그럼에도 불구하고 우리의 병원 체계는 심각한 문제에 직면해 있다. 인력이 부족한 것은 경제적인 이유일까. 의료기관에서 절대적인 직원 수는 계속 증가해왔고, 아이러니하게도 직원들의 업무량도 또한 엄청나게 증가했다. 인구 고령화, 환자 수의 증가, 더 복잡한 건강 상태로 인해 기인한 것 이상으로 인력 부족 현상은 계속되고 있다.

질환 치료와 예방에 있어서 돌봄이 차지하는 효과는 동떨어져 생각할 수 없을 정도로 중요하다. 환자의 사망과 안전에 간호와 간병이 차지하는 비중이 크다. 병원에서부터 치료와 돌봄이 함께 제공되도록 해야 한다. 이것이 커뮤니티 케어의 첫 단추를 제대로 끼우는 것이다. 따라서 치료와 돌봄이 분리된 현실을 개선하기 위해서는 문제의 원인을 정확히 직시하고 환자와 가족, 의료인과 돌봄 인력, 정책과 법을 뒷받침하는 정부와 국회의원, 연구자 등 모두가 팔을 걷어붙이고 반드시 걸림돌을 제거해가야 한다.

내 집에
오지 않는 이들

방문 서비스, 왜 안 되나?

거동이 어려운 노인이 지역사회에서 생활하려면 장애인 활동 보조 서비스와 같은 서비스를 지원받든지, 아니면 집으로 의사와 간호사, 재활치료사 등이 방문해 방문 진료·방문 간호·방문 재활 서비스를 제공해야 한다. 질환의 정도와 기능 상태에 따라 서비스의 종류와 방식이 달라져야겠지만, 가급적 인근의 일차 의료기관이나 병원에서 필요한 서비스를 받을 수 있도록 이송 또는 이동을 지원해야 한다. 그러한 지원이 불가능하거나 여건이 안 되면 방문 서비스를 제공해야 한다.

물론 의료기관에서 통원 치료를 받는 것과 방문 서비스를 받는 것은 그중 하나를 선택하는 문제가 아니라 상태에 따라 가장 최적의 방법을 사용할 필요가 있다. 그러나 현실은 필요한 이들이 필요한 만큼의 방문 서비스는 고사하고 이용을 경험하는 것조차 불가능한 상황이다. 그 결과로 울며 겨자 먹기로 요양병원에 입원하는 경우가 많다. 방문 수가가 어느 정도 현실화되면서 방문을 전담하는 의료기관이 개설되고, 의료복지사회적협동조합[22] 등과 같은 의료기관에서 방문 서비스를 제공하는 경우가 늘어나고는 있다. 하지만 지역사회 필요를 감당할 수준이 아니다. 방문 서비스를 제공받는다고 하더라도 다른 의료기관에서 질환 관리가 이뤄지고 있는 환자의 경우 만성질환 관리와 방문 서비스가 연계되지 못하고 분절적인 서비스를 제공받고 있는 실정이다.

정말 제대로 방문 서비스가 제공되려면 고혈압과 당뇨병 등의 관리에 있어서 실질적으로 주치의 역할을 하는 일차 의료기관과의 연계가 이뤄져야 한다. 그래야만 최적의 결과를 가져올 수 있다. 하지만 그러한 일은 현실에서 일어나기 어렵다. 만성질환의 관리 책임을 맡는 등록 기관에서 방문 진료를 담당하거나 여의치 않으면 등록 기관에서 수립한 만성질환 관리 계획이 연계되어 방문 전담 의료기관의 의사가 방문 진료를 담당하고, 해당 의료기관이나 지역사회 연계 자원에 해당하는 지역 보건기관 등에서 근무하는 보건·의료 인력이 방문 간호 및 방문 재활 서비스를

---

[22] 보건복지부가 인증한 사회적협동조합의 한 유형으로서 지역 주민과 의료인, 조합원이 협동해 의료기관을 민주적으로 운영하고 건강 생활 실천이나 지역사회 내 돌봄을 통해 건강한 공동체를 만들어가고자 하는 협동조합. 2013년 안산의료복지사회적협동조합이 발족된 이래 전국에 20여 개가 활동 중이다.

제공한다면 지속적이고 포괄적인 건강관리가 가능할 것이다. 이렇게 의사, 간호사 등 보건·의료 인력이 집에 방문하는 일이 극히 드문 일이 된 데에는 서비스 공급을 담당하는 일차 의료기관이 주로 단독 개원 형태로 구성되어 있는 것과 무관하지 않다. 그 결과로 대부분의 일차 의료기관에서 방문 서비스를 제공할 수 있는 역량이 매우 취약하다. 또한 일차 의료기관과 연계해 교육과 상담·간호·재활 등을 제공할 수 있는 민간 부문의 건강 인프라가 매우 취약하고, 보건소 등 지역 보건기관과 같은 공공 인프라 역시 매우 부족하다. 결국 이런 현실이 방문 서비스를 어렵게 만드는 구조적 요인이 되고 있다.

일차 의료기관이 만성질환 관리를 포함한 지역사회의 포괄적 건강관리 역할을 수행하려면 서구와 같이 지배적인 개원 형태가 그룹 개원이 되어야 한다. 그래야만 다양한 보건·의료 인력을 고용해 서비스를 제공할 수 있는 역량을 갖출 수 있다. 의사 한 명이 간호사도 아닌 간호조무사 등의 보조 인력 한두 명으로 개원해 있는 현 상태에서 방문 서비스의 기능을 기대하는 것 자체가 어불성설이다. 여럿이 개원한다면 방문 진료 시간을 조정하는 것도 가능하고, 방문 간호나 방문 재활을 담당할 인력의 채용도 용이하지 않을까? 물론 그에 맞는 방식으로 국민건강보험 지불보상제도의 개편이 따라와야 한다.

그룹 개원이 어렵다면 방문 진료나 방문 간호, 방문 재활을 전담하는 기관이 지역사회 차원에서 적절하게 배치되고 일차 의료기관과 협력 네트워크가 형성되어야 한다. 현행 〈의료법〉의 개정이나 다른 관련 법률의 개정을 통한 방안도 생각해볼 수 있으나 이해관계의 충돌로 제도 개혁이 쉽지 않다. 만약 짧은 시간 내에 이러한 정책을 도입하기 어렵다면, 방문 전담 기관의 방문 서비스가 허용되는 제도적 장치가 마련되어야 한다. 물론 현실은 협력 자체가 이뤄지지 않고 있고, 연계와 협력을 추진할만한 지역사회 역량도 취약하다는 점에서 현실과 미래 사이의 간극이 매우 크다.

한편, 민간 인프라의 확충이 인위적으로 이뤄지는 것이 아니라는 점 그리고 일정 부분 공공을 통해서 민간의 질 향상을 유도해나갈 필요가 있다는 점에서 보건지소, 보건진료원, 건강생활지원센터 등과 같은 지역 보건기관의 기능을 확장해 포괄적인 질병 관리 및 건강관리 지원서비스를 제공할 수 있도록 인력과 시설을 확충하는 것이 우선되어야 한다. 지역 보건기관도 민간과 동일하게 국민건강보험의 지불·보상 체계에 포함되도록 하고, 지역 보건기관이 위치한 소진료권에 충분한 인구가 없어서 국민건강보험 지불·보상으로는 적자가 발생할 수밖에 없는 경우 그 적자를 예산에서 지원하는 방안을 마련해야 한다. 취약 계층과 취약 지역에서 개원하는 의료복지사회적협동조합 등과 같은 공적 성격이 강한 민간 의료기관도 동일한 원칙으로 지원이 이뤄질 필요가 있다. 보건소는 이러한 지원이 원활하게 이뤄질 수 있도록 운영의 총괄 책임을 갖도록 해야 한다.

방문 수가 손질부터

정부는 2019년부터 '일차 의료 방문 진료 수가 시범 사업'[23]을 통해 노인 인구의 증가와 방문 수요의 증가에 따라 의료기관이 방문했을 때 비용을 보상해주는 방문 수가를 현실화해오고 있다. 아직도 방문 수가가 매우 낮다는 비판이 있기는 하지만, 과거보다 진일보했다는 점은 부정하기 어렵다. 이렇게 방문 수가가 책정되면 어느 정도의 방문 진료와 방문 간호 등이 이뤄질 것으로 기대했는데, 실제 방문은 극히 일부에서만 이뤄지고 있다. 정부는 일차 의료기관에서 방문 진료가 왜 이뤄지지 않는지에 대해서 의아해하고 있다. 앞서 언급했듯이, 그룹 개원이 아닌 상태에서 방문 수가를 책정하더라도 의료기관이 방문 서비스를 제공하는 것 자체가 불가능하다.

수가가 생겼기 때문에 이를 기반으로 그룹 개원을 하면 되지 않느냐고 생각할 수 있다. 그룹 개원은 그렇게 간단한 문제가 아니다. 지금까지 일차 의료기관들은 전문 행위에 대해 적정한 보상을 받는 것이 아니라 단독 개원의 기반하에서 행위량을 늘려 경제적 이득을 취해왔기 때문에 매우 시장 친화적이다. 그룹 개원을 통해 일차 의료의 전문성과 역량을 강화하기보다 단독 개원을 통해 개별 의원의 행위량으로 소득을 취하는 것이 훨씬 더

---

[23] 2019년 12월 27일부터 시작된 사업으로서, 거동이 불편해 의료기관에 내원하기 어려운 환자를 대상으로 의원에 소속된 의사가 직접 환자의 가정을 방문해 의료 서비스를 제공하는 사업이다.

자연스럽다. 자영업적 성격을 조장하는 현재의 지불보상제도하에서 그룹 개원을 지향하기는 쉽지 않다. 그룹 개원 과정에서 분쟁이 발생해 의사들 간에 사이가 틀어지는 경우가 종종 발생하는 것은 이러한 지불보상제도와 무관치 않다.

따라서 방문 수가를 책정했다고 해서 그룹 개원이 자연스럽게 유도되고 확대되는 것이 아니다. 그에 걸맞은 지불보상제도 전반의 개편, 그룹 개원을 했을 때 장소 임대를 포함한 시설과 장비의 확충에 대한 재정적 지원, 일차 의료 수련 등에 대한 지정 등 다양한 인센티브가 결합되었을 때 가능한 일이다. 이러한 조건이 형성되었을 때 방문 수가는 그룹 개원을 활성화하는 데 기여할 수 있다. 물론 장기적으로 주치의제도의 정착과 일차 의료기관 및 의사의 역할 모형이 지역사회에 정착되는 과정도 필요하다. 상당히 지난한 과정이 될 것이다.

그렇다면 당장에 필요한 방문 서비스를 활성화하기 위한 방안으로 방문 수가에 대한 다양한 변형 및 옵션을 생각해볼 수 있다. 반드시 일차 의료기관에 의한 직접적인 방문 서비스가 아니더라도 일차 의료기관의 진료 계획에 따라 협약을 맺은 기관에서 방문 서비스가 제공될 때 그에 대해 방문 수가를 적용하는 방안을 마련할 필요가 있다. 당연히 이를 규제하고 있는 관련 법률의 개정이 필요한 부분이다.

돌봄을 위한
새판 짜기

노인이 우선이다

살던 곳에 거주하면서 개개인의 욕구에 맞는 서비스를 누리고 지역사회와 함께 어울려 살아갈 수 있도록 하려면 무엇이 필요할까? 주거, 보건·의료, 요양 돌봄, 독립생활의 지원 등 살면서 필요한 서비스가 지역사회에서 통합적으로 확보되어야 가능할 것이다. 이것을 커뮤니티 케어라고 부른다. 바로 이것이 잘 갖추어져 있고 원활하게 작동해야만 지역사회에서 건강한 나이 들기가 가능할 것이고, 불필요하고 부적절한 입원이나 입소가 줄어들 것이다.

    커뮤니티 케어는 궁극적으로 지역사회 모든 주민에게 필요로 하는 사회정책이자 서비스이지만 일차적으로 급성기 질병 발생 및 회복기 재활 후 보건·의료, 복지, 생활 지원 등의 서비스가 필요한 사람에게 우선하여 요구된다. 또한 시설에 입소해 있는 노인, 장애인, 정신질환자 중 의학적 요구도가 낮고 일정 수준 이상 일상생활 능력이 있어서 지역사회에서 생활할 수 있는 사람들의 요구도가 높다. 집이나 지역사회에 거주하는 대상자 가운데 의료적 요구는 적고 독립생활 의지가 강한 사람들의 요구도도 높다. 의료적 측면으로 보면 복합 만성질환을 갖고 있는 노인들이 주요한 대상이 될 수 있다.

이미 초고령사회에 진입한 우리나라에서는 노인 인구의 증가에 따라 만성질환자 수도 증가하고 있고, 만성질환으로 인한 질병 부담도 증가하고 있다. 질병관리청 자료에 의하면, 2022년 기준으로 만성질환 관련 진료비가 83조 원에 이르러 전체 진료비의 80.9%를 차지하고 있다. 이렇듯 만성질환에 대한 질병 부담이 지속해서 증가하고 있지만, 질병 관리는 제대로 이뤄지지 못하고 있는 것이 현실이다. 국민건강영양조사 자료에 의하면, 당뇨병 환자의 치료율은 70%가 넘는 데 반해 조절률은 40%에도 미치지 못하고 있을 정도로 질병 관리가 제대로 이뤄지지 않고 있다.

만성질환이 제대로 관리되려면 지속적인 치료와 행태 개선 그리고 포괄적인 건강관리가 체계적으로 이뤄져야 한다. 비용과 질을 동시에 만족시키면서 지속적인 만성질환 관리가 이뤄지기 위해서는 일차 의료기관의 역할이 중요한 것으로 알려져 있다. 더욱이 노인에게서 만성질환은 일반적으로 허약성과 결합되어 있는 경우가 많아서 만성질환에 대한 관리는 기능적으로도 커뮤니티 케어를 통해 대응할 필요가 있다. 결국 만성질환 관리라는 관점에서도 일차 의료가 커뮤니티 케어에 포함되어야 한다.

노인에게서 주로 발병하는 질환은 만성 퇴행성 질환이다. 한 명의 노인에게 여러 가지 질환이 동시에 존재하는 경우가 많고, 증상이 매우 다양하다는 특징을 갖고 있다. 만성질환은 완치라는 개념이 없다. 이차적으로 몸 안의 장기 등에 문제가 발생하지 않도록 관리하는 것이 중요하다. 따라서 만성질환을 치료, 관리하면서 독립적인 생활을 할 수 있도록 기능을 최대한 유지하게끔 도와줘야 한다.

한편, 노인 환자의 예후는 의학적인 측면뿐만 아니라 심리적, 사회경제적 요인 등이 복합적으로 작용한다. 노인의 건강과 기능에 영향을 미치는 다양한 요소들을 포괄적으로 고려해 건강 상태를 파악하는 것이 중요하다. 특히 75세 이상의 고령 노인은 대부분 노쇠한 상태에서 만성질환을 지니고 있고, 경제적인 어려움을 겪거나 가정적·사회적으로 고립되었을 확률이 높다. 또한 신체적 능력, 심리적 상태, 사회적 지지가 취약하고 일상생활 수행 능력이 감소하며 삶의 만족도 역시 낮다. 따라서 의료적 필요뿐만 아니라 신체적 돌봄에 대한 욕구 비중이 크다. 결국 고령 노인이 집에서 그리고 지역사회에서 건강하게 살아가려면 의료적 문제와 더불어 요양 돌봄 전반의 문제가 함께 다루어지고 방문을 포함한 통합적인 서비스 제공이 필요하다. 이런 점에서 서울 성동구가 시행하고 있는 '효사랑 주치의 사업'이 하나의 모범이 될 수도 있다.[24]

국민 다수는 생애 말기를 집에서 보내고 임종 역시 집에서 하기를 바라고 있다. 어유경과 고정은의 연구 결과에 따르면,[25] 65세 이상 성인 1500명을 대상으로 2019년 시행한 설문 조사에서 가장 선호하는 임종 장소로 응답자의 37.7%가 자택을 선택했다. 일반 병원 19.3%, 호스피스 기관 17.4%, 요양병원 13.1%, 노인장기요양시설 12.5%의 순이었다.

　　현실은 딴판이다. 코로나19 위기 발생 직전인 2019년 우리나라에서 사망한 국민 중 집에서 사망한 경우는 13.8%로 역대 최저를 기록했다. 반면, 병원에서의 사망은 77.1%로 역대 최고이자 일본을 제치고 OECD 국가 중 병원 사망 비율 1위를 기록했다.[26] 일본은 현재처럼 대다수가 의료기관에서 임종을 맞이하는 현상이 지속될 경우 2030년에는 사망자가 160만 명으로 증가되고 이 중 47만 명은 임종할 병상을 얻지 못하는 '임종 난민 시대'가 올 수 있다고 한다. 이러한 위기의식하에 후생노동성 주도로 의료기관을 벗어나 지역사회 중심의 생애 말기 돌봄이 가능할 수

24　서울 성동구는 만성질환 관리나 일상생활 수행에 어려움을 겪고 있고, 경제적으로 더 취약한 75세 이상 노인 인구를 대상으로 '효사랑 주치의 사업'을 실시해 맞춤형 건강 서비스를 제공하고 있다. 당연히 허약한 노인의 경우 방문에 대한 필요가 클 수밖에 없는데, 효사랑 주치의와 간호사가 팀을 이뤄서 방문 건강관리 서비스를 제공하고 있다. 이 사업을 통해 지역 내의 다양한 보건·의료 복지 자원을 한데 모아 대상자의 요구도에 맞는 프로그램을 연계하고 있다.

25　어유경·고정은(2022), 한국 노인의 선호 임종 장소와 결정 요인 분석, 『한국산학기술학회 논문지』 제23권 제8호, p.593.

26　OECD (2021), Health at a Glance 2021: OECD Indicators, OECD Publishing, Paris, p. 271. https://doi.org/10.1787/ae3016b9-en

있는 정책에 집중하고 있다. 우리나라 역시 2019년 사망자 수가 29만 5000명이었으나 빠른 고령화에 따른 사망자 증가로 2035년에는 48만 명이 사망할 것으로 추계하고 있다.

 병원에서의 임종은 가족과 함께 자신의 마지막 일상생활을 보낼 수 없고, 과도한 의료비용을 지출하며, 준비되지 못한 죽음을 맞이할 가능성이 높다. 보건복지부에 따르면, 2017년 사망 전 1년간의 월평균 의료비는 157만 원이다. 사망 직전 1개월간의 월평균 의료비는 403만 원으로 2.57배나 더 많다.[27] 가정 내 임종이 어려운 중요한 이유 중 하나는 가정에서 받을 수 있는 적절한 생애 말기 돌봄 서비스가 없거나 적기 때문이다. 원하는 장소에서 질 높은 생애 말기 돌봄을 받기 원하는 국민들의 바람을 충족하기 위해서는 어떻게 새판을 짜야 할까?

지역사회에서 일차 의료를

지역사회에서 건강하고 존엄하게 살기 위해서는 그럴만한 환경과 조건이 갖추어져야 한다. 주거, 영양, 요양 돌봄, 이동 문제 등 여러 조건이 필요하다. 그중에서도 노인기에 들어서면서 건강 문제가 발생했을 때 굳이 입원과 입소를 하지 않아도 될 만큼 좋은 일차 의료 서비스를 받을 수 있는 것이 그 출발점이라 하겠다. 불행하게도 현재와 같은 단독 개원 중심의 의료 전달 체계와 치

---

[27] "사망 직전 의료비 평소 2.5배", <뉴시스>, 2019. 6. 24. 기사 참조.

료 중심의 일차 의료 서비스 체계로는 허약해지거나 여러 만성질환을 갖기 시작하는 노인들이 지역사회에서 건강한 삶을 살아가는 것을 보장하기 어렵다. 왜 그럴까?

현재 우리가 마주하는 동네 의원들은 대부분 한 사람의 의사가 한두 명의 간호사 내지 간호조무사와 함께 운영하고 있어서 방문 의료를 행하기 불가능하다. 엄청난 수가가 책정되거나 의사가 수입에는 관심이 없는 경우가 아니라면 현실에서 일어나기 어렵다. 더군다나 의료 행위에 대한 수가도 예방 행위나 건강 상담에는 거의 적용되지 않으며 질병 치료만 적용되고 있다. 따라서 노인기에 접어들거나 고령 노인이 되었을 때 만성질환을 예방하거나 관리하는 일에, 또한 거동이 불편해지는 것이 더 악화되지 않도록 끊임없이 관심을 두고 살펴주는 일에 동네 의원은 전혀 관심이 없다. 만성질환자가 되거나, 아예 거동할 수 없을 정도로 몸이 망가지고 난 뒤에야 의사에게 보이고 약과 주사를 처방받게 된다.

그럼 어떤 대안이 있는가? 우선 의사 단독으로 개원하지 않는 경우, 즉 여러 의료 주체가 함께 모여 있는 형태를 생각해보자. 이것을 우리는 '일차 의료기관 연합'이라고 부를 수 있다.

일차 의료기관 연합은 단독 개원 형태의 일차 의료기관이 지배적인 현실에서 여러 일차 의료기관이 함께 일차 의료 기능을 수행할 수 있도록 하자는 의미를 담고 있다. 서구의 일차 의료 전문가general practitioners: GP 과정이 없는 상황에서 현실적으로 일차 의료 기능을 담당하는 의원은 내과와 가정의학과로 개설된 의원들일 것이다. 이들을 중심으로 여러 의원이 일차 의료기관 연합에 참여하면 지역사회 주민에서 일차적이면서 포괄적인 질병 관리 및 건강관리 서비스를 제공할 가능성이 생기지 않을까?

아니면 이렇게 다수의 의원들이 연합하지 않더라도 비록 단독 개원의 형태이지만 여기에 케어 코디네이터를 포함한 의료협력팀을 통해 서비스를 제공한다면 어떨까? 이러한 팀을 통해서 치료 계획의 수립 및 조정, 계획에 기반을 둔 의료 서비스의 제공을 이곳에서 담당한다면 다른 풍경이 펼쳐지지 않겠는가?

물론 이것만으로는 부족하다. 만성질환 관리를 위해서는 이렇게 바뀐 일차 의료기관과 전문 의원을 포함한 이차 의료기관[28] 간에 서비스 의뢰 및 재의뢰가 이뤄지는 체계까지 구축할 필요가 있다. 만일 내가 걷거나 차로 움직이면 몇 분 안에 방문할 수 있는 지역사회 내에 이런 체계가 작동된다면, 굳이 며칠 또는 몇 주일에 해당하는 예약 대기를 거치거나 몇 시간을 하염없이 기다려 마침내 얻어낸 짧은 2~3분간의 외래 진료를 받자고 대학병원에 갈 이유가 없다.

보건·의료 체계의 대수술

앞서 지역사회에서 좋은 일차 의료 서비스를 받는 데 필요한 보

---

28 이차 의료기관은 일반적인 외래 진료가 아닌 보다 전문적인 관리나 입원, 수술, 정밀검사 등의 서비스를 제공한다.

건·의료 체계의 변화를 살펴봤다. 그렇다면 이것이 가능하도록 무엇을 수술해야 하는가?

먼저, 케어 플랜 수립과 케어 코디네이터에 의한 조정 등을 골자로 하는 고혈압, 당뇨병 관리 모형에 기초한 일차 의료 만성질환 관리 사업을 노인의 기능 상태를 포함한 포괄적인 건강관리 사업으로 전환한다. 질환 범위의 경우 고혈압, 당뇨병에 국한하지 않고 복합 만성질환 등 만성질환 관리 전반으로 확대한다. 관리 대상도 일부 노인에 국한하지 않고 노인 일반 또는 가족 전체의 포괄적인 건강관리가 가능할 수 있도록 그 범위를 확대한다.

더 나아가 의료 전달 체계 개편과 맞물려 일차 의료기관이 문지기 역할을 수행하는 주치의 모형으로 발전해간다. 나와 우리 가족의 건강에 대해서 함께 고민하고 내 편에서 의논할 수 있는 주치의가 모든 지역 주민에게 있다는 사실만으로도 질병과 건강에 대한 불안을 줄일 수 있지 않을까? 이러한 체계가 작동하게 되면 불필요한 의료 이용을 줄여 가계 부담을 낮출 수 있을 것이다.

일차 의료기관에 대한 보상도 전통적인 행위별 방식에서 포괄 수가 방식으로 전환해야 한다. 또한 질적으로 우수한 일차 의료 서비스를 제공한 기관에 대해 성과 보상 등이 이뤄지고, 연합에 참여한 일차 의료기관에게 협진 및 연계 등으로 인한 인센티브가 작동할 수 있도록 추가적인 보상도 생각해야 한다. 지역 주민에게 추가적인 부담이 발생하지 않도록 하는 것도 매우 중요하다. 이를 위해서는 일차 의료에서 이뤄지는 지불·보상 정책의 전면적인 변화가 요구된다. 이러한 기반하에 지역의 중진료권 단위 전문 의원, 이차와 삼차 병원 간에 적절한 의뢰 및 재의뢰를 활성화할 수 있는 연계 수가를 개발·적용해 지역 완결적 의료체계가 작동할 수 있도록 해야 한다. 네트워크 전체에 대한 성과 보상 방안도 개발·적용할 필요가 있다.

지역 주민이 스스로 건강관리를 잘할 수 있는 역량을 높이기 위한 인센티브 제도도 운영해야 한다. 현재 국민건강보험공단에서 만성질환자를 대상으로 건강 생활 실천 등에 따른 건강관리 인센티브제도를 시범 운영하고 있는데, 이를 확대해 노쇠 관리를 포함한 포괄적인 건강관리 역량을 높이기 위한 지원 방안을 마련해야 한다. 일차 의료기관 연합에 등록해 건강관리를 받는 과정에서 마일리지를 제공하고, 일차 의료기관 및 지역 보건기관에서 수행하는 질병 교육, 건강 행태 교육 등에 참여할 때 마일리지를 제공함으로써 건강 문해력을 높이고 건강 생활 실천 활동을 독려할 수 있도록 해야 한다.

마지막으로, 양질의 일차 의료 인력을 양성 및 관리할 방안을 마련해야 한다. 병원 기반의 전문의 수련 과정이 아니라 일차 의료 현장 중심의 일차 의료 전문의 수련 과정을 개발·적용하고, 일차 의료를 담당하는 주체들에 대해서 일차 의료 핵심 역량에 기반을 둔 보수 교육 및 재교육 프로그램을 개발·적용할 필요가 있다. 또한 일차 의료기관이 교육, 상담, 연계를 담당하는 케어 코디네이터를 체계적으로 양성해야 한다. 다양한 개원 형태를 지원할 필요가 있다. 단독형, 지역 협력형, 공동 개원형, 의료복지사회적협동조합형 등 일차 의료기관의 연합이 이뤄질 수 있는 다양한 개원 형태를 고려해야 한다. 공동 개원을 위한 시설과 장비에 대한 정부 지원 방안을 마련하고, 건강생활지원센터 등 지역 보건 인프라의 확충을 통해 자가 건강관리 지원을 강화해야 한다.

지역 보건기관의 대변혁

일차 의료 기반 만성질환 관리 사업을 작동하기 위해서는 주민들이 생활하는 소지역을 중심으로 주민 참여에 기반을 둔 지역 보건·의료 체계를 구축하고 지역 보건기관의 기능을 개편하며 인프라의 확충이 필요하다.

2024년 기준으로 전국적으로 145개소가 설치, 운영되고 있는 건강생활지원센터는 건강한 생활을 관리하고 지원하는 소생활권 중심의 건강 증진 기능 특화 지역 보건·의료기관의 특성을 갖추고 있다. 주민들의 접근이 용이한 읍면동 또는 소생활권에서 전문가에게 건강 상담과 통합 건강 증진 서비스를 받을 수 있는 전담 기관의 위상이다. 건강생활지원센터가 플랫폼이 되어 주민들 스스로 건강 정보를 공유하고 건강 증진 프로그램을 직접 만들면서 건강 문제를 해결하도록 건강 조직을 구성하고 운영하도록 독려하고 있다. 그렇지만 현재의 위상과 역량에 비춰 볼 때 지역 주민, 특히 노인과 장애인의 질병 관리 및 건강관리의 요구에 대응하기 어렵고 일차 의료와 협력에 기반을 둔 일차 보건·의료 체계를 구축하기가 버겁다.

농어촌 지역과 달리 보건지소, 보건진료소와 같은 지역 보건 인프라가 취약한 도시 지역은 농어촌에 비해 수요와 서비스 공급의 불일치가 매우 큰 상황이다. 실제로 많은 지역에서 보건소 또는 보건분소 등으로 공공 보건 사업을 운영하는 경우가 많다. 질병 예방, 건강 증진 등 보건·의료 및 건강 증진 서비스에 대한 지역 주민의 미충족 필요가 광범위하게 발생하고 있다. 취약 계층도 양적으로 상당한 수준이다. 이들에게조차도 미충족 필요가 상당한 수준에 이르고 있다. 현재 시군구에 설치·운영되고 있는 보건소는 집단 대상의 공중 보건 기능과 대인 서비스 위주의 건강관리 기능이 혼재되어 있어서 어느 것 하나 제대로 된 기능을 수행하기 어렵다.

이러한 문제를 해결하기 위해 먼저 지역 보건기관의 기능 개편이 필요하다. 보건소는 시군구 단위 보건 기획 및 질병 관리 총괄 기능을 담당하는 것으로 하고, 서비스 기능은 소지역 단위 하부 조직으로 이관해 지역 보건 체계를 고도화할 필요가 있다. 이러한 기능 개편이 이뤄지면 보건소는 규제 및 행정 기능, 집단 대상의 보건 사업, 데이케어센터·치매안심센터·정신건강복지센터·재활센터 등의 운영, 커뮤니티 케어 거버넌스 운영 또는 참여 등의 기능을 담당하는 것으로 집중되어야 한다. 데이케어센터의 운영 역시 단독으로 이뤄지는 것이 아니라 지역사회 돌봄 체계가 구축되는 과정에서 통합적으로 운영될 필요가 있다.

그동안 보건소가 매우 제한적으로 제공한 개별적인 질병 관리 및 건강관리 서비스는 소생활권별로 구축되어 있는 건강생활지원센터나 도시 보건지소에서 담당하도록 지역 보건 체계의 개편을 추진해야 한다. 이를 주민건강센터라는 이름으로 사용할 수 있다. 주민건강센터는 소생활권 단위 사례 관리 및 보건 서비스를 제공하는 기능을 담당하고, 관련 기관 간 연계 협력 기능을 담당해야 한다. 보편 방문 서비스를 포함한 노인 대상의 포괄적인 건강관리 서비스를 제공하고, 대사증후군 등 고위험군 건강관리 서비스를 제공하며, 일차 의료기관과 연계된 만성질환 관리를 담당해야 한다. 초기에는 고혈압과 당뇨병 등 심뇌혈관 질환 관련 만성질환 관리에 초점을 맞춘다. 장기적으로는 인지 장애 등 포괄적인 노인 건강관리로 발전할 필요가 있다.

이를 위해서 지금까지 5명의 인력으로 운영되어 방문자 대상의 서비스를 제공하는 것 이상의 아웃리치 outreach 서비스를 제공하기 어려웠던 건강생활지원센터나, 공중보건의사의 진료 기능 중심으로 배치되어 있는 보건지소 등에 대한 대대적인 변화가 필요하다. 당연하게도 충분한 서비스를 제공할 수 있을 정도로 지역 보건 인력의 확충이 있어야 한다. 현재 운영되고 있는 도시 보건지소의 인력 기준 정도로 확충하는 방안을 생각해볼 수 있다. 농어촌 지역은 재가 요양이 취약하다는 점에서 공공 재가 요양 기능을 주민건강센터에서 운영해 통합적인 지역사회 돌봄이 가능하게 하는 방안도 적극적으로 검토해봐야 한다.

소생활권 단위로 설치하는 주민건강센터는 처음에는 인구 5만 명당 1개소가 될 수 있도록 인프라의 확충이 필요하고, 지역사회 통합돌봄이 본격화되는 과정에서 점차 늘려나가는 것이 타당할 것으로 보인다. 보건소에서 활동하는 대인 서비스 인력을 주민건강센터로 재배치하고, 농어촌의 보건지소나 보건진료원을 여러 개 묶어서 주민건강센터로 통합 운영한다면 모든 기관에 별도 정원을 확보하지 않고 일부 추가 인력을 확보해서 설치할 수 있다. 농어촌 지역을 포함한 취약한 도시 지역부터 단계적으로 시설과 인력을 확충해가야 할 것이다. 특히 농어촌 지역은 기본적인 진료를 담당할 의원이 없는 곳이 많기 때문에 주민건강센터가 방문 진료를 포함한 공공 클리닉의 역할을 담당해야 한다. 초기는 공중보건의사를 활용해야겠지만 점차 줄어드는 추세다. 병역제도에 따라 언제든지 사라질 가능성이 존재하기 때문에 장기적으로는 별도의 의사 인력 수급을 통해 공공 클리닉 형태의 주민건강센터를 운영할 필요가 있다.

요양병원의 구조 조정

지금까지 살펴본 바와 같이, 지역사회 차원에서 일차 보건·의료의 인프라를 확충하고 역량을 강화함으로써 불필요한 입원과 입소를 줄이고 건강하고 존엄한 삶이 거주하는 집과 지역에서 가능해질 수 있을 것이다. 그런데 이것만으로 충분할까?

끊임없이 입원을 유인하는 공급 구조가 존재하는 한 불필요한 입원이 줄어들기 쉽지 않다. 지역 완결적 필수 보건·의료 체계의 구축을 목표로 이뤄지고 있는 상급 종합병원의 구조 전환과 더불어 24시간 진료 체계를 유지하기 어려운 소규모 병원을 줄이고 지역 거점 공공 병원 등 우수한 지역 거점 종합병원을 확충해 병상 과잉 공급을 줄이면서 의료의 질을 높여 나간다.

그런데 급성기 병원과 달리 요양병원의 공급 과잉은 의료 개혁 의제에 포함되어 있지 않고 있어서 여전히 커뮤니티 케어를 구현하는 구조적 장해 요인으로 작용하고 있다. 요양병원의 불필요한 입원 병상을 전환하기 위한 제도적 장치가 꼭 필요하다. 재활병원의 기준을 정하고 요양병원에서 재활병원으로 전환할 경우 시설 인프라의 확충에 들어가는 비용을 정부가 지원하고, 재활병원의 운영 과정에서 발생할 수 있는 적자를 줄이기 위해 재활 수가의 현실화 및 적정 인력 기준을 운영하는 데 소요되는 인건비를 총액으로 보장해주는 지불보상제도의 개편도 적극 검토되어야 한다.

이렇게 재활병원으로의 전환 추진과 함께 요양병원의 기준을 엄격하게 설정해 해당 기준을 만족하지 못하는 요양병원이 퇴출될 수 있는 방안을 마련해줘야 한다. 기금을 통해 공공에서 매입하는 방안과 함께 적절한 기준을 만족한 요양병원과 지불·보상에서 차등을 두어 퇴출을 유도하는 정책이 함께 있어야 한다. 재활병원은 급성기 병원과 직접적인 연계가 중요하다는 점에서 주로 국민건강보험을 통한 지불·보상이 이뤄지는 체계가 필요하다. 하지만 요양병원은 유지기 병원으로서 요양에 대한 요구도가 크다는 점에서 국민건강보험의 지불·보상과 함께 노인장기요양보험에 의한 지불·보상도 함께 고려될 필요가 있다. 시도는 적절한 양과 분포로 재활병원과 요양병원의 병상이 확보될 수 있는 병상 계획을 수립하고, 불필요한 입원 상태에 있는 환자가 지역사회에 복귀하더라도 별도의 비용과 돌봄 부담이 발생하지 않으면서도 건강하고 존엄한 삶이 가능한 조건을 확보해가야 한다.

존엄한 삶과 존엄한 죽음

현재 한국의 보건·의료 체계는 풍전등화의 위기에 처해 있다. 건강의 주체인 나와 가족, 우리를 둘러싼 지역사회의 공적 영역에서 보건·의료가 분리되어 있다. 분명 보건·의료가 건강의 중요한 구성 요소임에도 불구하고 공급자 주도의 의료 체계에서 환자와 지역 주민의 필요와 분리되어 시장의 입맛에 따라 차별적 접근이 이뤄지고 있다. 그 과정에서 계층 간, 지역 간 보건·의료의 접근성과 그로 인한 결과로서 건강 불평등이 커지고 있다. 일상에서 일어나는 건강 위험에 대한 예방, 전인적인 치료와 상담에 천착해야 할 일차 의료는 지역 주민의 삶과 유리되어 병원과 별반 다를 바 없는 사익 추구적 구조에서 방황하고 있다. 삶의 안전망 역할을 담당하기에는 이미 신뢰를 잃어버린 일차 의료가 지역사회에서 건강한 삶을 살아가는 데 최대의 난관으로 작용하고 있다.

이에 대응하기 위해서는 지역 특성에 맞는 접근이 필요하다. 도시 지역은 소지역 단위에서 일차 의료기관 연합과 주민건강센터가 강력한 일차 보건·의료 체계를 구축하는 것이 필요하다. 반면, 농어촌 지역은 방문 진료를 포함해 진료 서비스와 예방, 재활 등을 모두 담당하는 공공 클리닉의 기능을 갖고 있는 주민건강센터 중심으로 체계가 구축된다면 '건강한 노화'라는 커뮤니티 케어의 정책 목표가 일정 부분 달성될 수 있을 것이다.

일차 의료의 기능을 상당 부분 대체하고 있는 민간 병원은 사익 추구의 성향이 강화되면서 의료의 전문화와 병원의 대형화를 확대재생산하고 있다. 그 과정에서 시설화를 최대치로 끌어올리고 있다. 반면, 작은 규모의 배후 인구수로 시장 수요가 작아 대형 병원의 투자가 이뤄지기 어려운 지역은 24시간 진료조차 유지하기 어려운 소규모 병원이 생존을 위해 국민건강보험을 통한 사회적 입원과 과도한 외래 이용을 유도한다. 그러면서 불필요한 비용 부담을 증가시키고 있고, 의료의 질 저하를 가져오고 있다.

근대적 의미에서도 병원은 잠시 일상에서 일탈한 후 질병 치료와 기능 회복을 가능케 해 직장과 사회로 복귀하고 행복하고 건강한 삶을 살아갈 수 있도록 도와주는 공간이어야 한다. 그런데 존엄한 삶과는 거리가 먼 연령, 질병, 기능에 따른 사회적 배제를 구조화하고 일탈을 영속하는 기제로 작용하고 있다. 현재의 보건·의료 체계가 인간적 삶과는 거리가 멀다는 사실은 전 국민이 평균적으로 서구 복지국가에 비해 수배에 이를 정도로 의료 이용을 많이 한다는 사실과 존엄한 죽음조차 쉽지 않은 현실에서도 명징하게 확인할 수 있다. 더더욱 의료비가 폭발적으로 증가하면서 우리 사회가 감당하기 어려울 정도의 임계점에 도달했다는 사실에서 보건·의료 체계가 지속 가능하지 않은 상태에 있음을 보여준다.

위기가 총체적이라는 점에서 그 해답도 총체적이어야 한다. 어느 하나만의 정책으로 이러한 일들이 가능하지 않을 것이다.

특히 일차 보건·의료에 대한 개혁은 지역 주민이 중심이 되는 보건·의료 체계의 기틀을 다시 세우기 위한 작업 중 하나라는 점에서 매우 중요하다. 커뮤니티 케어가 가능하게 할 가장 중요한 정책 수단이기도 하다. 물론 일차 보건·의료 정책이 작동하려면 병상 공급 정책, 재정 정책 등과 상호 밀접하게 연결되어 있어야 한다. 어느 하나의 정책만으로 커뮤니티 케어의 관점에서 일차 보건·의료가 작동하기가 쉽지 않다. 커뮤니티 케어의 체계하에서 전반적으로 보건·의료의 공공성을 강화하는 정책 방향도 필수적으로 요구된다.

2024년 3월 <의료·요양 등 지역 돌봄의 통합 지원에 관한 법률>이 제정되었다. 2026년 3월부터 시행하도록 명문화하고 있다. 그러나 과연 이 법이 커뮤니티 케어를 위해 요양-의료-보건의 새로운 판을 만들어내기 충분한 법률일까? 불행히도 그렇지 않다. 통합 지원에 관한 법률이 갖는 한계를 인식하고, 위에 제시한 정책 방향이 반영될 수 있도록 노력하는 일부터 시작해야 하지 않을까.

4

공공 돌봄 체계 만들기

지방자치단체와 돌봄

왜 지방자치단체는 보이지 않는가?

돌봄 문제가 심각하다 보니 지방자치단체도 대책을 내어놓곤 한다. 일례로, 2024년 서울시 등 일부 지자체에서는 가사와 돌봄 인력을 동남아에서 도입하는 정책을 진행하면서 논란이 되기도 했다. 이들에게는 최저임금 적용을 제외하겠다는 등의 제안을 했다가 빈축을 사기도 했다. 가사와 돌봄 노동에 소요되는 인건비를 최저임금에서도 제외되는 외국인으로 충당한다는 것이다. 차별의 문제도 있거니와, 돌봄은 낮은 비용으로 해결할 수 있는 일이라는 정부의 인식도 문제다.

그런데 이런저런 부적절한 방법까지도 동원하겠다는 지자체임에도, 시민들이 막상 현실에서 돌봄 문제에 직면하게 되면 내가 속한 지자체가 실제로 어떤 도움이 되는지 알 수 없다. 지자체는 절박한 시민들의 사연과 문제에 대해 도대체 무엇을 하고 있는 것일까?

노인에게 몸이 불편해지거나 치매가 발생했을 때, 온 가족은 치명적인 어려움에 부딪힌다. 혹은 가족 중 누군가 장애를 가지게 된다면 그 가족 모두는 비장애인 가족과는 전혀 다른 삶을 살 수밖에 없게 된다. 돌봄 문제에서 가족 구성원의 격랑과도 같은 삶의 고통은, 특히 우리나라에서 가장 두드러진다. 노모에게 위와 같은 일이 발생하면 가족은 처음에 혼란에 빠지고, 다른 가족 구성원들이 시간을 쪼개어 (혹은 여성 가족원이 사회경제활동과 일상을 포기하고) 노모를 돌본다. 여기저기 알아보고 나서 노인장기요양보험의 등급을 신청하게 되면, 공적인 사회서비스에 진입할 수도 있다. 하지만 요양 등급 판정을 받더라도 일주일에 평일 낮의 몇 시간만 요양보호사가 방문해준다. 나머지 시간은 가족이 돌보거나 혹은 시설을 알아봐야 한다. 입소나 입원을 결정하면 상당한 자부담금을 들여 노인요양원이나 요양병원을 선택하게 된다. 이 과정에서 걱정과 혼란에 빠진 가족이 지방자치단체에 사회적 돌봄 제도 이용에 대한 문의를 했을 때, 정보라도 제공해주면 좋겠지만 그런 지자체는 거의 없다.

물론 예전의 전통 사회에서 돌봄은 국가나 지방자치단체가 어떤 서비스를 해주기보다는 가족 혹은 친족이 알아서 하는 것이었다. 현대사회에서는 소가족 단위에서 살아가고 성인은 거의 누구나 일을 해서 돈을 벌어야 한다. 가족, 특히 노인에 대한 돌봄은 생계유지를 위한 경제적 활동에 결정적 제약이 되곤 한다. 이에 따라 돌봄은 가족을 넘어 사회화가 되었다. 사실 돌봄만이 아니라 복지, 교육 등 많은 부분이 사회화된 것이다. 경우에 따라서는 사회화의 형태가 영리 시장을 통해 서비스를 구매하는 모습으로 나타나기도 한다. 그렇지만 모두가 시장을 통해 돌봄을 구매할 능력을 가질 수는 없다. 따라서 사회 구성원 모두의 위험이 되는 요소에 대해서는 영리 시장이 아닌 사회와 국가가 그 대응을 제도화한다. 그래서 돌봄을 비롯한 교육과 의료, 사회적 위험 보장 등 상당 부분은 공공 영역이 됐다. 현대 국가를 복지국가라고 부르는 이유이기도 하다.

우리나라도 국가나 지방자치단체가 주도하는 사회적 돌봄의 형태로 노인장기요양보험이나 노인 맞춤형 돌봄 지원, 장애인 활동 지원 그리고 각종 시설에의 입소와 보호 같은 돌봄 지원 제도나 프로그램이 만들어져 있다. 그렇지만 돌봄 당사자나 그 가족들에게 답답함과 혼란함이 가시지 않는 이유는 무엇일까? 현재의 이런 제도들은 비용을 지원하거나 감면해주는 공적 제도다. 하지만 정작 구체적으로 어떤 서비스를 받을 수 있는지 판단해주고 실제 그 서비스를 직접 연결해주는 기능이 가장 가까이에 있는 공적 주체인 지자체에는 없기 때문이다. 기본적으로 본인이나 가족이 각자 알아서 민간 돌봄 기관이나 요양병원을 직접 접촉하고, 이어서 서비스를 신청해 받는 방식으로 진행되고 있다. 불편하고 막막하다.

돌봄 서비스는 어떤 대상자가 어떤 상황에서 무슨 내용의 서비스를 누구를 통해 어떻게 제공할 것인지의 선택과 관리에서 개인별로 달라져야 하기 때문에 무척 다양하고 복잡하다. 비용을 주고 보통의 물건 혹은 획일적인 서비스를 사는 것과는 다르다. 따라서 공적 비용이 지원되는 것인 만큼 서비스를 제공할지의 여부와 그 내용을 공정하고 전문적으로 결정하는 것이 중요하다. 그 역할을 담당하기에 가장 적절하고 공신력을 갖고 있는 곳은 지방자치단체다. 중앙정부는 너무 멀리 있고 전 국민을 획일적으로 접근하기에 각각의 사람들이 맞닥뜨린 돌봄의 개별 욕구에 대한 대응에서 돌봄의 최종 집행 책임을 지기에 부적절하다. 그래서 많은 국가들에서 지자체가 그러한 역할을 담당하고 있다. 하지만 우리나라의 돌봄에서는 지자체의 역할이 눈에 보이지 않는다. 왜 이렇게 되었을까? 그 답은 우리나라 복지 서비스 정책이 그간 밟아온 궤적에서 찾을 수 있다.

돌봄의 사회화에 맞지 않는 지자체 역할

돌봄은 사회복지에서 가장 중요한 부분의 하나다. 복지라고 하면 많은 사람들이 돌봐줄 사람이 없는 아동이나 노인, 장애인을 돌보는 행위를 연상하곤 한다. 지금은 쓰지 않는 명칭인 고아원을 비롯해 양로원 혹은 장애인 시설과 같은 '시설'에서 돌봐주는 모습을 생각한다. 우리나라에서는 당연한 모습으로 여긴다. 실상은 돌봐줄 이가 없는 사람들을 시설에 수용하고, 거기에서 의식주를 제공하면서 돌봐주는 모습은 세계적으로 절대 당연한 것이 아니다. 서구 국가에서는 봉건사회에서 자본주의사회로의 전환 과정이나 고전적 자본주의 형성의 초창기에만 많이 이뤄졌던 방식이다. 소위 구빈원almshouse이나 작업장workhouse 수용 같은 방식이었다. 그러나 현재의 서구 국가에서는 전혀 일반적이지 않다. 선진국일수록 시설에 수용해서 보호하는 것은 전근대적인 것으로 여긴다. 심지어 최근으로 오면 미국에서 정신질환자에 대한 과도한 수용 보호가 인권침해 문제가 된 경우가 있기도 하다. 사실 불필요한 입소나 입원의 정도는 노인, 장애인, 정신질환자 등 여러 분야에서 우리나라가 가장 심하다는 것이 널리 알려져 있다.

우리나라에서는 지금까지 세 가지의 사회적 돌봄 방식을 사용해왔다.

첫 번째는 민간에서 돌봄이 필요한 사람들을 시설에 모아서 보호하는 방식이다. 해방과 한국전쟁 직후에 우리나라는 경제적 여력과 공공 서비스를 위한 능력을 갖추지 못했다. 그러다 보니 가족이 돌볼 수 없는 사람들, 대표적으로 집에서 버려진 아동이나 전쟁고아, 무의탁 노인 혹은 돌봄과 지원을 받을 수 없는 장애인에 대해서는 생활 시설에 모아 수용하면서 돌봄을 제공했다. 이 생활 시설은 대부분 민간이 설립했다. 초창기에는 한국전쟁 후 세계에서 가장 가난한 나라를 도우려는 외국의 원조와 관련된 돈으로 이 비용들을 충당했다. 이후 정부가 어느 정도의 능력이 생긴 후에는 생활 시설 운영과 관련된 비용은 공공이 지원했다. 현재까지도 노인, 아동, 장애인, 여성 등에게 돌봄을 제공하는 생활 시설은 민간이 만들어 운영하고 있고 비용만 공공이 제공한다.

두 번째는 공공, 특히 지방자치단체가 복지시설을 만들고 주민들에게 돌봄을 포함한 여러 가지 서비스를 제공하는 것이다. 생활 시설처럼 돌봄이 필요한 사람들이 그 안에서 생활하는 것은 아니고, 자기 집에 거주하면서 필요할 때 서비스를 이용하는 것이다. 보통 생활 시설과 구별해 '이용 시설'이라고 부르곤 한다. 대표적인 것이 시군구에 몇 개씩 운영되고 있는 종합사회복지관이다. 구청이나 군청, 시청이 이러한 종합사회복지관이나 각종 복지센터를 설립하지만, 공무원들이 직접 운영하는 경우는 거의 없고 민간 비영리법인에게 위탁해 운영한다. 다만 운영비용의 대부분은 공공이 제공한다. 우리나라에서는 1980년대 후반 그리고 1990년대 들어서 이용 시설의 설립이 본격적으로 늘어나기 시작했다.

세 번째는 돌봄을 필요로 하는 사람들에게 직접 비용을 제공하고, 이들이 이 비용을 이용해서 돌봄 서비스를 구매하도록 하는 방식이다. 아동이나 장애인 그리고 돌봄이 필요한 노인이 행정적으로 서비스를 받아야 할 요건이나 자격이 입증되면 공공이 그 비용을 당사자에게 직접 제공한다. 일반적으로 현금을 주는 것은 아니고, 관련된 서비스에서만 사용할 수 있는 수단인 바우처voucher 방식으로 제공되곤 한다. 준準현금이라 할 수 있다. 바우처를 기반으로 서비스를 제공할 민간 공급자를 찾아서 서비스를 제공받고, 사후적으로 정부가 그 비용을 민간 공급자에게 지불하게 된다. 어린이집, 발달 재활 서비스, 장애인 활동 지원, 노인장기요양 서비스 등이 이러한 방식으로 운영된다. 이는 주로 2000년대 이후에 나타나기 시작했다. 공공은 전자 바우처와 같은 방법 또는 서비스 제공 실적을 토대로 서비스 제공 기관에게 비용을 지불해주는 방법으로 지원한다. 필요한 전체 비용을 전부 지원해주는 것이 아니라서 일부분은 돌봄 서비스 이용자와 가족이 자부담해야 한다.

　이 세 가지 방식들은 우리나라 복지와 사회적 돌봄의 역사에서 순차적으로 나타났기 때문에 이를 단계로 표현하기도 한다. 그런데 시작된 시점으로 보면 순서를 가지고 있지만, 넓지 않은 우리나라 지역사회에 2020년대 중반인 지금도 '동시에' 존재하고 있다.

　또한 세 가지 방식들은 공통적인 특성이 있다. 서비스를 제공하는 주체가 민간이라는 점이다. 실제로는 민간이 서비스의 제공 대상, 내용과 방법, 양과 종류까지 구체적인 것을 다 결정하고 있는 것이나 마찬가지다. 물론 세 번째 단계의 방식에 이르러서는 공적 제도나 국민건강보험공단과 같은 공공기관이 서비스를 받을 대상인지 선정하는 적격 유무는 심사한다. 하지만 구체적이고 실질적인 부분은 서비스를 제공하는 민간이 결정하고 관리한다. 지방자치단체 등 공공은 담당하는 역할이 매우 제한적이다. 그렇다면 지자체는 무엇을 할까? 세금 또는 사회보험료나 서비스 이용료로 조성된 재원으로 서비스를 제공하는 곳에 비용을 주고, 서비스를 제공하는 민간 기관을 관리·감독하는 역할을 한다. 현실에서는 사고가 나거나 특별한 이슈가 생겼을 때에나 두드러질 뿐이고, 대개는 서류상의 적절성을 사후에 점검하는 수준이다.

돌봄의 사회화가 필요한 시기이지만, 이 돌봄의 영역에도 지금까지 우리나라 사회복지 서비스 발달 과정의 특성이 그대로 답습되고 있다. 즉, 서비스 제공 과정에서 민간의 역할이 거의 절대적이다. 반면, 지방자치단체의 역할은 별로 없다. 서구에서 국가와 지자체의 책임성 강화를 위해 돌봄 서비스에 대해 지자체가 기본 역할을 담당하고 있는 것에 비해, 우리나라는 극단적으로 궁핍한 극소수에 대해서만 구호 서비스를 제공하는 것을 국가와 지자체의 역할로 한정 짓고 있다. 기본적으로 민간 시설에 그 책임을 위임하고 최소한의 비용만을 지원하는 방식을 택해왔다. 거슬러 올라가면 일제강점기와 한국전쟁을 겪으면서 사회복지 서비스의 발전을 견인할 공공의 행정적·재정적 역량이 부족했다는 이유로 극빈층의 생존에 대해서만 지원을 집중하는 관성이 오랫동안 유지되어왔고, 일반 지역 주민의 욕구에 지자체가 적극적인 역할을 하는 것은 생각하기 어려웠다. 돌봄 지원과 사회화도 극빈층을 지원하는 것에 국한되어왔다. 이런 역사적 과정들이 지금에 와서 보면, 일반 주민들의 돌봄 필요성에 대해서는 지자체가 적극적인 역할은커녕 아예 아무런 역할을 하지 않아도 된다는 인식이 공고하게 되고 만 것이다.

문재인 정부에서는 돌봄 사회화의 첫걸음으로 '사회서비스원'이란 공공기관을 만들어 지역사회 돌봄을 좀 더 적극적으로 책임지는 공적 역할을 부여하는 정책을 시작했고, 이에 필요한 법적 근거까지 만든 바 있다. 그러나 돌봄의 사회화에 대한 저항은 곳곳에서 나타나고 있다. 그 결정적인 사례가 지방자치단체가 설립했던 사회서비스원을 지자체장이 바뀌면서 폐쇄한 것이다. 이렇듯 사회서비스원을 폐쇄한 어느 지자체의 담당 공무원이 용감하게도 '원래 사회서비스는 민간이 제공하는 것'이라는 해괴한 말을 할 정도로 안일하며 관성적인 인식이 여전하다. 서구 국가에서 사회서비스는 공공이 직접 제공하는 비중이 상당하다.

지자체 입장에서는 돌봄 관련된 역할을 민간에 맡겨온 흐름을 그대로 유지시키면 일이 편하다. 책임을 방기하기에 참 좋은 명분이 되고 있다. 민간에 대해 비용 지원과 관리·감독으로 간접적 통제만 하면 되는 지금의 상황을 굳이 바꾸고 싶지 않다. 주민들의 돌봄 욕구나 사각지대에 대해 지자체 스스로 직접 책임질 사안이 아니라고 선을 긋고 대처하면 되는 일이다. 혹여 지역 주민들이 돌봄 문제로 삶이 무너지는 사건이 발생해도 이를 담당한 민간에 책임을 돌리거나 도덕적으로 '안타깝다' 정도로 반응하는 상황이 간편하다. 그리고 늘 그래 왔기 때문에 당연하기도 하다.

물론 지방자치단체를 책임지는 사람들이 게으르고 의욕이 없다고 욕하며 나쁘다고 비난할 일만은 아니다. 현재로서는 설혹 지자체가 공공 돌봄을 기획하고 관리하고 직접 돌봄 서비스 제공을 책임지겠다고 나선다고 해도 그에 필요한 인력과 예산 그리고 법적 권한과 책임이 부여되지 않는 것도 또 다른 진실이다. 지방자치제도가 활성화된 서구 국가들에서 지자체가 하는 가장 중요한 역할이 돌봄과 복지 서비스다. 우리나라는 중앙정부가 공공 돌봄에 대해 신통한 역할을 하지 못한다. 그러면서도 형식적으로는 지방자치제도가 운영되고 있지만, 지자체에게 법적·행정적 권한이나 예산과 행정조직의 자율성을 주지는 않고 있다. 그러다 보니 돌봄에 있어서 지자체가 해야 할 역할을 적극적으로 수행하기 어렵다. 지금 우리나라의 지자체들은 이 상황에 적응해버린 셈이다.

돌봄은 '나랏님'이 어떻게 할 수 없는 것이라 여기고 있다. 우리나라의 사회적 돌봄 구조는 기형적이다. 그 속에서 지방자치단체나 민간 영리 사업자들은 나름 편하고 이해관계가 맞아 떨어진다. 그러니 지자체나 공급자들은 굳이 뭔가에 손댈 필요가 없다. 하지만 우리나라 복지 서비스가 오래도록 유지해온 독특하고도 잘못된 제공 방식은 돌봄의 사회화가 절실한 지금 이 시점에 매우 큰 장애물이 되고 있다. 발상을 전환하고 근본부터 바꾸는 것이 필요하다.

사회적 돌봄의 주체로서의 지자체

우리나라와 달리, 여러 복지 선진국에서는 사회적 돌봄이 지방자치단체가 책임지는 기본 역할로 자리 잡혀 있다. 스웨덴 같은 경우에는 기초자치단체에 해당하는 '꼬뮨commune'이 돌봄을 필요로 하는 노인이나 장애인 각 개인에게 맞는 돌봄 서비스의 종류와 양을 기획해서 제공하고 연계한다. 이 일을 담당 공무원이 직접 수행하고 있다. 그래서 공무원, 특히 복지나 보건 등을 담당하는 공무원의 수가 많다. 우리나라에 비춰본다면 시군구에 소속된 공무원이 해당 지역 내에 있는 장애인이나 노인들에게 필요한 서비스를 직접 관리하고 제공하는 것이라 할 수 있다.

다른 유럽 국가들에서도 대부분 돌봄이 필요한 시민들에게 돌봄과 복지 서비스를 제공하거나 자원을 연결하는 활동들이 지자체의 중요한 본연의 역할로 여겨지고 있다. 지방자치제도에 따른 고유한 역할을 중앙정부와 광역자치단체·기초자치단체로 나누어 설명할 때 보통 중앙정부가 외교와 국방 등 거시적 정책을 담당하고, 광역자치단체가 교통과 의료 등의 정책과 인프라를 담당한다. 이와 비교해 기초자치단체는 시민들의 생활에서 가깝게 직면하는 지역적이고 대면적인 생활 밀착형 정책과 서비스를 담당한다. 그중에 가장 대표적인 것이 돌봄과 복지 서비스에 해당한다.

돌봄이 현대 국가의 국민들에게 가장 핵심적이고 어려운 생활의 욕구가 되고 있다. 이는 가족을 통해서도, 시장을 통해서도 적절히 해결되기 어려우니 국가 및 지방자치단체의 핵심적 역할로 설정하는 것이다. 돌봄과 관련해 국가 혹은 지자체가 해야 할 가장 중요한 역할은 누구에게 어떤 돌봄 서비스를 제공할지를 정확히 판단해 집행하는 것이다. 돌봄 서비스에 공공 재원이 많이 들어가기 때문에 공정하고 전문적으로 욕구를 사정 assessment 해야 한다. 제대로 된 복지국가에서 돌봄 서비스의 제공은 빈곤 여부가 아니라 돌봄의 필요성에 따라 지원하는 것이다.

우리나라에서는 바우처 사업이나 노인장기요양 등의 수요자 지원 방식, 앞에서 이야기한 세 번째 방식을 도입하는 시점에 이르러서야 비로소 서비스의 필요성에 대한 판정이 실질적인 의미를 가지게 됐다. 다만, 이 경우에도 정부나 지자체가 직접적인 서비스 공급에는 관여하지 않고 바우처 비용만을 지원함으로 인해, 특히 돌봄 영역에서는 영리를 추구하는 민간 공급 기관이 주를 이루는 상황으로 서비스의 양과 질에 문제가 노출되었던 바 있다. 그러면 기존에는 누구에게 돌봄 서비스를 제공하는 것이었을까?

최근까지 우리나라는 사회복지 분야의 발전이 더디고 소극적인 행정 서비스를 나타내다 보니 공공의 혜택은 가난한 사람들에게만 주어지는 것으로 국한되어왔다. 돌봄 서비스도 '너무 가난해서 생계를 도와줘야 하는' 사람들에게 제공했다. 돌봄 서비스가 필요한 상황인지를 판단하는 '욕구 사정'보다 가난해서 도와줘야 할 사람인지를 판단하는 '자산 조사$_{\text{means test}}$'의 결과가 우선적으로 작동했던 것이다. 재산이 없고 소득이 낮은 '가난한' 사람들이 사회서비스의 수급권도 가졌다. 거주 시설이든 이용 시설이든 빈곤층만이 돌봄 등 사회서비스를 받을 수 있었다.

예를 들어, 지역사회에서 급식이나 도시락 제공 서비스는 몸이 불편해서 음식을 스스로 조리할 수 없는 상태의 사람들이 아니라 가난해서 식비가 모자라는 사람에게 제공하는 것으로 여겨왔다. 지방자치단체가 전문적으로 돌봄 욕구를 사정해서 서비스 제공 여부와 종류를 결정하는 역할을 수행하는 체계 자체가 없었다. 빈곤층이 사회복지에서 우선적으로 고려되는 것은 당연하고 중요할 수 있다. 하지만 돌봄 서비스는 어떤 돌봄이 얼마나 필요한지에 대한 돌봄 욕구에 기초해 제공되어야 한다. 그리고 이 돌봄 욕구는 법적 공신력을 갖춘 지자체에서 사정하고 판단해야 한다.

민간 기관의 역할은 지방자치단체가 선정한 대상자들에게 서비스를 제공하는 것이지, 이 대상자를 선정하고 관리하는 역할까지 맡아서는 곤란하다. 그러니 시군구에서 서비스에 필요한 비용에 대한 책임, 그마저 필요한 서비스를 이용하기에는 불충분한 수준의 책임만 담당하고 있는 현재의 모습을 적절하다 할 수 없다. 이런 방식으로는 불충분하다. 지자체의 역할이 너무 소극적이다.

최근에 우리나라에서도 지역사회 통합돌봄, 즉 커뮤니티 케어에 대한 정책적 논의들이 이뤄지고 있다. 이 과정에서 돌봄이 필요한 시민에 대해 어떤 서비스를 얼마나 받아야 하는지에 대한 통합적 판정을 국민건강보험공단의 역할로 제안하는 경우도 있다. 이 역시 적절치 않다. 지역사회에 밀착해 있지도 않으며, 보건복지부 산하기관인 국민건강보험공단이 장기요양과 건강에 대한 데이터베이스를 갖고 있다는 것만으로 판정 역할을 대신하겠다는 것은 본질을 호도하는 것이다. 공단의 역할은 협조와 지원에 있어야 한다. 지방자치단체가 돌봄과 관련해 주체적이고 적극적으로 역할을 수행하는 것이 기본이 돼야 한다. 지자체가 돌봄 대상자를 판정하고 지원하는 설계를 갖추는 것이 핵심이고 어떠한 이해관계와도 절대 타협할 수 없는 대전제다.

유럽 각국의 장기요양에 대한 조사 결과를 보면, 국가마다 차이가 있지만 요양 서비스의 제공 기관으로는 공공이 오히려 더 많거나 민간이 많은 비중을 차지하는 경우라 하더라도 비영리 민간단체가 다수인 것으로 나타난다. 그런데 우리나라는 민간 영리 기관에서 요양 서비스를 제공하는 비중이 압도적이다.

길거리에서 흔히 볼 수 있는 방문요양센터가 대부분 민간의 영세한 영리 업체다. 업체 입장에서는 당연히 수익에 도움이 되지 않는 대상자에게는 요양과 돌봄의 제공을 기피한다. 업체 운영자가 나쁜 사람이라서가 아니라 영리 시장에서 경쟁에 살아남으려는 당연한 귀결이다. 한 번 방문해서 서너 시간씩 서비스를 제공하는 것은 괜찮지만 응급 상황을 막기 위해 20분씩 하루에 여러 번, 그것도 야간을 포함해 들러주는 서비스는 현재의 민간 업체들로서는 절대 제공할 수 없다. 체중이 많이 나가거나 손이 많이 가는 대상자들도 기피할 수밖에 없다. 서비스가 더 필요한 사람이 오히려 서비스 공급자들로부터 기피 대상이 된다. 이 때문에 돌봄은 영리 시장의 경쟁 원리가 국민들에게 좋은 서비스로 연결되기 어려운 영역이라는 것이 먼저 고령화를 경험한 다른 선진 국가들의 판단이다. 그래서 지방자치단체가 돌봄 서비스를 관리하고, 심지어 직접 제공하는 역할까지도 담당한다.

이렇다 보니 가족과 민간 시장에게 돌봄을 맡기는, 세계 최고 수준의 노인 빈곤 상황인 우리나라에서 노인들이 외롭고 서러운 돌봄 공백에 시달리게 되는 것은 어쩌면 당연한 결과일 것이다. 물론 지금 지방자치단체의 어느 누군가가 개인적으로 잘못하고 있다기보다는 사회복지 서비스를 제공해온 방법의 독특한 역사와 경로 의존성이 현재까지 영향을 미치고 있는 것이다. 어찌 되었던 국민 입장에서 중요한 점은 지자체가 돌봄 서비스에 대해 직접적인 제공과 관리의 책임을 지지 않고 있다는 것이다. 다른 나라처럼 지자체에 돌봄 서비스가 필요한 부분을 이야기하면, 지자체가 전문적으로 확인하고 적절한 만큼 제공하거나 연계해서 국민들이 지역사회에서 생활할 수 있게 해야 한다.

역사적 상황에 따라 처음에 복지 서비스의 시작을 어찌 했던 간에, 이제는 공공이 저소득층의 기본적 생존을 지원하는 것만을 자신들 역할의 핵심으로 삼았던 상황에서 벗어나야 한다. 국민의 삶에 가장 중요한 돌봄 서비스에서도 공공의 역할이 절대적으로 필요한 상황이 됐다. 주민들의 돌봄 욕구를 확인해서 서비스를 제공하고 관리하는 역할이 이제 지자체의 고유 업무로 강화되어야 한다.

지방자치단체 입장에서는 정해진 규모의 예산만을 지원하고 배분하는 것이 훨씬 더 일이 간편하고 책임을 덜 져도 된다. 돌봄을 보장하는 역할을 수행하는 것으로 바꾸자니 쉽지 않은 일이기도 하다. 돌봄과 관련된 책임을 지자니 공무원 수도 모자란다. 지자체는 재정적으로도 중앙정부에 의존성이 심해 주민에 대한 돌봄 서비스 확충에 적극적이지 않은 것이 당연하다. 법적으로 권한도 충분하지 않다. 여기에 그간 공공-지자체가 적극적으로 역할하지 않는 것에 기반하여, 돌봄 시장에서 영업하며 기득권을 구축해온 일부 민간의 영리적 이해관계도 있다.

지금은 돌봄 서비스를 양적으로 늘리는 것도 중요하지만, 그보다는 제공하는 구조 자체에 대해 완전히 손봐야 하는 숙제가 있다. 기존의 이해관계도 일부 해체해야 하는 어려움도 있다. 지방자치단체가 돌봄을 책임지지 않으려고 하는 기반을 바꿔야 한다. 돌봄의 어려움에 시달리는 국민은 이를 원하고 있다.

국토교통부,
바뀌어야 한다

지역사회 돌봄에서 가장 결정적인 주거

 돌봄이 필요한 사람들도 대부분 자기 집이나 동네에서 계속 생활하기를 바란다. 지역사회에서 생활하기 편안한 환경과 충분한 지원 서비스가 갖춰져 있으면, 병원이나 시설을 선택하는 사람들은 줄어들고 지역사회에서 생활하는 이들은 늘어날 것이다. 그러므로 지역사회에서 돌봄이 이뤄지기 위해서는 그에 맞는 주거의 확보가 가장 결정적이다.
 주거 정책이 더 적극적으로 대응하면 커뮤니티 케어에서 중요한 변화를 만들 수 있다. 병원이나 시설이 아니라 지역사회에서 계속 생활할 수 있는 여건을 제공하는 것으로 목표로 삼고, 주택 개조와 지원주택 supportive housing 등 몇 가지 중요한 주거 지원 프로그램을 만들고, 돌봄이 필요한 이들에게 적기에 주거를 지원할 수 있는 체계를 만든다고 상상해보자. 그렇게 되면 주거를 포함한 통합적인 돌봄 정책은 의미 있는 변화를 만들어낼 것이다. 나이가 들고 장애가 심하면 시설에 들어갈 수밖에 없을 것이라는 두려움은 사라진다.

　복지 정책에서 거주 시설이 중심이던 시대는 지났다. 시설이나 병원에서 생활해야 하는 현실은 이제 사회적 비용 부담도 너무 커서 계속 유지할 수 없다. 이제는 지역사회에서 독립적으로 생활할 수 있도록 지원하는 방향으로 정책의 중심을 옮겨가야 한다. 지역사회에서 이용할 수 있는 의료·요양·복지 등 영역에서 다양한 서비스도 확대되고 있는데, 이런 노력은 주거 정책과 결합되어야 제대로 효과를 거둘 수 있다. 노인이나 장애인이 지역사회에서 가능한 한 오랫동안 큰 불편을 느끼지 않고 생활하려면 안전하고 안정적이며 개개인의 상황에 맞는 환경을 갖춘 집이 있어야 한다.

　우리나라의 기존 주거 정책에서도 〈장애인·고령자 등 주거약자 지원에 관한 법률〉에 따른 것들이 있다. 이 법에 의해 실질적으로 작동하는 정책은 공공임대주택의 일부를 노인이나 장애인에게 배분하는 정도다. 주택 개조 지원에 대한 조항도 있지만, 커뮤니티 케어에 대한 논의가 본격적으로 시작된 2018년 이후에도 주택 개조 정책의 변화는 없었다. 주거 정책을 책임지고 있는 국토교통부는 문재인 정부가 커뮤니티 케어의 정책 의지를 표방하면서 그해 발표했던 '지역사회 통합돌봄 기본 계획' 이전에도 한 차례 공공임대주택의 일부에 '케어안심주택'이라는 이름을 붙인 계획을 발표했다. 하지만 정작 일부 지방자치단체가 케어안심주택을 위해서 공공임대주택 배분을 요청했을 때는 LH와 협의해야 하는 높은 장벽에 맞닥뜨려야만 했다. 그런 와중에 소수 지역에서만 이뤄진 주거 지원 성과는 주거와 서비스가 결합된 혁신적인 사례라고 선전되었다. 돌봄을 위한 주거 정책은 이렇게 홍보만 있었지, 사실상 제자리걸음을 하고 있었다.

주거 정책을 통해 돌봄이 필요한 이들에게 적절한 지원을 하지 않으면 그들의 삶의 질은 급격하게 떨어진다. 몸이 약해지면 미끄러운 바닥, 문턱, 계단 등에서 낙상하기 쉽다. 위험 요소를 고치지 않고 방치하면 사고는 다시 발생하기도 한다. 집 안 환경에 따라 일상생활을 스스로 할 수 있는 정도는 달라진다. 스스로 할 수 있는 일이 줄어들면 더 많은 돌봄 서비스가 필요하게 된다. 이때 주거 환경에 따라 돌봄 서비스의 효과는 크게 달라진다. 당사자는 불편하고 위험한 환경 때문에 사고가 날까 우려해서 더 위축된 생활을 하게 된다. 외출을 꺼리고, 사회적 관계가 급격하게 줄어들 수 있다. 돌아갈 적절한 집이 없어서 시설이나 병원을 벗어나지 못하기도 하고, 불편한 환경 때문에 반복적으로 시설과 병원을 이용하는 경우도 발생한다. 결국 당사자와 가족의 삶의 질은 낮아지고, 병원이나 시설에 대한 의존도가 높아지면서 사회적 비용 부담은 커진다. 우리나라의 지금 모습이 바로 이렇다. 불행한 일이 아닐 수 없다. 지금까지 주거 정책이 돌봄과 관련해 어떠한 역할을 해야 하는지 중앙정부 내에서 진지하게 검토된 적이 있었는가?

돌봄에 신경 쓰지 않는 국토교통부

우리나라에서 주택 공급과 주거 지원 등을 담당하는 부처는 국토교통부다. 공공임대주택은 대부분 LH를 통해 공급되고 있다. 문재인 정부에서 커뮤니티 케어의 일환으로 시작한 '지역사회 통합돌봄 사업'에서 주거 문제가 중요하기 때문에 국토교통부가 중요한 협력 부처로 설정된 바 있었다.

하지만 노인을 비롯한 주거 약자의 지역사회 자립 생활은 국토교통부의 정책 목표가 아니다. 국토교통부는 부동산 가격이 오르거나 주택 공급이 미진해서 비판을 받곤 한다. 하지만 지역사회에서 생활할 수 있는 적절한 주거 대안이 없어서 시설을 택할 수밖에 없는 상황에 대한 책임을 묻지는 않는다. 그런 요구가 있으면 공공임대주택을 제공할 수 있다고 답하고, 지원서비스를 제공하지 못하는 복지 분야로 비난의 화살을 돌린다. 다른 요구들도 비슷하게 복지 영역에서 대응해야 할 것이라며 책임을 피해간다. 대부분 논의는 이 정도에서 답답한 상태로 멈춘다. 국토교통부는 문재인 정부에서 보건복지부가 '지역사회 통합돌봄 사업'을 추진하면서 협력을 요청했을 때부터 지금까지 돌봄과 관련해서 주거 정책이 어떤 역할을 해야 할지 신중하게 생각해본 적이 없었다.

앞서 언급한 2018년 '지역사회 통합돌봄 기본 계획' 발표에 보건복지부, 행정안전부와 함께 참여해 국토교통부는 케어안심주택, 주택 개조 지원 등의 주거와 관련된 정책 내용을 나름 포함시켰다. 구체적으로는 주거와 서비스가 함께 제공되는 케어안심주택을 2026년까지 18만 호 확충하겠다고 했고, 주택 개조를 포함하는 집수리 사업을 24만 세대에 대해서 실시하겠다는 내용도 있었다. 지역사회 환경을 노인들이 생활하기 편리하게 바꾸는 커뮤니티 케어형 도시 재생 뉴딜 사업을 하겠다고도 했다. 목표로 제시된 물량은 매우 크고, 이야기는 그럴듯했다. 계획만 보면 큰 변화가 있을 것이라고 착각할 수도 있었다.

하지만 실제는 달랐다. 주거 지원을 위해서 추가로 확보된 예산은 없고, 정책 프로그램의 내용이나 방식의 변경도 거의 이뤄지지 않았다. 주거 정책에서 어떤 점이 부족했고 무엇을 보완해야 할지 과제를 확인한 적도 없다. 2024년 시점에서 볼 때에도 어느 것 하나 지역사회 자립 생활을 위한 체계적인 주거 정책 수단으로 자리를 잡은 것이 없다. 국토교통부에게 노인과 장애인의 지역사회 자립 생활은 당장 성과를 내야 하거나 그것을 위해서 정책 수단을 다시 설계할 정도의 과제는 아니었다. '지역사회 통합돌봄 기본 계획'에 포함된 주거 지원 수단의 목표들은 기존 사업들을 끌어와서 합치는 수준을 크게 넘어서지 못했다. 실질적인 정책 변화가 없는 상태에서 계획에 포함된 숫자는 심하게 부풀려지기도 했다. 기존 사업의 성과를 합치면 되니 어느 정도 실적이 나올 것이고, 목표를 달성하지 않아도 크게 책임을 묻지 않을 것이라고 예상되었기 때문이다. 국토교통부는 지역사회 통합돌봄을 위해 협력 업무를 담당할 부서로 도시재생역량과를 지정했다. 도시 재생은 노후한 일부 지역에서 추진되는 사업이고, 자립 생활을 위해서 필요한 주거 지원을 고려하는 역할에 이르지 못했다. 이후 돌봄을 고려해 실질적으로 주거 정책이 변한 것은 없었다.

정부 부처 간의 협력 사업이 으레 그렇게 형식적이기 마련이라고 생각하고 넘어갈 수도 있지만, 잃어버린 기회가 너무 아쉽다. 돌봄이 필요한 이들이 지역사회에서 생활하기 위해서 받을 수 있는 주거 지원은 이전과 달라진 것이 거의 없다. 여전히 인지 장애가 심해지면 노인요양원을 갈 수밖에 없다고 걱정하는 사람들이 많다. 병원을 퇴원하는 노인들이 집에서 생활하기 어려워서 요양병원으로 가는 상황도 달라지지 않았다. 발달장애인을 비롯해 거주 시설에서 생활하는 이들에게 자립 생활을 할 수 있는 지역사회의 주거 대안이 제공되고 있다고 말하기 어렵다. 이런 상황을 바꿀 수 있는 주거 정책의 방향을 우리 정부는 제시한 적이 없다.

정부는 옳은 이야기만으로 움직이는 조직이 아니다. 정책 목표가 제시되고, 그것을 실현할 방법이 고안되고, 그 실행을 모니터링하면서 목표와 방법을 수정해가는 과정이 작동되어야 한다. 지역사회 통합돌봄 관련 부처 간 협력에서 중심적인 역할을 하면서 지도력을 발휘해야 할 보건복지부는 협력을 통해서 이루고자 하는 바를 명확하게 제시하지 않았다. 실질적인 영향을 미칠 수 있는 주거 정책 수단을 국토교통부와 조율하면서 만들어내지도 못했다. 공동으로 추구하는 목표를 제시하고 성과를 측정하고 인센티브를 부여하는 등의 과정은 생각하지도 않았다. 협력의 리더십과 내부적 동기가 모두 부족한 상태에서 지역사회 자립 생활을 위한 주거 정책은 소리만 요란하고 남는 것 없이 지나갔다. 노인과 장애인 등이 자기 집이나 동네에서 계속 살 수 있게 돕는 것은 현재의 주거 정책에서 중요한 관심사가 아니다. 주거 정책에서는 주택 가격, 부동산 경기, 주택 공급 실적 등이 더 중요하다. 이런 지표가 어떻게 변하는지 수시로 체크하고 대책을 세운다. 주택 가격 상승이 공급 부족 때문인지 아닌지 끝도 없이 논쟁하고, 부동산 경기 부양을 위한 갖가지 수단들이 수시로 부동산 대책으로 등장한다. 주택 공급 실적을 달성하지 못하면 국회에서 비난받을 각오를 해야 한다. 이런 이슈들과 비교하면 지역사회 자립 생활은 국토교통부 입장에서는 무시해도 되는 지나가는 작은 주제로 여긴듯하다. 이런 태도가 지역사회 통합돌봄에 대해서 기존 주거 정책의 포장만 바꾼 수준으로 가볍게 대응한 것으로 나타났다.

국토교통부가 자신들의 정책 소관이 아니라는 소극적 태도를 바꾼다면, 우리나라 주거 정책은 돌봄이 필요한 노인들이 지역사회에서 지속적으로 거주하는 데 큰 기여를 할 수 있는 잠재력이 있다. 우리나라는 돌봄을 위한 주거 정책을 수행하기에 유리한 조건을 갖추고 있다. 공공임대주택이라는 주거 정책 자원이 양적으로 상당한 수준을 유지하고 있고, 주택 개조 사업도 확장할 수 있는 능력이 있다. 그 일부를 활용하면 자립 생활의 여건은 의미 있게 개선될 수 있다.

주택 개조 지원과 유니버설 디자인

노인들이 노쇠화나 장애로 일상생활에서 불편을 경험하는 경우 그들이 살던 집에서 계속 생활할 수 있도록 주택을 개조하는 것은 중요하다. 부적합한 주거 환경은 개인의 독립성을 제한할 수 있고, 지역사회로부터 격리된 시설에서 의존적인 삶을 강요받는 원인이 될 수 있다. 주택 개조는 주거 약자의 개별적 욕구에 맞게 기존 주택을 고쳐서 일상생활의 불편을 줄이고 접근성을 높이고 안전하게 만드는 것이다. 이를 통해서 주거 약자가 자신의 삶을 주도적으로 결정하고 통제하면서 공동체의 일원으로 독립적이고 존엄한 삶을 선택할 기회가 확대된다. 따라서 돌봄 지원을 위한 대표적인 주거 정책 수단이 주택 개조 지원이다.

　주택 개조 지원은 상대적으로 큰 자원이 필요하지 않고 효과는 커서 돌봄을 위한 주거 정책의 목표를 분명히 하면 신속하게 보편적인 정책으로 추진할 수 있는 부분이다. 노인과 장애인을 위한 주택 개조 지원은 많은 나라에서 시행하고 있다. 특히 노인 인구 증가로 의료와 요양에 대한 부담이 커지면서 주택 개조 지원을 확대하게 됐다. 서구 선진국에서는 병원이나 노인요양시설 수용에 따른 사회적 비용을 감소시킬 수 있는 효과적인 수단이라고 여겼기 때문이다. 주택 개조를 통해서 주거 환경을 개선하면 당사자가 혼자서 할 수 있는 일이 늘어나고, 돌봄 제공자의 부담은 줄어든다. 집에서 생활하기 어려워서 시설을 이용하는 것도 예방할 수 있다.

독일은 요양 등급을 받으면 주택 개조에 대해 최대 4000유로(한화 약 540만 원)의 지원금을 제공한다. 요양 등급이 없는 노인들도 최대 5만 유로(한화 약 6700만 원)을 10년 상환 조건으로 저금리 대출을 받아 주택 개조를 할 수 있다. 임차인도 장애 또는 고령으로 인해 필요한 주택 개조를 할 수 있으며, 임대인은 정당한 사유 없이 이를 거부할 수 없다.

영국의 경우 노인과 장애인은 소득이 3만 파운드(한화 약 5000만 원) 이하이면 장애인 주택 개조 보조금을 받을 수 있다. 16세 미만의 장애 아동이 있으면 소득 심사를 하지 않는다. 만성적이고 중증 질병이 있거나 이동 능력에 심각한 손상이 있어서 주택 개조가 꼭 필요하다고 인정되는 경우에도 소득 심사 없이 보조금을 제공한다. 임차인이 주택 개조를 하려고 할 때 필요한 임대인의 동의에 대해서, 임대인은 정당한 이유가 없는 한 이를 거부할 수 없도록 규정하고 있다. 특수한 경우를 제외하면 원상 복구 의무도 면제된다.

노인 인구의 비율이 높은 일본도, 노인과 장애인을 대상으로 개호보험介護保險과 지방자치단체의 복지 프로그램을 통해 주택 개조 지원을 실시하고 있다. 개호 인정을 받은 고령자나 40세 이상이고 노인성 질환을 가진 개호보험 대상자에게 최대 20만 엔(한화 약 200만 원)을 지원한다. 40세 미만의 장애인은 〈장애인복

지법〉과 지자체의 정책적 지원을 받는다. 임차인도 주택 개조 지원을 받아서 고칠 수 있다.[29]

그런데 우리나라의 주택 개조 지원은 대상이나 예산이 너무 제한적이다. 필요한 사람에 비해 지원 규모가 턱없이 작다. 2024년 국토교통부 예산에는 고령자와 장애인을 위한 주택 개조 사업으로 28억 5000만 원이 포함되어 있다. 지방자치단체의 매칭까지 포함하면 한 해에 57억 원 규모의 사업이다. 가구 당 380만 원까지 지원하니 기초자치단체마다 한 해 평균 7명 정도를 지원하는 셈이다. 2023년까지는 이 사업이 보건복지부 예산에 포함되어 있었는데, 2024년에 국토교통부로 이관되었다. 예산 규모는 늘어나지 않았다. 2023년까지는 현물 주거 급여에서 노인을 위한 편의 시설 설치에 대해 50만 원 추가 지원을 했는데, 이것은 2024년 예산에서 없어졌다. 전국적 수준에서 이 같은 규모에 머무른다면 현재의 주택 개조 지원은 생색내기일 뿐이다. 주택 개조 지원에 적극적인 국가들에 비교하면 예산 규모가 10분의 1에도 미치지 않는다.

더 문제로 여겨지는 것은 주택 개조 지원에 대한 국토교통부의 무관심한 태도다. 돌봄 대상에게 주택 개조 지원이 보편적으로 제공되기 위해서는 정책 대상을 확대하고 예산도 획기적으로 늘려야 한다. 이런 주장은 오래전부터 제기되었지만, 국토교통부에서 관련된 주거 정책을 수립하기 위한 책임 있는 검토와 대

---

29 다만, 이 경우에는 일반적으로 원상 복구의 의무가 있는 것으로 알려지고 있다.

책이 이뤄진 적이 없다.

 2023년부터 노인장기요양보험에서 재가 요양 수급자에게 주택 개조 시범 사업을 실시하고 있다. 2024년 7월부터 12월까지 실시하는 '재가 노인 주택 안전 환경 조성 시범' 사업 2차 사업에서는 전국으로 범위를 확대하고 100만 원 범위에서 5400명에게 주택 개조를 지원하는 계획을 발표했다. 이는 규모는 작지만 바람직한 변화다. 그런데 이것이 국토교통부가 또 책임을 떠넘기는 이유가 되지 않아야 한다. 외국의 주택 개조 지원 정책 체계를 보면 요양이 필요한 사람들을 위한 지원과 보다 폭넓은 예방적 지원의 이원적 형태로 이루어지는 경우도 있다. 기본적으로 주택 개조가 여러 나라에서 사고 위험을 줄이고, 병원이나 시설에 대한 수요나 돌봄 서비스에 대한 부담도 줄이는 예방적인 투자로 여기고 있다는 점을 고려해야 할 것이다.

 돌봄 지원과 지역사회 자립 생활을 위해서는 필요한 시기에 주택 개조 지원이 이뤄질 수 있는 체계를 갖추는 것이 중요하다. 주택 개조에 대한 필요가 확인되면 가능한 신속하게 지원해 퇴원이나 퇴소, 사고 이후 등 중요한 시점에 적절히 대응할 수 있어야 한다. 기초자치단체마다 주택 개조에 대한 신청이나 의뢰를 받고 사정을 하고 지원 여부를 결정할 조직을 두는 것이 필요하다. 그 조직은 주택과 당사자의 특성을 고려해 적절한 지원 내용을 제시할 수 있는 전문성을 갖추어야 한다. 주택 개조 지원은 자기 집을 소유하고 있는 노인과 그 가족만이 아니라 임차인도 이용할 수 있어야 한다. 이를 위해서는 임대인의 합리적 편의 제공 의무를 규정해 임차인을 위한 주택 개조를 정당한 이유 없이 거부하지 못하게 해야 한다. 원상 복구 의무도 원칙적으로 면제하는 것이 바람직하다. 이를 위해서는 임대인과 임차인의 권리와 의무에 대한 사항을 규정하고 있는 〈민법〉이나 〈주택임대차보호법〉 개정이 필요하다.

주택 개조와 관련해서 주의를 기울여야 할 사항 중 하나는 주택에 '유니버설 디자인Universal Design'을 적용하는 것이다. 유니버설 디자인은 주거 약자를 포함해 모든 사람들이 이용할 수 있도록 공간이나 제도 등으로 만들고자 하는 것이다. 우리나라에서는 〈장애인·노인·임산부 등의 편의 증진 보장에 관한 법률〉에 따라 주로 공공시설에 유니버설 디자인을 적용하고 있다. 주택에 대해서는 일정 규모 이상의 공동주택에서 외부 접근성과 관련한 기준이 있으나, 주택 내부나 소규모 주택에 대해서는 적용되는 기준이 없다. 주택 내부의 접근성을 확보하고 필요한 경우 개조가 용이하게 하는 내용을 유니버설 디자인 기준의 내용에 포함해 앞으로 신축되는 주택에 대해서는 의무적으로 적용하는 것이 필요하다. 이는 주거 약자에 대한 주택 개조 지원의 효과를 높일 수 있는 방법이 되기도 한다.

주택과 서비스의 결합

노인이 지역사회에서 다른 연령대의 사람들과 함께 살아가려면 돌봄 지원과 아울러 살아갈 적절한 주택이 확보되어야 한다. 빈곤으로 인해 주거비용을 감당할 수 없어 주거 상황이 열악한 이들을 흔히 '주거 취약 계층'이라 한다. 이와 약간은 초점을 달리해 다른 인구 집단에 비해 주거의 어려움이 클 가능성이 있는 집단이 '주거 약자'다. 주거 약자는 물리적 주택만이 아니라 주택에서 생활하기 위해 필요한 돌봄 지원 등의 서비스를 통합적으로 제공받아야 지역사회에서 생활할 수 있다. 일상생활 능력이 취약한 노인은 장애인과 아울러 대표적인 주거 약자다.

기존 주거 정책에서는 주거 약자를 비롯한 특정한 인구 집단에 대해 자원을 얼마나 배분할지에만 초점을 두었다. 주거 약자에 대한 정책을 규정하고 있는 2012년 제정된 〈장애인·고령자 등 주거 약자 지원에 관한 법률〉도 마찬가지 성격을 가지고 있다. 이 법에서 언급하고 있는 실질적인 영향력이 있는 정책 수단은 주거 약자용 주택 정도다.

그러나 이제는 몸이 불편한 노인을 포함한 주거 약자의 주거권에 기반해 주택과 서비스를 결합 제공하는 방법에 초점을 두어야 한다. 이러한 접근은 그 방법에도 변화를 만든다. 이런 차이를 '주거 우선Housing First'과 '주거 준비Housing Ready'로 이론적으로 구별하곤 한다. 주거 우선 모델은 주거와 서비스를 통합적으로 제공해야 하는 상황에서 다른 조건을 부과하지 않고 주거를 제공하고 이를 기반으로 필요한 서비스를 제공하는 방식이다. 이와 대비되는 주거 준비 모델은 일정한 훈련이나 서비스를 거쳐 독립적으로 생활할 능력이 있다고 판단되면 그 수준에 어울리는 주거지를 제공하고 점차 좀 더 나은 상태로 옮겨가는 방식이다.

사회복지 영역에서 전통적인 관점이었던 주거 준비 모델에서 주거 우선 모델로 옮겨가는 것은 돌봄에서 하나의 패러다임 전환이라 할 수 있다. 특정한 서비스나 훈련 참여, 사회적 기술의 달성 등 준비해야 할 조건을 달지 않고 주거를 제공해 주거에 대한 필요를 충족시키고, 이 주거지에서의 지역사회 자립 생활을 위해 각자 개인마다 필요한 서비스를 결합해 제공하는 것이 주거 우선 모델의 핵심이다. 공간적으로 주택과 서비스 제공 주체나 시설이 하나의 건물에 있는 경우도 있지만, 그런 물리적 결합만을 의미하는 것은 아니다. 이보다는 주거 약자의 주거에 대한 필요와 서비스에 대한 필요를 통합적으로 이해하고 대응하는 넓은 의미로 이해할 수 있다.

이러한 주거 우선 모델의 대표적인 것이 지원주택 Supported Housing이다. 주거 공간만 해결되었다고 해서 스스로 자립 생활을 유지하기는 어려운 이들에게 '공공임대주택'과 지역사회에서 제공되는 '서비스'를 통합적으로 연계한 주거 지원 수단이다. 지원주택이 지향하는 이념적 모델이 있다. 모든 상황에서 적용될 수 있는 것은 아니지만, 원칙으로 제시된 내용은 지원주택 정책의 계획과 실천에 고려할 필요가 있다.

첫째, 앞에서 설명했던 '주거 우선' 원리를 강조한다. 주거는 기본적인 시민권으로 이해된다. 따라서 독립적으로 생활할 준비가 된 사람들에게만 주거를 제공하는 것이 아니라, 당사자의 준비 상태와 무관하게 우선 부담 가능하고 적정한 주거를 제공하고 필요한 지원서비스를 결합한다.

둘째, 지원주택에서 주거는 '임시적' 성격이 아닌 '영구적' 성격을 갖는다. 과도기적으로 제공되는 거처가 아니라 일반적인 임대차계약을 맺고 계약 조건에 따른 거주가 보장되는 것이다. 서비스 이용 여부나 별도의 생활 규칙에 따라 임의적인 퇴거가 이뤄지지 않는다.

셋째, 입주자의 자기 결정권이 강조된다. 획일적이고 집합적인 서비스가 아니라 입주자의 욕구와 선호에 맞는 맞춤형 서비스가 제공되어야 하고, 서비스 이용 여부를 스스로 선택할 수 있어야 한다.

그 밖에도 지원서비스 제공은 입주자의 자립 생활 능력을 강화하고, 사생활과 개별적 선호와 가치를 존중하고, 지역사회 통합을 자연스럽게 촉진하는 것에 주의를 기울이면서 이뤄져야 한다.

지원주택을 위해서는 주택과 지원서비스가 충분히 확보되어야 한다. 영구적이고 안정적인 주택을 제공하기 위해서는 공공임대주택을 포함한 사회주택이 필요하다. 이런 주택은 편의 시설과 돌봄 서비스 제공이 용이한 조건을 갖추고 있어야 하고, 지역마다 수요를 파악하고 적정한 규모가 공급될 수 있게 계획해야 한다. 지원주택 수요의 파악과 공급은 지방자치단체가 의무적으로 수행하도록 해야 한다. 이를 위해서는 현재의 공공임대주택 공급과 배분 방식을 재검토해야 할 것이다. 매입임대주택 등 공공임대주택이 잘 공급되지 않는 인구 8만 명 이하 지역이나 주택 가격이 비싸서 공공임대주택의 확충이 실질적으로 이뤄지지 않는 지역 등을 포함해 모든 기초자치단체가 최소한의 지원주택을 제공할 수 있도록 의무화해야 한다. 단지 전국 몇 만 호의 지원주택이 목표로 설정되는 것으로는 충분하지 않다. 전국 모든 기초자치단체는 지역의 노인 등 주거 약자 인구에 따라 산정된 최소 호수 이상의 지원주택을 확보하는 책임을 지도록 한다. 지원주택에는 지역사회 거주 생활을 유지하기 위해서 필요한 서비스가 기본적으로 연결되어 있어야 한다. 주택과 서비스의 결합 제공이라는 것 자체가 국토부나 복지부 어느 하나의 중앙부처보다는 지자체의 역할이 중요해지는 맥락이기도 하다.

지원주택과 마찬가지로 주택과 서비스를 결합해서 제공한다는 내용을 표방하는 다른 정책 브랜드들도 몇 가지가 있다. 케어안심주택, 노인복지주택, 고령자복지주택이 대표적이다. 지원주택의 유사 개념이라 할 수 있다.

먼저 케어안심주택은 우리나라 커뮤니티 케어에서 핵심적인 브랜드로 사용되었던 용어다. 보건복지부의 용어이지, 국토교통부는 진지하게 고려하고 있지 않은 개념이다. 2018년 11월 보건복지부와 국토교통부, 행정안전부가 함께 발표한 계획에는 2026년까지 케어안심주택 18만 호를 확보하겠다는 내용이 포함되어 있다. 이때를 빼면 국토교통부 문서에서는 케어안심주택이라는 말이 발견되지 않는다.

2018년 발표 내용 안에서도 국토교통부의 소극적인 입장을 읽어낼 수 있다. 이미 공급하고 있는 노인 전용 공공임대주택은 편의 시설도 어느 정도 갖추고 있으니 케어안심주택이라 볼 수 있다고 한다. 기존 영구임대주택도 이미 노인 가구가 많이 살고 단지 안에 복지관도 있어서 내부 환경을 고치거나 서비스를 약간 추가하면 전체를 다 케어안심주택이라 부를 수 있다고 생각한다. 같은 건물에 주택과 복지시설이 들어오는 고령자복지주택 등은 서비스와 주택을 결합한 새로운 주거 모델이라고 내세운다. 한 건물에 복지시설이 있다고 입주자가 그 서비스를 이용하는 것은 아니고, 그 기관이 입주자에게 필요한 서비스를 제공한다는 보장도 없다. 이렇게 기존 사업들 몇 가지를 억지로 합치니 갑자기 엄청난 물량의 케어안심주택 계획이 생겨났던 것이다. 국토교통부는 케어안심주택이라는 이름을 붙일만한 주택을 기존의 프로그램들 속에서 많이 '골라냈을' 뿐이다.

집을 제공하면 서비스를 결합하는 것은 보건복지부의 몫이라는 이야기를 종종 들었다. 서비스가 결합된 주택으로 공공임대주택을 내놓았으니 이제 보건복지부가 예산을 확보해서 서비스를 제공해야 한다는 것이다. 국토교통부를 비롯한 주거 정책에 관련된 이들이 책임감을 털어내는 방식이다. 이런 현상이 나타난 원인 중 하나는 케어안심주택이라는 말을 보건복지부가 모호하게 사용했기 때문이다. 하나의 정책 수단이라 보기 어려운 것들을 제각각 케어안심주택이라고 불렀다. 지난 문재인 정부 시기에 지역사회 통합돌봄 선도 사업에 참여했던 지방자치단체가 LH 등으로부터 주택을 확보하는 것이 어려워서 케어안심주택은 계획대로 추진되지 못한 경우가 많다. 2022년 문재인 정부 임기 동안 실시되었던 '지역사회 통합돌봄 선도 사업'의 종료와 함께 케어안심주택사업이 중단된 지역이 많다.

실버타운 등의 용어와 혼용되기도 하는 노인복지주택도 요즘 부각되고 있다. 노인복지주택에서는 생활을 편리하게 하는 다양한 서비스가 제공되지만, 서비스가 제공되어야 하는 주거 약자의 성격이 두드러지는 노인들은 초점 대상이 아니다. 오히려 건강한 상태인 노인들이 안전하고 고립되지 않고 편안한 노후를 기대하며 상당한 비용을 부담해 선택하는 비싼 주거 대안이다. 경제적으로 안정되고 건강한 노인들을 위한 노인복지주택이지만 커뮤니티 케어를 위한 공공 정책으로 시급한 것은 아니다.

고령자복지주택은 노인의 공공임대주택 수요에 대응하는 노인 전용 주택이다. 거주용 공공임대주택(아파트) 건물에 복지시설이 같이 설치된 것이다. 그렇지만 서비스에 대한 필요, 즉 돌봄 필요성을 따져서 입주자를 선정하는 것도 아니고 입주자에게 서비스 제공이 보장되는 것도 아니다. 공공임대주택인 만큼 부유층이 아닌 서민층 노인을 대상으로 하는 것이고, 노인에게 어울리는 주택 구조나 서비스 시설이 구비되어 있어 그럴듯하다. 하지만 막상 커뮤니티 케어 대상자들이 입주해 생활하는 주택이 되고 있지는 못하다. 따라서 우리가 주목하는 커뮤니티 케어의 주거 영역에서의 핵심적 정책 대안이 되기는 어렵다.

고령자복지주택은 이후 배분 방식 등의 정책적 수정과 보완을 통해 그 일부를 자립 생활을 지원하는 적극적인 수단으로 활용할 수도 있다. 기존 주택을 개조해서도 거주하기 적합한 환경을 만드는 것이 어려울 때, 지역사회에서 거처를 옮길 수 있는 수단으로 사용할 수 있다. 또 일부는 지원주택으로도 활용될 수 있다. 현재와 같이 공급 물량 전체를 공모를 통해서 입주자를 선정하지 않고, 지방자치단체의 필요도 사정을 통해 욕구가 확인되는 노인들에게 제공할 수 있게 하는 것이다. 지자체는 지원주택에 대한 필요와 주거 이동에 대한 필요를 추정하고, 고령자복지주택이나 주거 약자용 주택이 공급되는 지역에서는 이를 활용한 공급 계획을 수립할 수 있다. 현재보다 공공임대주택 배분과 활용에서 지자체의 역할이 실질적으로 강화되어야만 하는 맥락이기도 하다.

너무 혼란스럽게 여러 가지의 정책 브랜드 이름을 사용하지 않고 지금이라도 정책 수단을 명확하게 정의하는 것이 좋다. 많은 나라에서 정책 개념으로 사용되고 있고 이론적 논의도 축적된 지원주택이라는 용어를 보편적으로 사용하는 것이 적절할 수 있다.

지방자치단체의 역할 강화

노인 등 주거 약자에 대한 주거 지원 정책에서 지방자치단체의 역할을 강화할 필요가 있다. 주거 정책보다는 사회서비스 전달에서 지자체가 그나마 권한을 행사하고 있다. 주거 정책에서 지자체의 역할은 훨씬 취약하다. 공공임대주택 공급은 중앙정부 부처와 LH의 역할이 절대적이다. 일부 지역에서 광역자치단체 산하 공사가 역할을 하기도 하지만, 대부분의 지역에서는 LH가 공공임대주택 공급에서 핵심적 역할을 하고 있다. 다른 주거 지원 프로그램에서도 지자체의 역할은 매우 한정되어 있다.

중앙정부 중심의 전달 체계를 가진 주거 지원 정책의 특성은 통합돌봄 지원에 장해 요인이 되고 있다. 자립 생활에 대한 지원의 필요를 확인하는 지방자치단체는 주거 지원을 결합하는 것에 어려움을 겪는다. 주거 지원의 경험과 전문성도 부족하고, 활용할 자원을 확보하기도 어렵다. 지역 현장에서 LH 지역본부와 협의하면서 공공임대주택을 확보해야 하는데, LH는 이런 요청에 적극적으로 대응하지 않는다. 원활한 협조가 이뤄지는 지역은 많지 않다.

공공임대주택을 비롯한 주거 지원을 위한 자원은 지역의 필요에 맞게 유연하고 효과적으로 활용하는 것이 바람직하다. 공공임대주택의 배분 권한을 지방정부로 이양할 수도 있다. 특히 주거 이동을 위해서 활용할 주거 약자용 주택이나 지원주택의 배분은 지방정부가 수요를 확인하고 신속하게 대응할 수 있는 체계를 갖추는 것이 필요하다. 계획과 공급 과정에서도 지방자치단체의 역할을 강화해야 한다. 이를 통해 주거 유지 지원서비스를 확보하고 원활하게 결합할 수 있는 체계도 갖출 수 있다.

주택 개조 지원, 주거 이동 지원, 지원주택 등 주거 약자 자립 생활을 위한 자원 배분을 위해서 지방자치단체 차원의 전문 조직이 필요하다. 통합 지원 체계에서 주거 지원과 관련된 욕구와 필요성을 사정하는 것부터 지원 내용을 결정하고 결과를 모니터링하는 역할을 수행할 조직은 전문적인 역량이 요구된다. 기존 주거 정책에서 지자체의 역할이 약했기 때문에 현재로서는 이 역할을 수행할 조직과 역량이 마땅치 않다. 통합적인 돌봄 체계를 갖추어가는 과정에 '주거복지센터'를 기초자치단체에 의무적으로 설치하고 자립 생활을 위한 주거 지원의 전달 체계로 역할을 하게 할 수도 있다. 궁극적으로 지역사회에서의 돌봄을 위해서는 지자체라는 공공성의 핵심이 주거 부문에서도 역할을 보다 강화해야 한다. 지원주택과 주택 개조 등 주거에서 지자체의 역할은 지역사회 통합돌봄에서 생각보다 중요하고 큰 영향을 미친다.

재정을 바꿔야
돌봄이 산다

심각한 '간병 파산'

지금 우리나라에서 돌봄은 가족의 일상생활을 무너뜨리는 문제이면서 경제적 파탄을 가져오는 문제이기도 하다. 누가 돌볼지, 간병비를 어떻게 분담할지를 놓고 가족 내에서 갈등을 겪는 게 다반사다. 간병비가 하루 12~15만 원 수준으로 한 달에 400만 원이 훌쩍 넘는다. 연 수입이 1억 원이 되어도 간병비를 부담하는 것은 만만치 않다. 우리나라 가족 간병에 들어가는 사적 간병비 규모가 10조 원에 이른다고 한다. '간병 파산'이라는 말이 괜한 소리가 아니다. 공공, 지방자치단체가 책임지는 돌봄을 만들어야 한다는 것은 돈과 관련해서도 마찬가지다.

    물론 지금까지도 국가가 돌봄 비용을 가족 부담으로만 내맡

겨둔 것은 아니다. 국가에서도 국민건강보험이나 노인장기요양보험, 각종 정부 사업으로 돌봄에 매년 상당한 예산을 지출하고 있다. '2023년 국민건강보험 통계 연보'에 따르면, 그해 65세 이상 노인 진료비가 48조 9000억 원에 달한다. 총인구 대비 17.9%에 달하는 922만 명의 노인에 대한 진료비가 전체 국민건강보험 진료비 중 44.1%에 달할 만큼 큰 비중을 차지하고 있다. 국회 예산정책처에 따르면,[30] 요양 서비스를 제공하는 노인장기요양보험 지출이 2023년 14.6조 원에서 2032년 34.7조 원으로 빠르게 늘어날 것으로 전망했다. 우리 사회의 고령화가 빠르게 진행되기 때문에 노인 돌봄 비용이 크게 늘어나는 것은 당연한 것일 수도 있다. 하지만 국가가 매년 많은 예산을 노인 돌봄에 지출하는데도 가족 돌봄 비용 부담이 여전히 높은 것은 돌봄 시스템의 구조적인 문제도 있다.

한국은 노인장기요양보험에서 시설 급여와 재가 급여가 반반에 가까운 수준을 유지하고 있다. OECD 국가들 평균과 비교해볼 때 시설 급여가 높지 않지만, 요양병원 이용이 많은 점을 고려하면 우리나라는 시설 지출이 상대적으로 높은 편이다. 보건복지부가 2020년 실시한 인식 조사 결과[31]에 따르면, 거동이 불편해지면 요양시설 및 요양병원 입원에 대해 의향이 있다고 응답

---

30 국회 예산정책처 (2023.10). 2023~2032년 국민건강보험 및 노인장기요양보험 재정 전망 보고서.
31 보건복지부 (2020). 지역사회 통합돌봄 관련 인식 조사 결과 보고서. 이 조사는 2020년 1월 50세 이상 성인 남녀를 대상으로 면접 조사를 한 것이다.

한 사람이 71.1%이다. 이들은 '가족에게 부담을 끼치고 싶지 않아서', '일상생활 수행이 불편해서', '간병인이나 보호자가 부재해서' 등으로 시설이나 병원에 입원하고자 한다. 노후에 병원이나 시설을 선택하는 이유가 치료나 자신의 삶의 질을 위해서가 아니라 가정 내에서 돌봄을 기대하기 어렵기 때문인 것이다. 재가 서비스가 보완되지 않는다면 지속적으로 병원이나 시설 이용이 증가될 수 있고 국가 비용도 계속 여기에 매몰될 수 있다.

2024년 4월 실시된 제22대 국회의원 총선에서 가족의 돌봄 비용을 경감시키겠다고 여·야당 모두가 간병비를 국민건강보험 급여화를 하겠다는 공약을 내놓았고, 관련 입법이 잇따라 추진되고 있다. 가족의 간병비 부담이 심각한 상황에서 이런 정책이 제한적으로 비용 경감에 도움이 될 수 있다. 하지만 가족의 돌봄 부담을 줄이는 근본적인 대책이 될 수 있을지 걱정이다. 지금도 국민건강보험, 노인장기요양보험 모두 돌봄 비용 부담으로 정부 간 예산 떠넘기기에 몰두하는 상황에서 과연 막대한 재정이 필요한 간병비 지원을 얼마나 할 수 있을지 기대 반 우려 반이다. 더군다나 요양병원과 노인요양원 간에 제대로 기능 분화도 안 되어 있는 현재의 의료와 요양 시스템은 그대로 둔 채로 간병 급여만으로 효과적인 대안이 될 수 있을지 그리고 재가 서비스가 턱없이 부족한 상황에서 간병비 급여로 오히려 요양병원 입원만 유인하게 되는 것은 아닐까 우려되는 점도 있다.

근본적으로 돌봄 서비스 체계에 비용 누수가 존재한다. 현재 시스템을 그대로 둔 상태에서 간병비 급여화로 돌봄 문제를

한 방에 해결할 있다고 생각하는 것은 가족의 돌봄 부담 측면이나 재정의 지속 가능성 측면에서 효과를 기대하기 어렵다. 그렇다고 돈 때문에 자식이 부모를 버릴 수 없고, 국가가 국민을 버릴 수 없는 노릇 아닌가? 가계의 돌봄 비용 부담도 줄이고 국가 재정 전체적인 부담도 줄이려면 돌봄재정의 운영 체계에 대해서 변화를 생각해야 한다.

한 지붕 세 가족

지금 우리나라는 돌봄 서비스가 분절적인 만큼 그에 사용되는 재원도 분절적이다. 돌봄 관련 재정 체계를 이해하는 것은 전문적인 부분이라 쉽지만은 않지만, 그래도 재정을 봐야 그 분절 구조를 정확히 알 수 있다. A 씨의 예를 보자.

서울시에 사는 78세 A 씨는 75세 부인과 함께 살고 있다. 자녀는 삼남매, 모두 결혼해서 따로 살고 있다. 최근 건강에 문제가 생겨서 대학병원에 입원해서 2주일 동안 검사와 치료를 받았다. 병원에서는 몸에 감염 증상이 있다고 한다. 수시로 건강이 좋지 않아 입원과 퇴원을 반복하고, 6주 사이에 몸무게가 무려 20kg이나 빠졌다. 이제 예전처럼 혼자 거동하는 게 어렵다.
A 씨의 부인도 척추수술 이후 허리가 좋지 않아서 혼자 간병을 하기는 어려운 상황이었다. 퇴원해서 집에 가면 당장 돌봐줄 사람이 필요해서, 국민건강보험공단에 노인장기요양보험 등급 신청을 하려 했

다. 하지만 퇴원 이후에나 등급 신청을 할 수 있고, 판정을 받으려면 한 달 정도 시간이 걸린다고 했다. 판정 결과 노인장기요양 등급 판정이 나온다 해도 퇴원 이후 그만큼의 돌봄 공백이 생긴다는 이야기여서 걱정이 태산이었다.

서울시에는 자체 사업으로 돌봄SOS사업[32]을 시행하고 있어서, 노인장기요양 등급 판정을 받을 때까지 재가 서비스를 받을 수 있었다. 천만다행한 일이었다. 이후 국민건강보험공단으로부터 노인장기요양보험 2등급 판정이 나와 집에서 요양보호사의 서비스를 받기 시작했다. 요양보호사에게는 최대 하루에 4시간 정도 도움을 받을 수 있었다.

그러나 나머지 시간 동안의 돌봄 공백을 해결할 길이 없어서, 결국 A 씨와 그 가족들은 집 인근에 요양병원이나 요양시설을 알아봤다. 요양시설은 입소 대기가 너무 많아서 언제 입소가 가능할지 모르겠다는 답만 들을 수 있었다. 부득이 집 인근의 요양병원에 우선 입원했다. 요양병원의 본인 부담 비용은 간병비가 포함되어 있어 다달이 수백만 원 이상으로 부담이 너무 컸다. 다행히 노인요양원에 자리가 났다는 소식이 와서 A 씨는 입소하게 되었고, A 씨 부인과 가족들은 돌봄 걱정에서 안도감을 갖게 됐다. A 씨에게 미안한 마음을 간직한 채.

---

[32] 어르신, 장애인 만 50세 이상 중장년을 대상으로 일시 재가, 단기 시설, 동행 지원, 식사 배달 등 돌봄 서비스를 이용할 수 있는 서울시 자체 사업이다. 중위소득 100% 이하인 경우 무료로 이용할 수 있고, 그 외에는 본인 부담으로 서비스를 이용할 수 있다.

A 씨와 같이 노후에 질병으로 인해 병원 입원, 재가 서비스 이용과 요양시설 입소의 과정은 주변에 흔히 있는 일이다. A 씨의 사례를 통해 돌봄재정이 어떻게 구성되는지 살펴보자.

A 씨가 제일 먼저 이용한 병원에서 진료, 입원 치료를 받은 것은 '국민건강보험 재정'에서 급여로 지급된다. 여기에는 본인 부담이 있다. 특히 대학병원은 본인 부담 비율이 높고, 각종 치료와 검사 중 비급여로 본인이 전액 부담해야 하는 항목도 있다. 요양병원도 국민건강보험 재정에서 지급된다. 요양병원은 개인적으로 간병인이 있어야 하고, 간병비는 본인이 모두 부담해야 한다. 5~6인실을 이용하면 간병비가 조금 저렴해지지만, 간병인 한 명이 대여섯 명에게 해줄 수 있는 것은 그저 식사를 가져다주거나 화장실 가는 것을 도와줄 뿐이다. 더 세심한 간병을 받으려면 1~2인실을 이용해야 되는데, 그럼 간병비와 병실료 부담이 커진다.

한편으로 집으로 찾아온 요양보호사의 재가 서비스나 나중에 입소해 받은 노인요양원의 요양 서비스는 이번에는 '노인장기요양보험 재정'에서 급여로 지급된다. 요양 등급에 따라서 노인장기요양보험에서 지원하는 급여액의 일부는 본인이 부담해야 한다. 또 노인장기요양보험에서 지원해주는 상한이 정해져 있어서 이를 넘어서는 모든 비용은 본인이 부담한다. 특히 재가 서비스의 경우는 1~2등급을 받는다 하더라도 하루에 서너 시간 정도의 요양 서비스만 받을 수 있다. 추가로 서비스를 받아야 한다면 전적으로 본인 부담이다. 서울시 자체 사업으로 운영되는 '돌봄 SOS'로부터 받은 서비스는 당연히 서울시 재정이다.

A 씨는 건강 상태에 따라 수시로 입·퇴원을 반복했다. 병원에 입원하는 것, 요양병원에 입원하는 것, 노인장기요양 등급 판정을 받는 것, 등급 판정을 받고 요양 서비스를 신청하는 것 모두 신청 방법과 지원을 받는 비용이 다른 매우 복잡한 구조다. 그리고 각종 제도의 지원을 받았어도 가족이 부담해야 하는 병원비, 간병비, 서비스 이용료도 만만치 않다.

국민 눈높이에서 보면, 중앙정부나 지방자치단체의 일반 예산 그리고 국민건강보험 재정과 노인장기요양보험 재정 모두가 국민의 주머니에서 나와 국가가 거둬들인 돈이다. 그런데 예산 주체, 사용 목적에 따라 칸막이가 쳐 있고, 한 사람의 돌봄을 위해 얼마의 돈이 어떻게 쓰이는지 아무도 모른다. 특히 국민건강보험공단에서는 지자체와 무관하게 운영되어 돌봄재정을 둘러싸고 어떤 정보 교류도 없다. 심지어 국민건강보험공단에서 지불한 요양병원 지출과 노인요양원 지출도 서로 재원이 달라 같은 돌봄 기능을 위해 얼마의 돈이 지출되었는지 모른다.

돌봄을 책임지는 부처인 보건복지부는 이 모든 재원을 관장한다고 하지만, 사실 알고 보면 A 씨의 돌봄과 치료를 위해 공적 재원이 적절하게 투여되었는지 그리고 당사자의 부담은 얼마나 들어갔는지 종합적으로 파악해서 관리하고 있지 못하다. 그러는 사이 세금과 보험료가 과도하게 새어나가고, 본인 부담이 여기저기 쌓여서 가계가 무너질 지경이 되어도 모를 일이다.

A 씨의 사례를 통해서 돌봄을 둘러싼 재정 구조가 분절적으로 이뤄져 있다는 것을 살펴봤다. 그런데 이것은 전체 구조에서

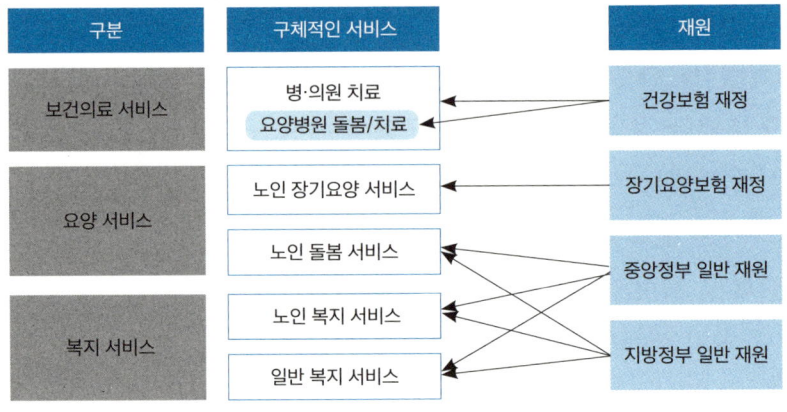

[그림 4-1] 노인 돌봄 관련 서비스와 재원의 구조

보면 일부에 해당하는 것이다. 돌봄과 관련된 재원과 지출의 전체 구조는 훨씬 더 복잡하게 구성되어 있다.

 노인 돌봄과 관련된 재정의 범위는 보건·의료 서비스, 요양 서비스 그리고 복지 서비스 등 세 가지 영역에 사용되는 중앙 및 지방정부의 일반 재정, 국민건강보험 재정 그리고 노인장기요양보험 재정을 포함하는 것이다. [그림 4-1]을 통해 그 내용을 살펴보자.

 첫 번째로 노인 돌봄에 제공되는 보건·의료 서비스 영역은 국민건강보험과 지역 보건 서비스로 구분된다. 국민건강보험은 사회보험으로 국민들에게 매달 보험료를 징수해 병원 진료비 등으로 지출한다. 이때 병원이란 동네 의원, 중소 병원 그리고 대학병원 모두를 말한다. 특히 요양병원까지도 포함한다는 사실에 주목해야 한다. 돌봄의 요구를 해결하는 방편으로 사용하는 요양병원의 이용이 국민건강보험 재정에서 지불된다는 점이 돌봄 관련 재정 운영의 맹점이 되고 있다는 것을 말한다. 지역 보건 서비스는 중앙정부가 세금으로 거둬들여 조성된 일반 재원과, 이것의 일부를 교부받고 지방세를 거두어 조성된 지방자치단체 재원이 합쳐져 보건소, 건강생활지원센터, 지역의 보건 사업을 운영하는 데 사용된다.

두 번째로 가장 핵심인 요양 서비스는 노인장기요양보험에 의한 서비스와 지역의 노인 돌봄 서비스가 대표적이다. 노인장기요양보험도 사회보험으로 매달 국민건강보험료에 함께 보험료를 징수해 요양시설이나 재가 서비스에 지출한다. 노인 돌봄 서비스는 정부의 일반 재원으로 중앙정부와 지방자치단체가 분담해서 요양시설 건립 및 운영비와 각종 돌봄 서비스에 지출한다. 가장 대표적인 사업이 '노인 맞춤 돌봄 사업'이다. 보건복지부가 설계하고 재원의 일부를 부담하며 지자체가 민간 수행 기관을 선정하고 위탁해 시행하고 있는 사업이다. 외출 동행, 식사 지원, 안부 확인, 여가 활동 지원 등을 그 내용으로 하고 있다. 서울시의 돌봄SOS(2024년 현재 '안심 돌봄'으로 명칭 변경), 경기도의 '360도 돌봄' 등은 지자체의 자체 사업으로 지자체 재원만을 사용하고 있다.

세 번째로 복지 서비스가 있다. 여기에는 노인복지관을 통한 일반적인 노인 복지 서비스 그리고 지역의 복지 기관들이 행하는 도시락 배달 사업, 무료 급식, 주거 개선, 자원봉사 등 일반 복지 서비스를 그 내용을 한다. 이 경우는 주로 지방자치단체가 기관 운영비를 책임지는 형태로 진행되지만 사업에 따라 중앙정부의 재원이 국가보조금 형태로 지원되기도 한다.

이렇게 국가 돌봄 제도들이 복잡하게 운영되어 병원에 갈 사람이 요양시설에, 요양시설에 갈 사람이 병원에 그리고 재가 서비스로 충분한 사람이 병원과 시설을 이용하는 부적절한 의료 이용이 발생하고 있다. 특히 재정이 분절적으로 운영되다 보니 이를 파악하기도 어렵다. 이런 제도적 허점으로 인해 낭비적 지출의 문제가 매우 심각한 수준이다. 국민건강보험과 노인장기요양보험으로 재정이 분절화되어 집이나 요양시설 대신 요양병원에 입원하는 현상이 빠르게 증가하고 있다. 매년 많은 예산이 투입되는데도 국민들이 체감하는 요양 서비스 수준은 높지 않고, 간병비 부담이 갈수록 커지는 것에는 분절적인 재정 시스템에 문제가 있다는 것도 큰 이유가 된다.

돌봄의 재정 여력 없는 지자체

지방자치단체는 개인의 돌봄 욕구를 파악하고, 그에 필요한 서비스를 제공하기까지 책임을 져야 한다. 제반 사항들이 잘 진행되도록 지역사회 내에서 돌봄 생태계를 조성해야 한다. 지역 주민의 복합적인 욕구를 파악하여 필요한 서비스를 적절하게 연계하기 위해서는 사회서비스 행정의 일선 기관인 지자체에게 재량권이 있어야 하고, 재량권을 발휘할 수 있는 재정 능력이 뒷받침되어야 한다. 하지만 의료, 요양 서비스의 핵심 제도인 국민건강보험과 노인장기요양보험은 현재 개별 법률과 지침으로 운영되어 지자체에 어떠한 권한도 허락되지 않는다. 사회서비스는 국고보조 사업으로 운영된다. 정부의 국고보조 사업은 사업별로 자격 기준, 지출 용도를 세세하게 규정하는 꼬리표를 달고 있어서 지자체의 재량권이 제한적이다. 지자체의 재정 여력을 고려했을 때, 재정의 보강 없이 지역 돌봄을 무작정 지자체의 책임으로 부과하는 것은 오히려 돌봄을 위축시키거나 지역 간 서비스 격차를 초래할 수 있다.

2000년대 이후 사회서비스가 확대되면서 서비스의 통합 창구로써 시군구 또는 읍면동의 역할을 강화하는 전달 체계 개편이 지속적으로 추진되어왔다. 지난 문재인 정부가 추진했던 '지역사회 통합돌봄 사업'은 제공 주체와 책임을 시군구로 한다. 시군구가 지역 주민의 돌봄 욕구에 창의적이고 적극적으로 대응하는 것을 모델로 삼고 있다.

하지만 사업 체계뿐만 아니라 재정 체계를 고려하면 지방자치단체가 독자적으로 이를 수행하기에는 구조적으로 한계가 있다. 돌봄 서비스가 대부분 국고보조 사업이나 국민건강보험 및 노인장기요양보험과 같은 사회보험으로 운영되기 때문이다. 지자체가 개입해 연계할 수 있는 사업은 제한적이다. 시군구에서 운영되는 돌봄 사업들을 들여다보면 대부분은 노인 맞춤 돌봄 서비스, 지역사회서비스 투자 사업, 노인 요양 사업과 같은 복지부가 주도하는 국고보조 사업이라서 지자체의 재량권이 없다. 서울시의 돌봄SOS사업, 시도 광역자치단체의 저소득 어르신 급식 제공과 같은 일부 지자체 사업이 있을 뿐이다. 시군구 등 기초단체 차원에서 행하는 돌봄 관련 자체 사업은 전국적으로도 예를 찾기 힘든 상황이다.

우리나라 지방자치단체의 재정력, 특히 복지나 돌봄과 관련해서 사용할 수 있는 재정력은 매우 취약하다. 국고보조 방식의 사회서비스 사업이 늘어나고 급여 적용이 보편화되면서 국고보조 사업에 대해 지자체가 '의무적으로' 분담하는 비용 또한 큰 폭으로 증가하고 있다. 현실적으로 지자체가 자체 재원으로 사회서비스 재원을 충당하기는 어렵다. 자체 서비스를 개발하기는 더욱 버거운 상황이다. 전국 시군구의 사회복지 총예산 중 지자체 자체 사업 예산 비중은 10%를 넘지 못한다. 현행 개별 보조 방식의 사회서비스 재정 방식은 중앙정부의 시행 지침에 따라 전국 지자체가 획일적이고 경직적인 프로그램만 운영하게 만든다. 지자체가 책임 있는 돌봄 역할을 수행하기 위해서 돌봄 예산과 재정에서 재량권을 가져야 한다.

이용자 입장에서 생각해보면, 돌봄이 필요한 사람에게 보건·의료 서비스와 요양 서비스, 복지 서비스 욕구가 정확히 구분되어 단계적으로 발생되는 게 아니다. 보건·의료 서비스만 필요한 사람, 보건·의료 서비스와 요양 서비스가 필요한 사람, 복지 서비스만으로 생활이 가능한 사람 모두 제각각 건강 상태와 생활환경에 따라 다양하고 복합적이다. 그런데 돌봄 재원은 제도에 따라서 자격 요건, 사용 방식이 모두 달라서 이용자의 욕구에 가까이 다가가기 어렵다. 돌봄 서비스가 통합적으로 작동되면서 지속 가능한 재원 운영을 위해 분절적인 재정 체계를 통합적으로 관리할 수 있어야 한다.

우리나라보다 먼저 고령화를 경험한 대부분의 국가들도 돌봄 서비스의 확대에 따라 급격히 증가하는 돌봄의 사회적 비용 문제를 해결하고자 다양한 방안을 모색했다. 결과적으로 기존의 분절적인 제도를 통합하는 방식을 채택하거나, 그에 맞는 재정 체계와 재원을 마련하려는 시도를 했다. 지역 중심의 통합돌봄의 노력을 했던 국가들의 경험을 보면, 국가적으로 돌봄 체계를 만드는 일에 아주 오랜 시간을 필요로 했다. 수십 년 전에 시작한 정책이 아직도 여러 시도를 거듭하면서 진행 중에 있다. 우리는 다른 나라들의 경험에서 교훈을 얻어야 한다. 돌봄재정 문제에 대해 어떻게 고민하고 개혁을 시도했는지, 영국과 일본 두 나라를 중심으로 살펴보자.

영국은 전통적으로 보건·의료 서비스는 중앙정부 재원으로 운영되는 국가 보건 서비스National Health Service: NHS로, 모든 국민에게 원칙적으로 무상으로 제공된다. 돌봄 서비스Social care는 지방정부 재정으로 운영되고, 서비스 이용자는 일정 수준의 본인 부담이 있다. 이러한 제도가 갖는 이원화의 특성으로 인해 보건·의료 서비스와 돌봄 서비스를 통합적으로 제공하는 것에 어려움이 있어왔다. 2015년부터 영국 정부는 '보다 나은 돌봄기금the Better Care Fund: BCF'을 조성해 건강 돌봄과 사회적 돌봄, 주거를 통합하는 통합형 돌봄 서비스 모델을 만들었다. 이를 위해 NHS와 지방정부 등이 협력해서 'BCF'의 재원을 마련했다. 지역사회 주민이 자신의 건강과 행복을 관리하며 가능한 오래 지역사회에서 독립적으로 생활하는 것을 목적으로 보건·의료 서비스와 사회적 돌봄 서비스, 주거 서비스 통합을 시도했다. 2019/20년 회계연도에 BCF로 64억 파운드(한화 약 9조 6000억 원)가 마련되었다. 이후 전국적으로 다양한 지역사회 통합돌봄 서비스를 위한 모델이 개발되고, 성과를 확인하는 과정에 있다.

우리나라보다 조금 앞서 고령화를 경험한 일본은 2000년도에 개호보험을 도입했다. 전국 단위로 운영되는 우리나라와는 달리 지자체 단위로 운영되는 개호보험 시행 이후 재정지출이 급속히 증가하고, 시설 이용도 급증했다. 문제 해결을 위해 일본은 소비세를 증세해 2014년 지역의료개호종합확보기금을 조성하고, 개호보험료를 증액했다. 이렇게 재정을 확보하면서, 한편으로 돌봄이 필요한 상태가 되어도 살던 지역에서 삶을 마지막까지 이어갈 수 있도록 의료·개호·예방·주거·생활 지원을 포괄적으로 보장하는 '지역 포괄 케어 시스템'을 구축했다. 무엇보다 분절된 돌봄 제도를 통합하기 위해 다방면의 노력을 기울였다. 의료·개호 연계를 위해 50여 개의 관련 법률을 일괄 개정했다. 재정적으로 평가해보면, 고령화가 지속적으로 심화되어서 의료비와 돌봄 비용이 감소하지는 않았지만, 매년 증가하는 지출 추세가 조금 완화되었다. 중요한 것은 지역 포괄 케어 시스템을 도입한 이후 개호보험 이용에 변화가 나타났다. 개호보험이 도입된 2000년 시설 서비스 지출액이 재택 서비스 지출액보다 두 배 가까이 많았는데, 지역 포괄 케어 시스템을 도입한 이후 시설 서비스 지출은 감소하고, 재택 서비스와 지역 밀착형 서비스 지출이 상대적으로 늘어나는 추세다. 일본은 아직도 지역 포괄 시스템을 구축하는 과정에 있지만, 재택 서비스를 확대해 병원과 시설 이용을 줄이면서 개호보험 재정지출 증가 속도를 줄였다는 점에서 성과로 볼 수 있다.

위 국가들의 사례를 보면, 복잡하고 분절적인 돌봄 서비스를 통합적으로 제공하기 위해 돌봄재정을 추가적으로 확보하고 통합 활용할 수 있게 했다. 이는 단순히 돌봄 지출을 줄이려는 시도라기보다는 불필요한 낭비적 요소를 제거하고, 막대한 국가 예산을 효율적으로 사용하고자 한 것이다. 재원을 통합해 지방자치단체가 핵심적인 집행 관리 역할을 담당하도록 했다.

통합 돌봄 재정의 새 판 짜기

국민건강보험공단에서 2021년 실시한 '노인의 돌봄과 의료에 대한 요구 평가' 결과에 따르면, 요양병원 및 노인요양원 병상의 약 절반은 부적절한 입원이라고 한다. 부적절한 입소를 줄이거나 부적절한 장기 입원을 단축해 병상 이용을 줄인다면, 2023년 기준 국민건강보험에서 지출하는 요양병원 진료비 약 5.3조 원과 노인장기요양보험 시설 급여비 5.1조 원의 절반 수준인 약 5조 원가량을 절약할 수 있다고 한다. 이렇게 병원이나 시설에서 절약한 재정을 지역사회 돌봄 재원으로 활용한다면, 사회보험 재정을 줄이면서 돌봄이 필요한 가족에게 다양한 재가 서비스를 확대하는 순환 체계가 만들어질 수 있다. 하지만 이것은 가정일 뿐, 현재 시스템에서는 불가능하다. 혹여 국민건강보험 재정이 남아돌아도, 노인장기요양보험 재정에 여유가 있다 해도 정부 일반 재정 사업 또는 지방자치단체 사업에 사용할 수 없기 때문이다.

생각해보면, 정부와 지자체가 지역 돌봄 서비스를 잘 만들어서 돌봄이 필요한 사람들이 최대한 병원이나 시설에 안 간다면, 그로 인해 재정적 이득을 얻는 것은 국민건강보험과 노인장기요양보험이다. 시설 서비스와 재가 돌봄 서비스 사이에는 대체 관계가 있기 때문에 통합적으로 운영될 수 있도록 상호 연결하는 재정 체계를 마련해야 한다. 이를 위해서 지자체가 재량권을 가지고 지역 주민들에게 통합적인 서비스를 제공할 수 있도록 하나의 재정 주머니를 만들 필요가 있다. 노인 돌봄에 사용되고 있는 정부의 국고보조 사업, 노인장기요양보험 재정 일부, 국민건강보험 재정 일부를 지자체 통합돌봄재정으로 연계하는 과감한 재정적 계획이 필요하다. 현행 재정 시스템에서는 간단하지 않다. 하지만 지역에서 노인 돌봄을 책임진다는 목표와 장기적으로 돌봄재정의 지속 가능성을 고려한다면 피할 수 없는 과제다.

그렇다면 이러한 통합돌봄재정은 구체적으로 어떻게 만들어지고 운용되어야 하는가? 다음의 [그림 4-2]에 그 핵심이 잘 나타나 있다.

먼저, 지방자치단체에 통합돌봄기금을 설치해야 한다. 기금은 기본적으로 특정 목적에 사용하기 위한 것으로 주요 재원은 국민건강보험 재정, 노인장기요양보험 재정, 정부의 노인 돌봄

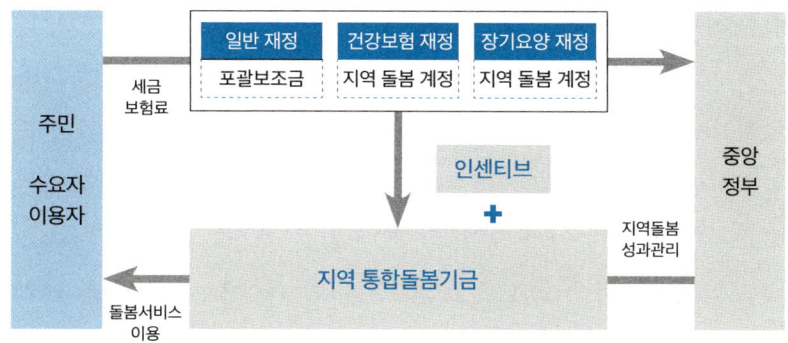

[그림 4-2] 돌봄 관련 통합 재정의 구도

예산, 지자체 자체 재원으로 한다. 세출은 〈의료·요양 등 지역 돌봄의 통합 지원에 관한 법률〉에서 정한 사업 또는 더 포괄적으로 커뮤니티 케어 사업에 사용하는 것이다.

다음으로 다른 재원을 통합돌봄기금에 이전하는 체계를 만들어야 한다. 정부의 일반 재정으로 운영되는 노인 돌봄 관련 국고보조 사업들, 즉 노인 맞춤 돌봄 서비스, 노인 건강관리 사업, 가사·간병 방문 지원 사업 등에 지출되는 예산이 2020년 기준으로 1조 원이 넘는다. 세부 사업별로 쪼개져 보조되는 예산을 가칭 '사회서비스 포괄 보조금 Social Service Block Grant: SSBG'으로 묶어 교부하면, 지자체가 재량권을 가지고 지역 주민의 돌봄 요구에 주체적이고 적극적으로 대응할 수 있는 중요한 기반이 될 것이다.

또한 국민건강보험 재정과 노인장기요양보험 재정을 지역사회 통합돌봄에 활용할 수 있도록 연계하는 체계를 만들어야 한다. 노인장기요양보험과 국민건강보험 내에 지역 돌봄 계정을 만들어 지자체 통합돌봄기금에 이전할 수 있도록 한다. 2023년 기준 지자체가 노인장기요양보험에 부담하는 분담금 2.6조 원과 재가 서비스 관련 사업 예산 그리고 요양병원 지출액 5.3조 원 중 일부, 방문 급여의 일부를 지역 돌봄 계정을 통해 통합돌봄기금으로 이전하는 것이다. 별도의 지역 돌봄 계정을 만드는 이유는 국민건강보험과 노인장기요양보험은 법률에 따라 정해진 급여에 지출하도록 정해져 있고, 본래의 용도로 사용하는 것도 중요하기 때문이다. 기존의 본래적 보험 재정과 지역 돌봄재정을 구분하기 위해서 보험 내에 지역 돌봄 계정을 만들고 이를 지자체로 이전하는 것이다.

이렇게 지방자치단체가 돌봄을 위한 재정과 예산을 통합적으로 관리하면서 책임지는 체계가 되면, 중앙정부가 지자체별로 재정에 대한 점검이나 결과에 따른 인센티브 등 환류 과정을 수행해야 한다. 지자체의 돌봄 서비스 품질과 성과를 중앙정부가 모니터링해 지역 간 돌봄 격차가 발생하거나 소홀함이 없도록 관리하는 것이다. 지자체가 지역 돌봄을 잘 수행해서 요양병원이나 그 요양시설의 불필요한 이용이 감소되고 예방적 효과가 발생했다면 장기적으로 재정적인 절감을 가져온 것이니, 그 성과에 따른 인센티브를 지자체에 지급하는 환류 체계를 만들어가는 것이다.

지방자치단체에 실질적인 책임을 수행하도록 하는 과감한 재정 개혁이 있어야 대한민국에도 '내가 살고 있는 곳에서 나이 들면서 살아가기'의 미래가 가능해질 것이다.

5

돌봄의 미래:
다시, 커뮤니티 케어

한국판
커뮤니티 케어

퍼즐로 이해하는 돌봄 체계

앞의 장들에서 살펴본 것들을 토대로 이제 돌봄의 새로운 풍경은 어떻게 종합적으로 이뤄지는지 살펴보자. 커뮤니티 케어의 새 판 짜기를 위해서는 시설이 아닌 각자 주민의 익숙한 주거 공간, 즉 지역에서 보건·의료와 주거를 돌봄과 통합적으로 제공하고 이 과정을 이용자 중심으로 재편하는 것이 가장 핵심이다. 이와 같은 이용자 중심 통합적 지역사회 돌봄 운영의 책임을 지역사회의 공공 주체, 즉 기초자치단체가 돌봄에 대한 책임성과 주도권을 회복하도록 하는 접근 역시 중요하다.

좀 더 구체적으로 내려가 커뮤니티 케어가 한국 사회에 성공적으로 정착하기 위한 주요한 요소와 작동 원리가 무엇인지

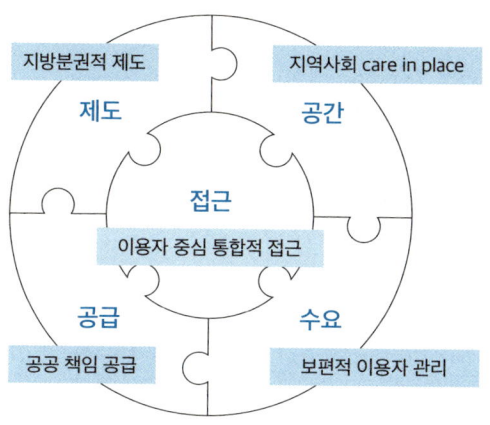

[그림 5-1] 한국 사회 커뮤니티 케어의 원리와 구성 요소

를 보도록 하자. 한국 사회 커뮤니티 케어의 구성 요소로는 크게 제도의 기획과 운영, 돌봄의 공급, 돌봄의 수요, 공급과 수요가 만나는 공간 그리고 이들에 대한 접근법 등 다섯 가지가 있다. 이 각각에 대해 적용되는 원리를 함축적으로 나타낸 것이 [그림 5-1]이다.

한국 사회에서 커뮤니티 케어가 성공적으로 실현되기 위해서는 다음이 필요하다. 첫째, 돌봄 관련 제도는 지방분권적으로 운영되어야 한다. 둘째, 돌봄 공급에 있어서 주요한 책임과 주도권을 공공이 행사해야 한다. 셋째, 돌봄 수요 측면에서 주민 모두의 기본권으로 돌봄을 인정하고 이 권리가 보편적으로 보장되어야 한다. 넷째, 돌봄 필요가 발생하고 충족되는 공간은 시설이 아니라 지역사회여야 한다. 마지막으로, 앞서 언급한 네 개의 주요한 요소들이 개별 주민들과 만날 때에는 그것이 이용자 중심의 통합적 접근으로 이뤄져야 한다.

　이때 주목할 것은, 이들 요소들을 개별적으로 중요한 함의를 가지고 있지만 [그림 5-1]에서 보듯이 퍼즐을 맞추어 그림을 완성하는 것과 같이 서로 맞물려 있다는 점이다. 따라서 각 요소 중 어느 하나만 빠져도 전체 그림이 완성되지 않는 것처럼 제대로 작동하기 어렵다는 것을 의미한다. 특히 그중에서도 제도와 이용자 주민이 만날 때 이용자 중심 통합적 접근이라는 전달 체계적 요소가 가장 가운데에 위치해 서로 다른 네 개의 조각 요소들, 즉 제도·공급·수요·공간을 하나로 묶어 퍼즐을 완성하는 중요한 역할을 하고 있음에 유념할 필요가 있다. 그렇다면 이들 요소들에 대해 하나씩 살펴보자.

지방분권과 돌봄

제도적 측면에서 볼 때 지방분권적 제도가 필요하다. 복지 제도는 크게 두 가지 형태의 급여, 즉 현금 급여 cash benfit와 현물 급여 benefit in kind를 통해 구성된다. 돌봄과 같은 사회서비스는 전통적으로 대표적인 현물 급여에 해당한다. 현금 급여와 달리 돌봄은 서비스 제공자와 이용자의 만남을 필요로 한다. 이 만남으로부터 시작되는 돌봄 서비스의 '거래 transaction'는 구체적인 공간을 필요로 한다. 그게 집일 수도 있고, 거주 시설일 수도 있고, 이용자가 오고 가며 필요에 따라 이용할 수 있는 이용 시설일 수도 있다. 현금 급여도 물가수준과 같은 지역적 특성에 따라 급여의 실질적인 효과가 달라지는 경우가 없지 않지만, 일반적으로 지역적 맥락 및 환경과 무관하게 급여 수준과 지급 방식이 표준화되어 적용 가능하다.

하지만 돌봄을 주고받는 조건과 환경은 지역적 특성에 따라 상당한 차이를 가져온다. 해당 지역이 가지는 교통 인프라의 수준, 인구 규모와 공간적 분포, 의료 및 돌봄 인프라의 현황, 기타 생활 인프라의 수준 등에 따라 돌봄 서비스의 수요와 공급 그리고 이를 전달하는 방식은 커다란 차이가 발생하게 된다. 서울과 같은 대도시, 인구 밀집 지역 그리고 상대적으로 근린 인프라가 잘 갖춰진 지역의 돌봄 모형이 비도시 농산어촌의 인구 소멸 지역, 의료 및 생활 근린 인프라도 열악한 지역의 돌봄에 적용될 수 없는 이유다. 이상과 같은 이유로 돌봄 관련 제도의 기획과 운영은 중앙정부가 표준적인 접근을 하는 것보다 지방자치단체, 특히 우리나라 시군구와 같은 기초자치단체에 책임과 권한이 주어지는 경향이 있다.

스웨덴, 프랑스, 영국, 일본 등 대부분의 선진 복지국가에서도 돌봄과 사회서비스 전달 체계는 이와 같은 지방분권의 원칙을 구현하고 있다. 스웨덴의 경우 〈돌봄 기본법〉과 〈지방자치법〉을 통해 돌봄을 포함한 사회서비스가 기초자치단체의 책임임을 명시하고 있다. 우리나라도 〈헌법〉 제117조 제1항에서 지방자치단체가 주민의 복리에 관한 사무를 처리해야 한다고 규정하고 있다.

일반적으로 지방분권은 정치political, 행정administrative, 재정financial이라는 세 개의 요소를 가진다. 돌봄을 지방분권적으로 운영한다는 것은 이 요소들 전반에 대한 포괄적인 분권이어야 함을 말한다. 보통 분권적 전달 체계라고 부르는 것은 이 가운데 행정 측면의 분권적 요소를 주로 일컫는다. 여기서 우리가 기술하고자 하는 포괄적인 분권은 행정적인 분권을 넘어 정치적 분권과 재정적 분권까지 포함하는 것이어야 한다.

분권적인 돌봄에서 특히 정치적 분권이 중요하다. 여기서의 정치란 '돌봄 정치'를 의미한다. 분권적인 돌봄 정치란 결국 돌봄 관련 정책적 의사결정decision making의 권한이 중앙정부가 아니라 지방자치단체에 집중되는 것을 말한다. 지자체가 돌봄 관련 주요한 정책적 의사결정을 스스로 만들어내는 권한이 주어졌을 때 비로소 의사결정의 내용을 집행하고, 이에 따라 해당 정책이 의도한 목표를 구현하는 책임을 물을 수 있을 것이다.

물론 이와 같은 분권적 돌봄 제도 운영에서 중앙정부의 역할이 완전히 배제되는 것은 아니다. 중앙정부는 해당 지자체가 돌봄 관련 권한을 행사해 집행한 정책의 결과outcome 중심으로 모니터링하고, 주민의 돌봄 욕구 충족과 삶의 질 향상이라는 돌봄 정책의 최종 결과물을 보장하기 위해 필요한 자원의 배분을 책임지는 역할을 수행해야 한다. 특히 분권적 제도 운영에서 항상 문제시되는 지역 불균형성을 해소하기 위한 노력 또한 중앙정부의 주요한 역할이라 할 수 있다.

다만 한 가지, 한국 상황에서 주의할 것은 적어도 노인장기요양보험은 이미 법률에 따라 국가가 설계하고 운영하며, 특히 재정을 관리하며 국민건강보험공단이 실제 운영 주체의 역할을 하고 있다는 점이다. 따라서 요양 부문에서 중앙정부 중심의 운영 체계가 지방자치단체 중심의 분권적 돌봄 체계와 어떻게 조응하게 할 것인지 세심한 조율이 필요하다. 이런 점에서 국민건강보험공단이 지금까지 하지 않았던 지자체와의 연계와 협력, 지원을 얼마나 원활히 행하느냐는 것이 중요한 지점이다.

권리로서의 돌봄 보장

수요 측면에서 볼 때 보편적 수요가 권리를 기반으로 확보되어야 한다. 돌봄 수요에 대한 논의에서 돌봄에 대한 주민의 권리를 기본권적 측면에서 접근하는 것이 적절하다. 생애 주기 어느 시점에서든 누구나 돌봄의 필요에 노출되어 있다. 적절한 돌봄을 통해 존엄함 삶을 누리는 것은 우리나라 헌법이 보장하는 행복추구권과 인간다운 삶을 보장하려는 사회보장의 맥락에서도 중요한 의미를 갖는다. 돌봄 수요는 원칙적으로 모든 주민을 잠재적인 이용자로 규정한다. 즉 이용자의 고용상 지위, 지불 능력, 가족 구성 등 인구 사회경제적 특성과 무관하게 돌봄을 필요로 하는 누구나 이용자로서의 권리를 누릴 수 있도록 보편적으로 보장해야 함을 의미한다. 또한 돌봄 서비스의 직접적인 수혜자가 아니더라도 가족 등 돌봄 서비스 이용자의 돌봄을 책임지고 있는 주변인들도 사실상 돌봄 서비스의 수요를 공유하고 있는 사람들이다. 이와 같이 권리로써 서비스의 접근과 이용을 보장한다는 전제 아래 노인만이 아니라 나아가 장애인, 아동, 정신 질환자, 주거 취약 계층 등을 돌봄 서비스 집중 이용 집단으로 확대해 설정할 수 있다.

돌봄 수요에 대한 위와 같은 일반적인 이해에 더해 몇 가지 더 고려할 사항이 있다. 우선, 돌봄과 보건·의료를 통합적으로 고려하는 정책의 영역에서 '건강 노화 healthy aging'를 위한 생애 과정 접근을 고려해 보편적 돌봄과 건강 보장을 목표로 수요를 고려하는 것이 필요하다. 생애 과정 접근, 즉 생애 주기 접근 방식 life-course approach이란, 모든 개인이 임신 및 출산 과정에서부터 건강과 관련이 있는 사회적·생물학적 요소들의 영향이 축적된 결과로서 현재 건강 상태 health status와 안녕 상태 well-being status가 결정된다고 보는 관점을 말한다. 이러한 관점에 따르면 건강 노화를 위한 노력은 출생 당시부터 양육, 교육, 고용, 가족 형성 등에 이르는 전 생애 과정에 걸쳐 적극적인 개입과 상호작용이 필요함을 의미한다.

또한 집단 간 격차 완화 방안에 대한 고려가 필요하다. 예를 들어, 소외된 고령층의 건강한 삶을 보장하고 세대 간, 소득 계층 간, 지역 간 격차를 선제적으로 예방해 포용적 노화 inclusive aging를 가능하게 하는 수요의 예측과 정책 설계가 필요하다. 마지막으로, 이용자 입장의 서비스 연속성을 고려하고 시공간적 사각지대와 돌봄 서비스 충분성을 제고하기 위한 노력도 필요하다.

공공의 돌봄 공급 주도권

공급 측면에서는 공공이 공급 주도권을 가져야 한다. 앞서 언급한 바와 같이, 사회서비스를 주민 권리라는 측면에서 접근하는 경우 돌봄 서비스를 필요로 하는 주민에게 그것을 공급하는 데 대한 최종적인 책임은 공공, 특히 지방분권적 접근에서는 지방자치단체에 일차적 책임이 있다.

현재 우리 사회의 돌봄 서비스 공급 주체의 현황을 보면 여전히 '민간 설립-민간 운영'이 가장 흔한 모형이다. 이에 반해 '공공 설립-공공 운영'의 모형은 절대적으로 부족하다. 절충적 형태로서 '공공 설립-민간 운영' 모형, 즉 민간이 공공시설을 위탁받아 운영하는 경우가 일정 정도 존재하고 있으나, 위탁 운영의 주체가 민간 법인이나 개인이라는 점 그리고 공공이 이에 대해 적절한 관리·감독을 행할 수 있는 행정력이 절대적으로 부족하다는 점에서 상당히 취약한 구조다. 따라서 공공의 책임성을 적극적으로 구현할 수 있는 '공공 설립-공공 운영'의 모형이 적극적으로 확대되어야 할 것이다.

돌봄 서비스 공급에서 공공 책임성의 구현은 이용자 입장에서의 충분성 확보를 위한 관건이 된다. 여기서 충분성 확보란 서비스의 양, 질, 종류 등 세 가지 측면 모두를 포함하는 것이어야 한다.

먼저, 양의 측면에서는 제도적 자원들이 지역사회 주민의 욕구를 충족하기 충분한 총량을 확보하고 있는가의 문제다. 돌봄 및 사회서비스 정책 개발의 초기에 주요한 고민의 지점이라 할 수 있다.

다음으로, 양적인 확충과 더불어 반드시 같이 고려되어야 하는 질의 측면에서는 서비스의 질 제고와 관리를 위한 체계 구축의 관건이 된다.

마지막으로, 충분한 만큼의 다양한 종류의 서비스를 구현하는 것이 필요하다. 이를 위해서는 기존의 제도적 서비스뿐만 아니라 서비스 제공 과정에서 주민의 욕구에 대응하기 위해 새로운 비제도적·비정형 서비스를 지속적으로 개발·확충하고 이를 다시 제도화하기 위해 노력하는 점진적 과정이 필요하다. 특히 우리나라와 같이 서비스 정책과 제도의 수립 관련한 주요한 권한이 중앙정부에 집중되어 있는 상황에서 서비스의 종류는 충분성을 확보하기 어려운 여건이라 할 수 있다. 표준화되고 통일화되어 있는 중앙정부 중심의 서비스를 지역의 조건과 환경에 맞게 보완하고 유연하게 적용하는 과정에서 서비스 종류의 충분성을 갖추기 위한 노력이 지역 차원에서 진행되어야 한다. 분권적 돌봄 제도의 운영이 더욱 중요한 이유다.

서비스의 양과 질, 종류 모두에서 공급의 충분성을 확보하고, 특히 지역적 특성과 무관하게 일정한 수준의 충분성을 균등하게 확보해 주민 모두의 존엄한 삶을 보장하기 위해서는 지방자치단체가 돌봄 서비스 공급의 일차적인 책임을 지도록 하는 것이 필요하다. 이는 지역 차원의 돌봄 수요에 대한 파악을 바탕으로 의료-건강-돌봄 필요 대응에 적절한 자원의 배분과 효과적·효율적 관리 시스템을 위해 책임 주체 및 조정 체계를 공공 영역 중심으로 계획하고 정비하는 것을 포함한다. 지자체가 이를 실행할 여건이 안 된다고 중앙정부가 이 역할을 대체해 현재와 같은 중앙정부 중심의 돌봄 정책 실행 체계가 지속된다면 분권형 돌봄이란 한 조각의 퍼즐은 영원히 비어 있게 된다. 이에 따라 커뮤니티 케어의 완성, 즉 지역사회에서 공공 책임하에 주민들의 돌봄권이 보장되는 단계는 결코 다다를 수 없는 경지가 되고 만다.

돌봄 공간으로서의 지역사회

공간 측면에서 볼 때 지역사회가 가장 중요한 돌봄 공간으로 자리 잡아야 한다. 커뮤니티 케어에 있어 탈시설은 원리이자 목적이라 할 수 있다. 인권적 측면에서도 탈시설의 원칙을 지향해야 한다. 돌봄이 필요한 사람 누구나 자신의 의사나 욕구에 반해 자신의 주거 공간과 사회적 관계로부터 단절된 시설이나 병원에 입원하는 일이 없어야 한다. 본인이 원하는 곳에서 익숙한 사회적 관계를 유지하면서 필요한 사회서비스를 누릴 수 있어야 한다. 커뮤니티 케어는 사실상 이와 같은 지역사회 기반 돌봄의 정책 환경을 구현하기 위한 개념 틀이라 할 수 있다.

여기서 지역사회란 돌봄이 필요한 주민에게 있어 본인의 사회적 관계와 물리적 주거 공간이 위치한 근린 지역을 의미한다. 결국 주거, 이동, 식사 등 필수적인 일상생활뿐만 아니라 사회적 관계의 형성 및 유지, 주요 돌봄 서비스의 제공이 이용자에게 익숙한 공간과 관계로서의 지역사회에서 이뤄져야 함을 의미한다.

마지막 퍼즐: 세 개의 기둥

이제 위에서 살펴본 '제도, 수요, 공급, 공간'이란 네 가지 요소가 통합적인 접근으로 수렴되어야 한다는 것, 즉 이용자 중심의 통합적 전달 체계가 확보되어야 한다는 것이 무엇을 의미하는지 좀 더 세부적으로 언급하고자 한다. 이것은 정부의 조직이나 재정에 대한 이야기다. 결국 이런 부문에서 제대로 된 모습이 구현되어야만 앞에서 이야기한 것들이 실현된다는 점에서 매우 중요하다.

돌봄 서비스 정책 및 제도의 운영에서 개별 주민 모두에게 이용자 중심의 통합적 전달 체계 구현은 대한민국 돌봄 정책이 직면한 가장 중차대한 과제 가운데 하나다. 현재의 돌봄 정책은 중앙정부 중심이면서도 심지어 부처별로 구분되어 있을 뿐만 아니라 재정 역시 일반 예산과 사회보험 재정으로 구분되고, 지방자치단체 수준에서도 부서와 팀별로 각기 분절적으로 운영되고 있다. 그러므로 현재와 같은 돌봄 정책 및 제도의 분절성과 파편성, 이로 인한 비효율성의 문제는 대한민국 돌봄을 포함한 사회서비스 정책 모든 영역에서 가장 심각한 문제다. 이와 같은 분절성과 파편성은 불가피하게 다양한 공급자와 공급 체계가 혼재된 채 경합하는 공급자 중심 전달 체계로 이어졌다. 이용자들은 자기가 필요로 하는 서비스를 제공받는 게 아니라 공급자가 제공할 수 있는 서비스를 제공받는다. 이러한 구조에서 서비스와 급여

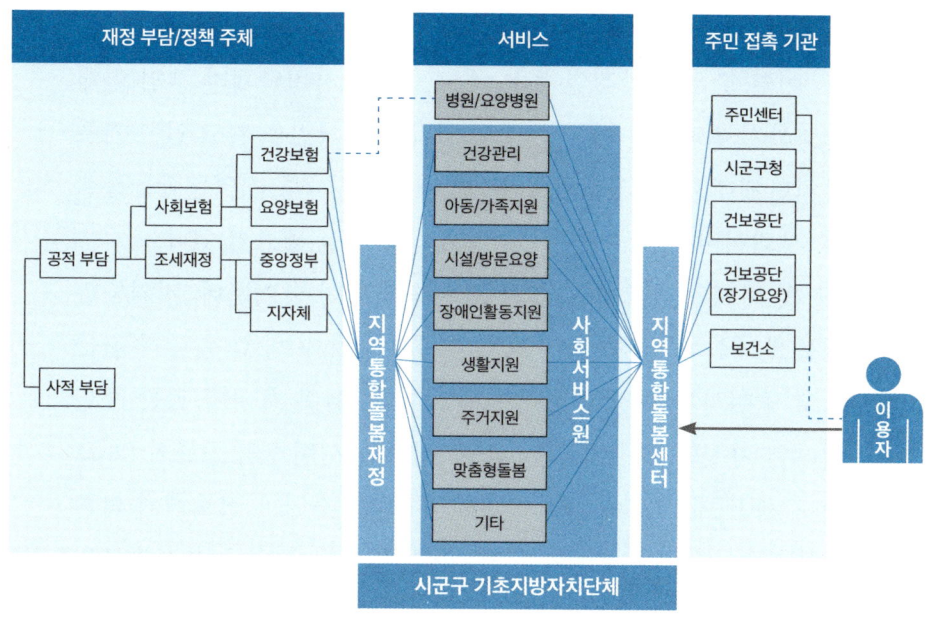

[그림 5-2] 지방자치단체 중심의 지역사회 통합돌봄 체계 내 세 개의 기둥

의 중첩과 누락은 정책과 제도 운영의 비효율성을 초래하는 동전의 양면과 같다.

    우리가 추구해야 할 커뮤니티 케어에서는 기존 공급자 중심 전달 체계를 이용자 중심의 통합적 돌봄 전달 체계로 전환하는 대작업이 필요하다. 돌봄 제도의 운용에 있어서 이와 같은 이용자 중심 통합적 접근은 전달 체계 측면에서 핵심 요소라 할 수 있다. 이용자 중심의 통합적 돌봄 전달 체계란 창구의 통합과 더불어 다양한 층위의 돌봄 서비스에 대한 의사결정을 하는 조직들의 통합, 사례 관리를 포함하는 관리의 통합 그리고 마지막으로 사회서비스 제공에 소요되는 재정의 통합까지를 포괄해야 한다.

　이와 같은 통합적인 돌봄 제도를 지방자치단체가 책임 있게 운영하기 위해서는 제도 운영의 일차적인 책임을 지고 있는 기초자치단체에 [그림 5-2]와 같은 세 개의 기둥, 즉 지역통합돌봄센터, 사회서비스원, 지역통합돌봄재정을 세울 필요가 있다.

　첫 번째 기둥으로 그림의 오른쪽에 위치한 이른바 '지역통합돌봄센터'는 공공 중심 지역 돌봄에서 이용자 중심 통합적 접근으로 구현하는 가장 핵심적인 수단이다. 돌봄 욕구가 있는 주민이라면 자신의 욕구에 대한 판단, 필요한 서비스의 종류와 양 그리고 제공 기관 등에 대한 판단을 자신의 자원과 정보력에 의존하는 것이 아니라 공공의 지역통합돌봄센터에 근무하는 공무원 신분의 전문적인 돌봄 매니저 care manager에 의뢰하도록 한다.

　요양, 보건, 의료, 주거, 복지 등에 대한 일정한 전문성을 갖춘 공무원으로 구성된 이 센터의 돌봄 매니저는 주민의 욕구에 대한 사정부터 사례 계획, 사례 관리, 제공자 연계 및 관리에 이르기까지 전 과정을 돌봄 당사자와 돌봄 책임자의 욕구와 의사에 기초해 판단하고 결정하고 이후 과정을 관리하는 책임을 진다. 기존에 이용자의 정보력과 자원에 따라 개인별 편차와 사실상 불평등이 심화되는 방향으로 작동하는 방식을 벗어나 이용자의 욕구, 관련 제도적 자원, 지역사회 공급 조건 등에 대한 종합적인 사정부터 전문성을 갖춘 공공의 돌봄 매니저가 책임지고 함께하는 과정에서 이용자 중심성이 개선될 여지가 늘어난다. 특히 이 센터의 돌봄 매니저는 필요에 따라 지역 의사 등 보건·의료 분야 전문가들, 일상생활을 지원하는 복지기관의 사회복지사들 그리고 주거 등 생활환경 관련 전문가들과 일상적인 협업 체계를 유지함으로써 주민의 복합적 욕구에 대해 전문적이고 통합적인 사정과 서비스 계획의 수립 그리고 사례 관리가 가능하도록 그 역할을 다해야 한다.

두 번째 기둥으로 그림의 가운데에 위치한 것이 돌봄의 공급을 공공이 직접 책임지는 역할을 수행하는 '사회서비스원'이다. 지방자치단체가 주체가 되어 세운 이 사회서비스원의 일차적 기능과 목표는 공공의 직접 서비스 제공 기관으로서의 역할이라 할 수 있다. 이에 더해 사회서비스원은 지자체 차원의 서비스 공급에 있어서 지역통합돌봄센터나 그 상위의 지자체 조직과 전략적 파트너십을 구축함으로써 서비스 양, 질, 종류에 있어서의 충분성을 보장하기 위한 핵심적인 도구로 기능할 수 있다. 돌봄 서비스 제공에 있어서 민간 중심성과 의존성의 역사를 고려했을 때 사회서비스원이 민간을 완전히 대체할 수는 없고 또 그럴 필요도 없다. 주요 돌봄 서비스 영역에서 사회서비스원이 운영하거나 직접 관리하는 공공 제공자가 유의미한 존재감을 확보하는 것으로 족하다. 이를 통해 돌봄 서비스 제공의 표준 방식과 질을 선도하고 민간 제공자들이 빠지기 쉬운 도덕적 해이나 극심한 이윤 추구의 경향을 저지하고 억제하는 역할을 하게 된다. 이는 공공 관리자가 민간 제공자에 대해 협상력을 확보하는 측면에서도 중요한 의미가 있다. 경우에 따라서는 민간 제공자의 기술적 지원을 비롯해 다양한 협력 사업을 진행할 수도 있다.

또한 지역의 조건과 환경에 맞게 필요한 비제도적, 비정형 서비스의 개발과 운영에 있어서도 사회서비스원은 중요한 역할을 할 수 있다. 시장과 민간의 공급자들은 수요의 규모와 지속 가능성이 불분명한 서비스의 개발과 제공에 한계가 있다. 해당 지역사회에 꼭 필요한 서비스임에도 불구하고 미처 개발되지 않은 영역의 서비스 모형을 개발하고, 시범적으로 운용함으로써 제도화의 실증적 근거를 쌓기 위해서도 이러한 기능을 수행할 수 있는 공공의 파트너가 필요하다. 이 기능을 공공의 자원에 의해 운영되는 사회서비스원이 수행할 수 있다.

세 번째 기둥으로 그림의 왼쪽에 있는 것이 이용자 중심의 통합적 돌봄 전달 체계의 구축을 위해 기초자치단체에 설치되어야 할 지방자치단체 차원의 통합돌봄재정, 즉 '지역사회 통합돌봄재정'이라 할 수 있다. 재정의 구조나 운영은 복잡한 면이 있지만 통합적 돌봄 체계가 구축되는 데 있어 매우 중요하므로 그 운영 모형과 내용에 대해 간단히 알아보자. 우선 이러한 통합돌봄재정의 목표는 다양한 재정 지원 방식으로 인해 돌봄 서비스가 분절되어 있는 것을 해소하고, 지자체의 재정 재량권을 부여함으로써 돌봄 서비스에 대한 지역의 책임을 강화하고, 나아가 돌봄 서비스 지출에 대한 성과 관리를 효과적으로 하는 데 있다.

이와 같은 재정 체계 개편은 첫째, 국민건강보험과 노인장기요양보험 재정 중 지역사회 통합돌봄 서비스에 사용되는 비용을 별도의 계정으로 만들어 지자체에 이전할 수 있도록 해야 한다. 구체적으로 보면, 국민건강보험 재정에서 요양병원의 돌봄 서비스 대상자와 관련된 지출과 노인장기요양보험 재정에서 재가 서비스 관련 지출이 주 대상이 된다. 이것이 지자체가 운영하는 지역사회 통합돌봄재정에 포함된다는 것이다.

둘째, 국고보조 사업으로 중앙정부가 사업을 설계하고 재원의 많은 부분을 조달하는 각종 돌봄 관련 서비스를 하나의 돈주머니로 묶어 해당 지방자치단체에 내려주면 세부적인 배분은 지자체가 자율적으로 결정할 수 있도록 한다. 소위 포괄 보조금 block grant 방식의 중앙정부 재정 이전이 필요하고, 이것이 지역사회 통합돌봄에 포함되어야 한다.

셋째, 지방자치단체에 '지역 돌봄의 통합 기금'을 신설하고, 조성된 지역사회 통합돌봄의 범위 내에서 지역 주민들의 수급 자격과 서비스 내용을 재량껏 결정해 제공할 수 있도록 한다. 이렇게 통합 재정은 국민건강보험과 노인장기요양보험 재정의 일부, 포괄 보조 방식의 국고보조금, 지방교부세 등 지자체 자체 재원 등으로 다양하게 재원이 조성됨으로써 지자체는 재량권을 가지고 돌봄 서비스에 대해 이 재정을 포괄적으로 집행할 수 있게 된다.

이제까지 기술한 지역사회 통합돌봄 체계를 구축하기 위해 필요한 세 개의 기둥을 세우는 일은 현재의 한국적 맥락을 고려했을 때 하나하나가 모두 도전적인 과제들이다. 하지만 이들 각각이 개별적으로 중요한 함의를 가지는 것이면서도 동시에 이들 중 어느 하나만 빠져도 커뮤니티 케어는 완성될 수 없음에 유념할 필요가 있다.

돌봄의
새로운 풍경

미래의 커뮤니티 케어

그간 대한민국에서 노인 돌봄은 방치된 영역이었다 해도 과언이 아니다. 2008년부터 노인장기요양보험제도가 시작되었고 저소득 노인을 위한 돌봄 사업이 중앙정부 주도로 시행되었다고는 하나, 지역사회에서 생을 마감하는 순간까지 삶을 유지하고 존엄한 죽음을 맞이하기에는 거리가 멀었다. 2019년에 이르러서야 정부가 사회적 요구와 필요성을 인지하기 시작해 지역사회 안에서 돌봄이 이뤄지도록 시범 사업을 시도하고, 몇몇 지방자치단체도 자체 사업을 실시하는 등 나름 적극성을 보이기 시작했다. 하지만 지금 대한민국에서 돌봄이 필요한 노인과 그를 돌볼 책임을 무겁게 지고 있는 이들이 맞닥뜨리는 현실은 여전히 편하지 않다. 아니 편치 않음을 넘어 당사자에게는 비참함을, 돌봄 책임자에게는 죄의식을, 돌봄 제공자에게는 모멸감을 던져주는 불행의 진원지가 되고 있다.

그렇다면 지금까지 살펴본 대로 커뮤니티 케어를 정착시키기 위한 난제들을 끝내 풀어내고 완성된 경지로 간다면, 나를 위한 돌봄의 풍경은 어떻게 변하는 것일까? 미리 만나보기로 하자.

'원스톱' 돌봄 서비스

자신이나 가까운 가족 구성원이 일상생활을 유지하는 데 어려움이 발생한다고 생각하면, 지금과는 달리 제일 먼저 자신이 살고 있는 시군구 '통합돌봄센터'의 문을 두드린다. 이제 지역 주민들의 돌봄에 대한 최종 책임을 실행하기 위해 행정적, 재정적 여건을 갖춘 지방자치단체에 돌봄 필요자의 상황을 알리고 판단을 해달라는 것으로 모든 일은 시작된다.

물론 달라지는 체계에서는, 통합돌봄센터에 연락하기 이전에도 돌봄 책임자나 가까운 가족들이 스스로 기쁘게 돌봄을 주고받을 수 있을 정도로 서로의 존재감을 나누는 시간이 있다. 회사에서는 돌봄 휴가나 돌봄 단축 근무 등을 누릴 수 있기에 돌봄과 일이 병행 가능하도록 배려해주는 것은 당연하다. 자영업이나 가족 종사자들의 경우에도 돌봄을 하느라 줄어든 소득에 대해서는 고용보험이나 다른 세제 혜택이 존재해서, 비록 동일한 소득을 유지하지는 못한다 해도 소득이 일상생활을 위협할 정도로 크게 격감되지 않도록 지원하는 든든한 사회 안전망도 존재한다. 또한 무엇보다 마을 안에 여러 공동체들이 있어 돌봄 필요자의 말벗이나 산책을 도와주는 마을 지지망도 도움이 된다. 돌봄 독박으로 고통을 받지 않은 채 가족 돌봄을 스스로 행함으로써 얻는 기쁨과 안도감을 유지할 수 있음은 물론이다.

이제 이런 단계를 넘어서서 좀 더 공식적이고 적극적인 돌봄 서비스를 받아야 한다고 판단되는 단계에 이르러 통합돌봄센터의 문을 두드린 순간 공식적인 돌봄 지원 체계가 매끄럽게 작동하게 된다. 그 흐름을 이해하기 위해 [그림 5-3]과 같이 여섯 단계로 나누어 살펴보자.

[그림 5-3] 커뮤니티 케어의 공식적인 진행 절차

(1) 신청 단계

지방자치단체는 돌봄이 필요한 주민들에게 항시 열려 있는 온·오프라인상의 창구를 갖고 있어 이제 이곳의 문만 두드리면 된다. 물론 돌봄 필요자나 돌봄 책임자가 신청을 하지 못하는 경우도 있으므로 지자체 공무원은 수동적으로 기다리기만 하는 것이 아니라 대상자를 발굴하는 적극적인 아웃리치를 실시하기도 한다.

노인장기요양보험제도에 따른 요양 서비스 대상자가 확실시되는 경우는 지방자치단체가 아닌 국민건강보험공단의 문을 두드려도 된다. 그 경우도 지자체와 긴밀하게 논의해 진행되는 이후의 단계로 이어지기 때문이다.

긴급한 돌봄이든 일상적인 돌봄이든 지자체가 주민에게는 더 가까울 수 있다. 지자체에 방문이든, 전화든, 홈페이지든 다양한 경로를 통해 돌봄 필요에 대한 판단을 맡기면 원스톱one-stop 체계로 지자체가 나를 위해 일사분란하게 움직여준다는 신뢰를 갖고 있기에 주저하지 않고 돌봄 창구인 통합돌봄센터의 문을 두드리게 된다.

(2) 돌봄 욕구 사정 단계

신고를 하고 나면, 지방자치단체와 국민건강보험공단의 케어 매니저들care managers이 72시간 내에 돌봄 필요자의 욕구와 상태를 확인하기 위해 방문한다. 요양, 의료, 주거, 기타 생활 유지 등 다양한 범위에 걸친 돌봄 필요자의 욕구를 진단하고 당사자와 가족들의 경제적, 가족적 상황들을 소상히 파악해간다. 그들은 센터로 돌아가 전문적인 입장에서 사례 회의를 행한다. 이때 국민건강보험공단에서 함께 나온 케어 매니저는 개인정보의 민감성을 충분히 인지한 채 공단이 가지고 있는 당사자의 의료기록에 대한 정보를 활용하게 된다. 이것이 공단이 지자체와 함께 협력해야 하는 이유 중 하나이며, 국민들로부터 신뢰받는 기관으로 자리매김하는 계기가 된다.

이제 이들은 방문 혹은 공공 데이터베이스 기록을 통해 신청자의 상태에 대해 각종 서비스나 의료 정보 등 자료 수집data-collection한 것에 기반해 공적 돌봄 서비스 제공의 대상이 되는지 여부나 제공될 서비스의 내용에 대해 판정judgement하게 된다. 자료를 수집하거나 수집된 자료에 기반한 전문적 판정을 묶어 사정 과정이라 부르기도 한다. 이때 우선되는 것은 이 당사자가 노인장기요양보험제도에 의한 서비스를 받는 등급 내의 경우인지, 아니면 등급 외의 경우인지에 대한 판단이다. 전자라면 노인장기요양보험제도가 등급 유형에 따라 제공 가능한 서비스의 종류와 급여 수준이 있기에 그 안에서 선택을 하게 된다. 이때 소요되는 재정은 젊었을 때 내가 냈고 지금은 일하는 젊은이들이 내고 있는 보험료에 기반해 조성된 노인장기요양보험 재정이 근간이 된다. 그러나 후자라면 지방자치단체가 주도적으로 마련한 각종 돌봄 지원서비스가 제공할 수 있는 급여의 종류가 된다. 물론 노인장기요양보험 등급 내의 경우라도 필요하다면 지자체의 각종 돌봄 지원서비스를 추가적으로 받을 수 있다.

특히 지금과는 달리 후자의 서비스들이 더욱 다양하고 적극적으로 제공된다. 이는 상황이 악화되어 요양병원에 입원하거나 요양시설로 입소하게 된다면, 당사자에게는 지역사회에서 분리되는 고통이며 국가 사회적으로는 더 많은 돌봄 비용이 지출되는 상황을 방지하는 효과가 있다. 지방자치단체가 국민건강보험 재정상의 요양병원 지급 비용과 노인장기요양보험상의 요양시설 지급 비용을 적게 사용하면 할수록 지자체에게 인센티브가 커지는 통합돌봄재정 때문에 후자의 서비스를 더 적극적으로 개발하고 적용할 이유가 명확하다는 점도 지자체에게는 달라진 상황이다.

(3) 서비스 계획 수립 단계

욕구 사정의 판정이 끝나면 요양과 주거, 보건·의료, 일상생활 지원 등 욕구 정도에 맞춰진 서비스 제공 계획planning을 짤 차례다. 이를 위해 통합돌봄센터의 케어 매니저들은 사회서비스원, 주거복지지원센터, 보건소 등 지역 내 돌봄 관련 공공기관의 전문가들 그리고 필요하다면 비영리 복지기관의 전문가 등을 초청해 신청자의 욕구 해결을 위해 머리를 맞댄다.

특히 케어 매니저들은 평소 지역사회 안에 운영되고 있는 공공 시설, 민간 시설, 마을 돌봄 공동체 등 다양한 성격의 서비스 제공 기관들의 특성과 위치 등을 정확히 파악하고 있고 그 서비스의 질 또한 평가하고 있다. 그리하여 돌봄 필요자의 욕구와 가족들의 여건에 따라 노인장기요양보험의 서비스 한도와 지방자치단체가 이 경우 쓸 수 있는 개별 예산의 총액을 고려해 최적의 서비스 공급 계획을 세운다. 이를 토대로 돌봄 필요자와 돌봄 책임자의 의견을 묻고 동의를 얻는 절차를 거치는 것은, 시민이 돌봄 권리를 갖는다는 원리하에서 당연히 거쳐야 하는 과정이 된다.

(4) 사례 관리 및 서비스 의뢰 단계

이제 확정된 돌봄 서비스 공급 계획에 의거해 통합돌봄센터에서는 해당 돌봄 관련 서비스 제공 기관에게 서비스를 의뢰referral한다. 통합돌봄센터와 서비스 제공 기관들은 평소 서로 소통하고 정보를 주고받으며 협력해온 관계다. 필요한 경우 사례관리회의 case management conference를 해가며 돌봄 필요자의 신체적, 정신적 안정과 유지 또는 개선에 최선을 다하고 있다. 여기에 관계되는 돌봄 관련 서비스 제공 기관으로는 재가요양서비스센터는 물론 보건·의료 기관, 복지 기관, 주택 개선을 위한 사회적협동조합, 자원봉사 기관 등 실로 다양하게 포진하게 된다.

(5) 서비스 제공 단계

비로소 돌봄 필요자는 자신을 위해 적절하게 설계되고 자신이 동의한 바에 따라 서비스를 제공provision받게 된다. 이때 돌봄 서비스를 제공하는 돌봄 노동자의 노동 여건은 충분히 보장된다. 이들 노동자와 돌봄 필요자는 서로를 존중하고 정서적 교감 속에 안정된 돌봄 서비스가 교류된다. 또한 필요한 조건들은 지속적으로 강구한다.

(6) 모니터링 단계

이러한 가운데 서비스가 제공될 때에는 주기적으로, 제공이 종료되고 나면 통합돌봄센터에서 최종적인 모니터링monitoring에 들어간다. 돌봄 필요자의 상황은 개선되었는지, 서비스의 질이나 제공 상태는 적정했는지, 돌봄 필요자나 돌봄 책임자에게 또 다른 요구는 발생하지 않았는지, 서비스 제공 기관들 간의 협력은 잘

되었는지 등을 점검한다.

 이렇듯 [그림 5-3]에서 제시한 여섯 단계마다 지방자치단체가 중심이 되어 돌봄 필요자와 돌봄 책임자의 욕구와 상황에 맞추어 물 흐르듯 자연스럽게 돌아가게 된다. 신청 이후 일련의 과정을 '사례 관리' 혹은 '돌봄 사례 관리'라 부르기도 한다. 이제 돌봄은 당사자에게는 자기모멸이나 미안함, 결별이 아니며 가족에게는 짐이나 고역, 일상 파괴의 대상이 아니다.

'나'를 위한 세 개의 동심원

나를 위해 일련의 돌봄 관련 체계가 지역사회 내에서 매끄럽게 돌아가려면 돌봄 생태계가 어떻게 구성되어 있는 것일까 궁금하지 않을 수 없다. 그 답은 다음 그림에서 보듯 지역사회 안에 나의 돌봄을 위한 세 개의 동심원 체계가 작동하고 있다는 것이다.
 [그림 5-4]를 보면, 시군구의 통합돌봄센터를 중심으로 마치 오케스트라가 연주될 때처럼 세 개의 동심원이 가지런히 자리 잡고 있다.
 첫 번째 동심원(그림의 가장 안쪽에 위치한 동심원 ①)에 있는 기관들은 어떤 특성이 있는가? 이들은 내가 지닌 돌봄의 권리를 충족시켜주기 위해 공적 책무감을 크게 갖고 있는 공공기관들이다. 시군구의 통합돌봄센터가 주도해 돌봄의 욕구 사정과 서비스 적격성 판정 및 서비스 제공 계획을 수립하는 데 긴밀히 협력

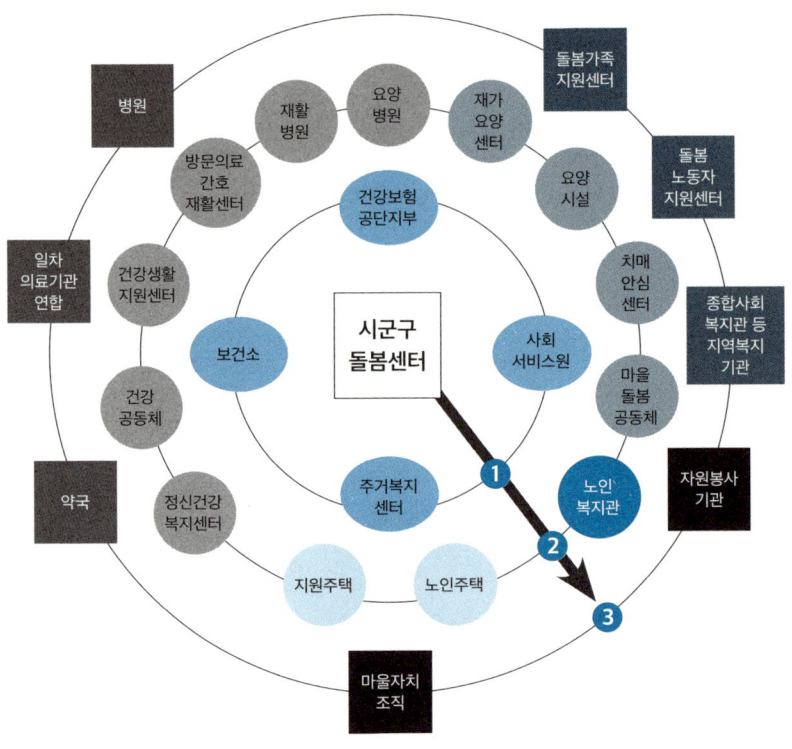

[그림 5-4] 지역사회 내 돌봄의 3중 체계 구도

해야 할 공공기관을 뜻한다. 구체적으로 요양 부문을 책임지는 국민건강보험공단 지부, 시군구 소속 기관이며 지역 보건·의료의 중심인 보건소, 직접적인 돌봄과 복지 서비스를 제공하고 있는 사회서비스원 그리고 주거 부문의 주거복지센터 등이 포함된다. 이들은 공적 성격이 매우 강한 조직으로서, 서로 소속과 결재선이 다를 수는 있다. 하지만 공적 기관의 성격상 주민의 돌봄 문제를 해결하기 위해 지방자치단체와 협력적 관계를 유지, 이행하는 책무가 부여되어 있다.

다음으로 두 번째 동심원(그림의 동심원 ②)에는 직접적인 돌봄 관련 서비스를 제공하는 1차 기관들이 배열되어 있다. 요양, 보건·의료, 주거, 복지 및 생활 지원서비스 등의 분야에서 각기 서비스를 제공하는 기관들이다. 이들은 운영 주체별로 보면 국가나 시도, 시군구가 직접 설립한 공공기관, 정부가 운영을 위탁한 비영리기관, 이윤을 추구하는 민간 영리기관이나 개인 그리고 자조와 협동을 원리로 마을의 문제를 함께 풀어가기 위해 만들어진 마을 돌봄 공동체 등 다양한 성격을 지니고 있다.

중요한 것은 이들 모두 지역 주민에게 돌봄 서비스를 제공하기 위해 지방자치단체로부터 의뢰를 받았을 때 서비스를 제공할 의무를 갖고 있고, 높은 수준의 서비스 질을 보유하고 있어야 한다는 것이다. 특히 지자체가 직접 운영하거나 사회서비스원처럼 공적 성격이 강한 기관에서 위탁받아 운영하는 돌봄 기관이 필요한 이유는 돌봄 사각지대나 난이도가 높은 돌봄에 대응하기 위하여 그리고 돌봄 서비스의 질에 대한 표준과 돌봄 노동자의 노동 여건을 향상시키기 위함이다. 마을 돌봄 공동체는 주민들이 자치와 연대의 원리로 자신들과 이웃들의 돌봄 문제를 해결하기 위해 창의적이고 혁신적인 방식까지 접목시켜 마을 형편에 맞춘 돌봄 방식을 개발한다는 장점을 지닌다. 그렇다고 영리를 목적으로 하는 민간 기관들이 무시되거나 백안시되어서는 안 된다. 이들은 돌봄 사업을 통해 이윤을 창출하고 일자리를 만들며 부가가치를 창출하는 사업체로서 돌봄 노동자와 돌봄 서비스의 질에 대한 가이드라인을 지키며 지역사회 내에 존재하는 수많은 돌봄 요구를 충족시켜주는 중요한 파트너가 아닐 수 없다.

제일 바깥쪽에 있는 세 번째 동심원(그림의 가장 바깥쪽에 위치한 동심원 ③)에 있는 기관들은 어떤 성격을 지니고 있는 것일까? 이들은 돌봄 서비스 제공 자체에 특화된 기관들은 아니지만, 돌봄 필요자와 그 가족들에게 없어서는 안 되는 기관들이다. 지역 주민에게 필요한 의료 기관, 복지 기관 또는 돌봄 종사자 지원 기관, 돌봄 가족 지원 기관, 자원봉사 기관, 마을 자치 조직 등이 여기에 해당된다. 이들은 평소 지역사회 내에서 주민들의 건강이나 복지, 자원봉사, 자치 활동에 기여하는 기관이거나 돌봄 종사자나 가족을 대상으로 돌봄 부담을 완화하기 위한 지원 기관에 해당된다. 커뮤니티 케어가 원활히 작동하는 데 빠뜨릴 수 없는 지역사회 내 자원이 아닐 수 없다.

돌봄 세상에서 살아가기

이제 돌봄은 더 이상 불행하거나 고통이 되지 않는다. 생의 어느 주기에나 누군가 자신을 돌보고 자신도 누군가를 돌보고 살게 된다. 특히 노년기에 이르러 약해지는 신체 조건과 흐릿해지는 정신세계에도 불구하고 두렵지 않다. 나와 함께했던 가족 그리고 늘 정다웠던 이웃이 나에게 친밀한 존재로 계속 옆에 있다. 무엇보다 국가가 설계하고 지방자치단체가 직접 책임지고 있는 잘

짜인 커뮤니티 케어 체계 속에서 많은 사람들이 한 사람의 돌봄을 위해 움직이고 있기 때문이다.

젊은 시절에 나와 가족, 이 사회를 위해 몸 바쳐 바쁘게 지내왔던 시절이 후회되지 않는다. 이제 내가 약해지고 생의 마지막을 향해 달려가고 있다. 하지만 모두가 함께 서로 돕고 의지하고 나누며 돌봄을 중심으로 연결되어 있기에 이 돌봄 세상에서는 편안하고 행복하다.

돌봄 사회를 위한
'열 가지 약속'

약속 1: 국가는 돌봄에 관계하는 모든 주체가 존중받는 돌봄 국가를 만들어야 한다

국가는 돌봄 필요자의 상황과 욕구를 고려해 돌봄 서비스가 충분히 제공될 수 있도록 책임을 다해야 한다. 돌봄 필요자 입장에서 충분한 서비스 제공은 이들의 사회경제적 지위, 성별, 연령, 장애 유무, 가족 관계와 무관하게 이들의 존엄한 삶이 보장될 때 구현될 수 있다. 이때 서비스는 단순히 양적인 충분성을 넘어 질적인 충분성과 종류의 충분성까지 고려되어야 한다.

    국가는 돌봄 책임자와 돌봄 필요자 모두가 서로에게 과도하게 의존하는 부담에서 벗어나 서로에 대한 존중이라는 관계의 본질을 구현하는 데 집중할 수 있도록 사회적 돌봄 체계를 구축해

야 한다. 생애 주기 전반에 걸쳐 사람은 돌봄 관계로부터 자유롭지 않음을 인정하는 데서 출발해야 한다. 이와 같은 전제에 따르면, 돌봄 책임자든 돌봄 필요자든 돌봄 관계로부터 완전히 자유로울 수는 없다. 다만 돌봄 관계로부터 따라오는 부담이 과도한 경우 관계의 본질 자체를 왜곡할 위험 또한 인정할 필요가 있다. 돌봄 관련 당사자들이 서로에 대한 존중이라는 관계의 본질에 집중할 수 있도록 돌봄에 대한 과도한 부담을 줄이기 위한 사회적 돌봄의 역할이 중요하다.

국가는 돌봄 제공자의 돌봄 노동이 마땅한 사회적 인정을 받을 수 있도록 필요한 조치를 취해야 한다. 부불 노동 및 유급 노동의 형태로 행사하는 돌봄 노동의 가치가 마땅한 사회적 인정을 받을 수 있게 하기 위한 정책과 제도를 운영해야 한다. 특히 부불 돌봄 노동의 총량을 줄어들게 하고, 불가피하게 존재하는 부불 돌봄 노동이 성별과 계층, 출신지의 측면에서 한편에 치우치지 않고 고르게 분포하도록 필요한 조치를 취해야 한다.

약속 2: 지방자치단체가 돌봄에 대해 최종 책임자가 되도록 정부 조직과 재정 구조를 개혁해야 한다

지방자치단체에 돌봄 필요자들이 신청하면 원스톱으로 돌봄 서비스를 계획하고 제공하는 전담 기관을 설치해야 한다. 지자체는 지역 주민의 돌봄에 대해 책임질 최종 주체이므로 이에 합당한 조직 체계와 인력을 갖춰야 한다. 주민의 수나 지역 면적을 고려해 접근성이 보장되도록 시군구 내에 적절히 통합돌봄센터를 설치하고 사회복지직 공무원과 간호사로 구성된 적정 규모의 인력을 배치해야 한다.

지자체에게 생활 지원서비스와 의료, 보건, 주거 등 돌봄 관련 서비스를 조정, 연계할 수 있는 권한을 부여해야 한다. 중앙정부는 커뮤니티 케어에 관련된 요양 서비스, 보건·의료 서비스, 주거 서비스, 생활 지원서비스 등에 대한 재정과 정책 운영은 책임지되 최종 전달 주체인 지자체가 이를 통합적으로 운영할 수 있도록 권한을 과감히 이양해야 한다. 이를 위해 중앙정부가 먼저 지자체와의 관계, 재정 운용 방식, 사업 운영 방식에 대한 대대적인 개혁에 임해야 한다. 특히 이 센터에서 국민건강보험공단, 사회서비스원, 주거복지센터 등과 협력 체계를 갖출 수 있도록 중앙정부 스스로 조치해야 한다.

약속 3: 현대판 고려장을 조장하는 요양병원이 과잉 공급되는 카르텔을 깨야 한다

현재의 요양병원 기능을 분화해 재활에 특화된 재활전문병원과, 노인장기요양보험과 연계된 요양전문병원으로 나눈다. 무분별한 입원으로 수익 창출의 온상이 되어 국민건강보험 재정까지 위협하고 있는 요양병원의 기능을 전면 개편해야 한다. 지역사회 안에 커뮤니티 케어 체계가 잘 수립되어 있다는 전제하에 현재의 요양병원 중 일부는 재활전문병원으로, 일부는 돌봄 환자 중 의료 서비스가 필요하다고 판단하는 경우에만 입원 가능한 요양전문병원으로 기능을 분화해야 한다.

　요양병원이 지역 주민의 돌봄을 위해 기능할 수 있도록 각종 통제 기전과 지원 체계를 마련해야 한다. 요양병원이 불필요한 입원 환자를 유지할 경우 불이익 내지 퇴출할 수 있는 기전이 마련되어야 한다. 또한 지역사회 돌봄 필요자를 위한 방문 의료, 방문 간호 등을 활성화할 수 있도록 필요한 수가와 재정적 지원을 행해 지역사회에 필요한 만큼의 요양병원이 기능할 수 있도록 해야 한다.

약속 4: 돌봄 서비스 제공 관련 기관의 공공성을 확보해야 한다

공공 재활병원, 공공 노인요양원, 공공 재가센터 등을 대대적으로 확충해야 한다. 주민 모두의 존엄한 삶을 보장하는 커뮤니티 케어를 구현하기 위한 조건으로서 서비스 공급의 공공 책임성은 핵심적인 요소 중 하나다. 돌봄과 의료의 통합적 접근이 가능하도록 지역에 공공이 운영하는 재활병원, 노인요양원, 노인재가요양센터가 충분히 확보되어야 한다.

　사회서비스원을 통해 운영되는 공공 돌봄 제공 기관이 양질의 돌봄 노동과 돌봄 서비스를 선도해야 한다. 민간이 주도하고 있는 한국의 돌봄 공급 체계를 고려했을 때, 공공이 운영하는 돌봄 서비스 비중을 늘려야 하며 동시에 민간 서비스 공급자를 선도하는 것이 필요하다. 이를 위해 광역은 물론 기초자치단체에 사회서비스원이 설립되어 그 역할을 담당해야 한다. 여기서 운영하는 공공 돌봄 제공 기관들이 양질의 돌봄 서비스를 추구하고 그 표준을 보여줘야 한다.

약속 5: 지역사회 돌봄을 위한 지역 보건·의료 체계를 확립해야 한다

동네 의원을 단독 개원이 아닌 일차 의료기관 연합체로 유도해 방문 서비스의 기능을 행하도록 해야 한다. 커뮤니티 케어에 절대적으로 필요한 방문 의료, 방문 간호, 방문 재활을 위해서는 현재 단독 개원 형태의 의원보다는 일차 의료기관 연합체 형태가 바람직하므로 이를 적극 유도하는 의료 정책이 필요하다. 또한 돌봄 대상자를 위한 주치의 제도도 시행될 수 있도록 의료 정책을 개혁해야 한다.

보건소와 보건지소 등 지역 보건 기관을 늘리고, 만성질환과 지역 돌봄에 대한 중심적 역할을 하도록 전면 개혁한다. 현재의 보건소는 지역 보건의 중심지 역할을 수행하기에는 인력 운영과 재정 조달 방식이 왜곡되어 있다. 방문 간호 사업과 만성질환 관리 사업 등을 안정적으로 행할 수 있고 지역의 의료 기관과도 협력 체계를 유지할 수 있는 위상과 기능을 수행하도록 현재 보건소와 보건지소, 건강생활지원센터를 변화시키고 규모를 확대하며 필요한 인력과 재원을 충분히 확보하도록 해야 한다.

약속 6: 돌봄 친화적 주거 환경을 위해 중앙정부와 지방자치단체 간의

협력 체계를 만들어야 한다

국토교통부와 보건복지부는 돌봄 친화적인 주택 개조, 주거와 서비스의 결합에 나서야 한다. 현재 수선 유지 급여 등의 주택 개조 지원은 누가 거주하는가와 무관하게 주택의 노후도에만 초점이 모아져 있다. 노인의 개별적인 기능 수준과 돌봄 욕구에 초점을 두어 노인의 자립 생활에 친화적인 방법으로 주택 개조가 이뤄져야 한다. 물리적 주택 개조와 함께 돌봄 서비스를 통합·제공해야 하고 국토부·복지부의 협력 수준에 고도화가 필요하다.

지원주택, 노인 전용 주택 등을 확충하고 이때 지자체의 참여와 역할을 보장해야 한다. 노인에 대해 공공임대주택을 제공할 때 현재는 건강한 노인을 기준으로 공급하고 있는 것이 일반적이다. 몸이 불편한 노인도 거주할 수 있는 공공임대주택의 제공을 늘려야 한다. 이 경우의 공공임대주택은 돌봄과 지원서비스가 자동적으로 연결되는 지원주택 방식이 활용되어야 한다. 주택과 서비스의 연계 조정에서 지자체의 주도성이 발휘되어야 한다.

약속 7: 돌봄 관련 공공 재원의 통합적 운용을 위한 재정 구조의 전면 개혁을 실행해야 한다

국민건강보험 재정과 노인장기요양보험 재정, 중앙정부와 지방자치단체 재정 중 돌봄 관련 재정을 지역사회 통합돌봄재정으로 통합 관리하도록 한다. 국민건강보험재정 중 요양병원 지출

재정, 노인장기요양보험의 재정, 중앙정부의 돌봄 관련 일반 재정 그리고 지방정부의 돌봄 예산을 통합적으로 사용하도록 지자체 아래 돌봄 관련된 재정의 풀인 지역사회 통합돌봄재정을 기금으로 만들어야 한다. 특히 국민건강보험 적용을 받는 요양병원과 노인장기요양보험의 적용을 받는 요양시설의 재정 중 일부를 지자체의 수요별로 나누어 배분하고 지자체가 이를 통합 관리할 수 있어야 한다.

통합돌봄재정을 통해 지역사회에서 돌봄 서비스를 충실히 이행하는 지자체에 재정적 인센티브를 제공하는 구조를 장착해야 한다. 통합돌봄재정은 지자체가 자율성을 가지고 중증도의 돌봄을 예방하도록 사용할 수 있어야 한다. 이를 통해 입소와 입원을 줄이는 등 돌봄재정을 절약시킨다면 이에 상응한 재정적 인센티브를 지자체가 받도록 설계해야 한다. 지자체가 커뮤니티 케어를 선제적이고 적극적으로 그리고 주도적으로 수행할 강력한 동기가 생기는 효과도 있다.

약속 8: 병원에서의 돌봄 걱정을 해소해야 한다

모든 병원에 간호·간병 통합 시스템을 구축해야 한다. 더 이상 병원에서의 간병을 위해 환자 가족이 간이 보조 침대에서 쪽잠을 자는 상황이 지속되어서는 안 된다. 간호사-간호조무사-간병인으로 구성된 간호·간병 인력을 적절한 규모까지 확보하고, 이들 인력의 운영 체계를 구축해 병원부터 돌봄이 제대로 이뤄질 수 있도록 간호·간병 통합 시스템을 모든 병원에 구축하고 실행해야 한다.

퇴원 환자의 지역사회 내 돌봄을 위한 여건을 확보해야 한다. 퇴원 시 병원은 지역통합돌봄센터에 통보해 지방자치단체가 돌봄 계획을 수립하는 데 협력할 의무를 이행해야 한다. 또한 지역사회 내 중간 회복 시설의 확충과 주택 개조 등을 통해 퇴원 환자의 회복기 돌봄이 원활히 작동할 수 있게 해야 한다.

약속 9: 돌봄 서비스 제공의 주체로 마을공동체가 적극 나서도록 해야 한다

공공과 시장이 협업해 전인적 돌봄 서비스를 제공하는 핵심 주체로 마을공동체의 역할을 구체화하고 법적 기반을 마련해야 한다. 일상 관계를 지향하는 돌봄 서비스를 제공하기 위해 전달 체계에서 마을공동체의 역할을 명확히 해야 한다. 돌봄 서비스의 주체인 마을공동체의 기준을 마련하고, 공적 역할을 담당할 수 있는 기반을 마련해야 한다.

자치와 연대, 협동의 원리로 돌봄 서비스 현장을 선도할 수 있도록 마을공동체 활성화를 적극 지원해야 한다. 마을공동체의 돌봄 서비스 제공 역량을 강화를 위한 교육, 컨설팅, 자격 기준 등을 새롭게 구축해야 한다. 생활권 단위에서 마을공동체가 돌봄 서비스의 제공 권한을 갖도록 지원 체계를 마련해야 한다.

약속 10: 시민 모두 돌봄에 참여하고 돌봄 국가를 만드는 데 기여할 일원임을 자각해야 한다

시민은 돌봄이 성별, 노동상의 지위, 연령 등과 무관하게 모두의 책임임을 인식해야 한다. 모두의 기여를 통해 시민 모두의 존엄한 삶을 보장하기 위한 역할이 있음을 인식해야 한다. 돌봄 중심의 복지국가를 구현하기 위해 보편적 돌봄자 모형에 대한 사회적 합의가 필요하다. 보편적 돌봄자 모형은 현재 생계 부양자와 돌봄 책임자의 역할을 주로 여성이 전담하고 있는 생활 패턴을 젠더와 무관하게 모든 사람의 규범으로 만들자는 제안이다. 생산노동과 재생산노동, 생계 부양 노동과 돌봄 노동 사이의 젠더 대립적 성격을 해체하고, 돌봄 책임을 둘러싼 젠더 간의 떠넘기기를 종식할 수 있는 조건을 마련하는 데 기여할 것이다.